大 学 问

始 于 问 而 终 于 明

著｜熊秉真

童年忆往

中国孩子的历史

忆往

广西师范大学出版社

·桂林·

著作权合同登记号桂图登字：20-2024-045 号

图书在版编目(CIP)数据

童年忆往：中国孩子的历史/熊秉真著. —桂林：广西师范
大学出版社，2024.7
ISBN 978-7-5598-6937-1

Ⅰ. ①童… Ⅱ. ①熊… Ⅲ. ①儿童-社会工作-史料-
中国 Ⅳ. ①D432.5

中国国家版本馆 CIP 数据核字(2024)第 093504 号

童年忆往：中国孩子的历史
TONGNIAN YIWANG：ZHONGGUO HAIZI DE LISHI

出 品 人：刘广汉
责任编辑：李 影
封面设计：李婷婷
广西师范大学出版社出版发行

（广西桂林市五里店路9号　　　邮政编码：541004
网址：http://www.bbtpress.com ）
出版人：黄轩庄
全国新华书店经销
销售热线：021-65200318　021-31260822-898
山东临沂新华印刷物流集团有限责任公司印刷
（临沂高新技术产业开发区新华路1号　邮政编码：276017）
开本：720 mm×1 000 mm　1/16
印张：18.75　　　　　字数：340 千
2024 年 7 月第 1 版　　2024 年 7 月第 1 次印刷
定价：88.00 元

著 | 熊秉真

年童忆往

中国孩子的历史

广西师范大学出版社
·桂林·

著作权合同登记号桂图登字:20 - 2024 - 045 号

图书在版编目(CIP)数据

童年忆往:中国孩子的历史/熊秉真著. —桂林:广西师范大学出版社,2024.7
ISBN 978 - 7 - 5598 - 6937 - 1

Ⅰ. ①童… Ⅱ. ①熊… Ⅲ. ①儿童-社会工作-史料-中国 Ⅳ. ①D432.5

中国国家版本馆 CIP 数据核字(2024)第 093504 号

童年忆往:中国孩子的历史
TONGNIAN YIWANG:ZHONGGUO HAIZI DE LISHI

出 品 人:刘广汉
责任编辑:李 影
封面设计:李婷婷
广西师范大学出版社出版发行

(广西桂林市五里店路 9 号　　邮政编码:541004)
(网址:http://www.bbtpress.com)
出版人:黄轩庄
全国新华书店经销
销售热线:021 - 65200318　021 - 31260822 - 898
山东临沂新华印刷物流集团有限责任公司印刷
(临沂高新技术产业开发区新华路 1 号　邮政编码:276017)
开本:720 mm × 1 000 mm　1/16
印张:18.75　　　　　　字数:340 千
2024 年 7 月第 1 版　　2024 年 7 月第 1 次印刷
定价:88.00 元

图1-3　**穿插出入**　自古以来礼书与家训中虽讲求各种规矩，但除了少数仕宦人家、家法严峻者外，多半人家，老幼相杂，共同活动，出入市井阡陌，是十分平常之事。大家熟知的《清明上河图》中可见不少幼童身影，此幅清代的《盛世滋生图》，拿放大镜一一细索，亦莫不均然。

图1-4　**稚幼世界**　幼儿之世界，总靠成人之捕捉与追忆。历史上儿童与童年之痕迹，常是经过多层文化作用后之处理。但文字图像上因各种原因而聚集于儿童的描绘，总仍透露若干属于稚龄者之世界。如此相传为苏汉臣所画之《货郎图》轴，大孩背着小孩，或同嬉或相夺。儿童与玩具，儿童与儿童之间，显然自成天地。

图1-7　**小儿科**　近世中国小儿医学之诞生，宋代以来幼科医籍专著可证。此处清院本《清明上河图》中一角，示市井中一般小儿科之门庭，招牌上明言"（专）理小儿科"，下称"贫不计利"。此夹于当铺与艺馆之间的小儿诊所，窗前有小儿就医，路上有贫富人家抱儿求救，颇可见当时幼科医疗与民众需求间之互动。

图 1-8　**婴戏天地**　宋代是中国艺术史上着墨儿童之极致。画师笔下之婴戏百态，描述儿童相背共处，或可与传记中史料相佐，或恰与理学家倡议声 (静坐勿动、勿嬉虫鱼) 相对，是当时文化多声道展演的一项明证 (如此处所示宋·苏汉臣之《婴戏图》)。

图 2-2

婴童与货郎　传统的《市担图》或者《货郎图》中，因所担货多为供应妇孺所需所好，故画面中常有婴童幼儿围绕。此处所见宋代李嵩所作《市担婴戏》与署名苏汉臣所作之《货郎图》是后人最面熟的两张名作，图中婴幼表情生动，稚趣纵然纸面，可为"儿童概念"议论之资。

图 2-3

图 2-7 **童年之乐** 在描绘童年的成人心目中，孩童不分男女、地域、贵贱，似都显现一些共同的稚情稚趣。好吃好玩因之成了传统以儿童为主题的画作中常见之场景 (如此幅元《秋景戏婴》所示)，虽则近世哲人朱熹等曾以其幼教主张中倡言为幼者应求自制、朴衣素食，不作踢球、笼养、放风筝等无益之事。

v

图 3-2 **麟趾** 子孙绵延是传统中国人共同的遂盼。此后世画家模仿
唐·周昉所作之《麟趾图》绘皇室麟趾沐浴更衣，坐爬玩耍，后妃
恬静，侍女护持，描绘的不是普通婴幼，却是一般人共同的艳美。

图 3-3 **长幼之序** 旧时中国人的伦常里讲求长幼有序，不仅代表长
幼共处时要有尊卑之礼，而且也代表一个人人生旅程中，由出生而长
成，由少壮而老年，会循一定自然之程序发生。如此《灯辉绮节图》
中，幼儿不分男女，仍在庭中做戏，但及笄后的少女妇人，却已退处
檐边，各有定位。

图 3-4 **玉堂富贵** 传统中国儿童在艺术品中的形象，以陪衬性面目出现。如此苏州民间艺术品所示，不论绕身之子弟或静倚之妇女，均在呈现理想人生之象征。

图 4-8
入学受训 近代全球童年的巨变之一，是学校教育义务化，及智识文化和各种儿童训育机关的普及。一方面，孩童纷纷离开家庭，走向各种的训练、培育、教养机构。我国集训运动选手或音乐、舞蹈人才的机关，是其中较突出的例子。

图 4-9

图 5-2　**蹴球为戏**　朱熹《童蒙须知》中斥小儿踢球为无益之事，清代传记亦记有幼儿踢球遭大人斥责之事，但宋代《长春百子图》中仍留下群儿踢球为乐的一景，可见在画家和一般人心目中，众儿聚集一块踢球是常做的游戏。

图 5-3

四季婴戏 宋元时期，画师所作
四季戏婴，显示男女幼儿嬉戏于
秋冬春夏，一片馨宁，吉祥如
意，沾染全纸，曾风行一时。如
今全套之四季婴戏已不易见，此
处所示宋人之《冬日婴戏》和元
人之《夏景戏婴》属其中的上乘
之选。

图 5-4

图 5-6　**闲看儿童**　明代画家周臣，取前人"闲看儿童捉柳花"之诗句，欲捕捉庭前儿童嬉舞春意，成人不胜艳羡之情。至此，图中幼儿之绘，纯为抄袭，了无新意。唯童年与奔放自然之情，令人神往，则是古意之再现，十分符合当时文化中"儿童论述"大方向之一。

图 6-9　**顽童闹学**　过去中国的伦常规范中，对幼龄子弟之要求，十分严谨，但图像数据中，却又呈现孩童顽皮好动、滋事打闹的一面。景中之成人或呼呼大睡，或讶然旁观，任凭小儿使其狡黠，恣意胡闹。规矩上进与闹学之间的拉扯，顽皮与天真之间的呼应，是探究中国儿童观的重要课题之一。

图 6-10　**蟾蜍与幼儿**　蟾蜍(俗称"蛤蟆")是近世绘幼儿图中常见的另一种小动物。此处苏焞(汉臣之子)所作《端阳戏婴》,蟾蜍固然是合适的应景材料,幼儿执之吓唬同伴,也是入情的勾描。前所见之《夏景戏婴图》(图 5-4)之右下,亦有幼儿牵蟾蜍玩耍之景。

图 7-2

图 7-3

观鱼戏虫　儿童欢喜观赏戏弄小动物，也是一种哲人家长不以为然，但又无法禁绝的活动。此处署名宋汉臣所作《秋庭戏婴》及《婴戏图》之局部，示小儿聚玩蛐蛐（蟋蟀），纳鱼于瓶，一如前图中与猫兔为伍的孩童，小动物似乎是童年不可缺的怡悦。

图 7-6 **杂技戏孩** 宋代文献中已提到城市中有为儿童说书讲古的艺人，明代则已有以幼蒙为对象的图像故事集出版。此处宋代《杂技戏孩》一幕，描出街头市井艺人披挂道具、娱乐孩童、吸引小顾客驻足的情景。

图 8-2

图 8-3

多元图像 在中国境内，阶级、经济条件、区域文化之外，民族也是造成多样童年处境的因素之一。清代在家庭生活上虽有不少满人"汉化"的实例，但满蒙儿童读(经)书，就像四裔家庭习用碗筷一样，只是文化表征之一面。塞外儿童放牧、西双版纳的母子袒裎，是此童年多元之图像的另一面。

图 8-4

图 8-9 **孩儿舞傩** 大傩是过去一种驱邪的仪典，后来变成一种节庆娱乐。连孩
童也会涂抹着装，戴起面具，扮上瘟神判官、雷神药师，连同黑脸红胡的钟馗，
串演起一场驱魔大戏。今日看来，过去之儿童，一如戴上了时俗文化的各种面
具，要掀开童年的真面目，并不容易。

新版序

《童年忆往》之著，初因接续《幼幼》①《安恙》②，为中国孩子身体与心理经验之侧写，始由台北麦田出版社刊行（2000年）。付梓问世后，又于大陆有广西师范大学出版社发行简体字版（2008年）。此书之出，蒙获不少读者之翻阅，在两岸学子同仁之会议课室间，尤逢谈论，也许代表过去儿童的世界，童年的历史的确是人们愿意知道的讯息。

如今不觉事过数十载，世事变迁，繁简体版早已绝版难觅，广西师范大学出版社之主持者一再执意再版，或者代表中国童年史之议题方兴未艾，尤其背后所指出的"年龄"与"人生发展阶段"二因素确实引起了一些读者进一步追问的兴趣。

一本书，一组章节，如一串音符，一筐子的问号，有它自己拨动的生命，知性之涟漪。这本小书，也穿过了当时它成长的许多身边嬉闹的女孩男孩，南港汐止巷弄间穿窜而过，七短八长，雀跃茁壮中的稚嫩童年。

作为最初寻访探路，欲求究竟的原著者，当时所好奇、不解，扁册翻过，案头思索，依然如故。

只是一路旧友们，新知时增。此次尤其要感谢高振宇老师之鼓舞，刘晓东老师、于伟校长与广西师范大学出版社锲而不舍的盛情。

慕州左右如昔，歆笛、歆岚欢喜一样，身边还添了洛明、立恺蜂拥不断的歌声。

也是童年的故事。

遂为新序。

熊秉真

二〇二二年七月三十一日

迎旭

---

① 熊秉真：《幼幼：传统中国的襁褓之道》（台北：联经出版事业股份有限公司，1995）。
② 熊秉真：《安恙：近世中国儿童的疾病与健康》（台北：联经出版事业股份有限公司，1999）。

序

对儿童与儿童问题的追寻，与其说是十多年来的一种执着，不如说是一种终生不得其解的大惑。这深深而严重的困惑，自童稚而与龄俱长，挥之不去，不觉间竟化为若干识知上的访求。其实，眼前史籍之间的纵泳，扉页之际的徘徊，与大学选课时遍搜儿童史而不着的失落，少年时以童心稚语编为故事小说，甚至三五稚龄穿凿园圃，晃荡林间无尽的惘然、无由的纳闷，情怀上并无二致。儿童与童年，一如生命和世界，是个迷人、难舍的问号，更是一串无始无终的惊叹。一旦加上时光和地点、历史与界域、环境与自然的思虑，更成了个无比动人、一去难回的迷魂阵，下面的喃喃之语，有探险途中兴奋忘情的叫嚣，更有跋涉颠簸时叨叨絮絮的排解。集之以献曝，虽有志初阶而稍息的意思，更有些冀逢山奢徕友伴的觊觎。

书呈八方，大致分为四个部分：起始的两章，从不同的角度，力索历史中孩子的踪影，是在观念"打开心内的门窗"，也是材料和方法上的引介。随后的文章，则分述近世中国儿童成长的外在环境，哲人对儿童及童年曾有的论辩争议，以及儿童自身生活经验之挖掘与重现。外在环境之抒，或以家庭人事之组合与生死苦乐之缘由之说，或以稚龄幼教之启迪，与性格和价值观之塑造为述。思想上的争议，则择异军突起的阳明学说与独树一帜的李贽激辩，与为近世中国儿童论述之表征，并与衍为近代思潮根源的西哲洛克、卢梭之言相照。其实要说议论，不必全局于思想争议，一个世代对任何人群、事物"意见"之衍生变革，更常有直接化为活动措置者。因之，乃以有明而晚清、民初塾学教材之产生与演化为例，一示近世中社会力多变后，儿童之属性亦随幼教之普及，与内容、气质之转化，逐渐化私为公，捐家庭而入国家之走向。至于一探儿童自身生成之经验，最大的挑战之一在于面对所谓重建或再现儿童生活之"主体性"

问题。于此，问题的核心并不在于过去儿童的营生有无其别于成人之主体性可言（此问题之答案毫无疑问是一个肯定的"当然"），而是经何曲折巧妙的方法，循何点滴之蛛丝马迹，让此一从儿童（成长者）本身出发的生长经验与童年时光，再次重现大家眼前。文中两章分以情感世界与稚情的音容、举止为例，试示当时情境之恢复，整体历史旧观之再现，以及文字语言（传统史学研究所执之文献素材）资料之外，另辟蹊径，细聆言语之外的啼噗之声，凝注其喜怒奔跃之表情行止，甚至细较思量一个婴儿踢打迎拒种种动作，这些对一群笔不能书、口不能言的稚弱生命，莫不是他所肺腑之声，在一番更细致的史学方法，更尽力追求同情了解的史学观念下，应该可化为某种直截的历史证言。

上述与下见几番尝试，固为中国儿童与童年史之若干起步，其实离任何人真想看到的中国历史上孩子生活的故事全貌还远。最主要的是所及面象，所呈梗概，虽谓各有其意义，但是集之而观，这并不能代表中国历史上的儿童生涯，或者给中国式童年的历史旅程一个系统而较完整的交代。儿童文学、宗教生活、嬉戏劳作，是最明显的一些缺失。儿童与童年概念，在哲学思想上的转折，也需要更有组织的整理，甚至儿童与政治、军事、战争、和平及法律地位、经济上的花费与贡献，乃至与人口、营养、物质生活的牵系，无一不值得细究，而得若干说明。目前的挂少漏多，背后原因不一而足，一人之疏浅零落，使得率而举步，益形蹒跚。此外，知识场域上童年史之价值与精神义涵，现实作用均未得公论之接受，无可讳言的，是使得工作加倍颠簸迟滞，他人或竟裹足不前的（重要）原因之一。这些篇章间所见拼凑并临机之感，实际上也反映了此类作品与工作在现实环境中诞生时常伴随的偶然与不得其然的景况。

及此，毫无无奈与怨嗟之意，主要是因为一踽踽之行，总有脉脉者含情以寄，无心者陶陶相携。中国婴幼史之作，此刊已是第三本，前两册书端（《幼幼》《安恙》），已载记了不少友伴与亲人的付出，今不再赘言。唯迤逦行来，时日积累，有些情怀更常浮现案头。其间南港师友张明园、张玉法、陈永发、刘翠容、梁其姿、黄克武、沈松侨的频频殷问，彼岸同仁Susan Maun, Charlotte Furth, Francesca Bray, Dorothy Ko, Martin Powers 等的鼓舞加油，让这一路的独行，常常期待之余，而无寂寥之困顿。

当然，慕州的晨昏相守，洒然相款，是让心意长驻问惑之隅，而浑然不觉日月蹉跎的最主要支柱。这儿童史第三本心得付梓之际，悠悠、青青已由唔呀稚语，顿时亭然自立。十多年来，她们从解忧而不识事的孩娃，早变成了姣慧盘诘、斗言追志的少年昵友。屋宇之下，这三四心灵（包括檐下愚犬）少声无息的宽解爱拥，更让我相信童心真情，在人世间可以是长久的事。

此书惠得麦田允助问世，前有李孝悌、王德威先生的好意，后有卢建荣先生的恳切支持，郑立俐小姐的耐心帮助。书的内容和构思上，讹误一定不少，但是中国孩子们得以步出时光隧道，与大家点头致意，这些朋友、亲人的热情奥援，是每每升起微焰之红烛。

熊秉真记于汐止迎旭

一九九九年四月

图　序

目 录

图 1-1

第一章　寻找历史上的孩童

一、孩子在哪里

（一）人们从来在乎孩子吗

时间容易让人意识到，这世界上少有什么恒常的事，不但海会枯、石会烂，沧桑总在彼此反复，连众所公认的真理也寿夭无定，路人皆知的常识更是忽无忽有，命运似乎可以完全飘忽无定。这样的话，听起来有点让人诧异，其实一点也不稀奇，稍稍回想一下走过时光隧道的"孩子"，就又得到一个现成的例证。

图 1-2　**儿童的踪迹**　一般孩子的处境，是儿童史想了解而不易得手的关键问题之一。1944 年南京城边挑担的孩子，不过是千万失落画面中偶然拾回的只字片影。

首先，如果要学究式地略做推敲，就会发现于历史学这门知识而言，要想在中间找到孩子的任何足迹踪影，多半是枉费心机的事。道理无他，说穿了，历史与其他的学问一样，是门十分"势利"的学问。大家都听过"知识即力量"（Knowledge is power）这句话，其实也可以倒过来说（Power is knowledge）。不少意义上，各类有权有势的人不单掌握了知识的内容，而且界定了知识的定义，想想中小学历史或者一般通史所涵盖（及忽略）的部分就可知道。成王败寇的结果，除地位、影响力之外，历史上所谓的"重要"和"意义"常是经如何一番过程而拟定。①

历史学跟其他许多学科一样，过去并没有自然而然地把注意力放在那些卑微、尚无显赫势力、没有留下什么痕迹的人或事上，年幼的孩子不过也属于"空白"现象的一小部分。也就是说，假使历史没有特别歧视儿童的话，它最少是重视了其他许多东西，是代表当时大家的公众价值所在（值得一记、值得注意的事物）。其实作为一个钻研的对象，在人的知识旅程中，"儿童"的浮现是一个非常晚近的现象，而这现象的发生，背后颇有一段值得玩味的故事。

（二）注意到孩子的是些什么人

就历史而言，史学界刚开始"发现孩子"的时候，注意的焦点其实还不在小孩本身，而是一些别的问题。一位法国学者猛然回顾起法国及西方"童年"的历史，他的兴趣不全在追究孩子本身，而是想追溯时光之流中所谓"心态"发展的历史，也就是在一段长时间里，任何社会对人、事、物曾有的态度，及这类态度本身的转变过程。譬如《西方文明对死亡的态度》（Western Attitude Toward Death），就是这位为史学（后来也包括不少其他的人文社会学科）掘出儿童问题的菲利普·阿里埃斯（Philippe Ariés）先生的另一本名著。②后来经一番考证辩论，他发现以前的西方人曾颇有一段"恶生而好死"的时候。因为历史上曾有很长的时间中生活困苦而不定，大家既躲不了死亡的阴影，无知小民甚至真觉得生不如死，宗教也让大家向往天堂。至于后来开始觉得死亡陌生、

---

① 自古以来，人类意识世界和知识内容的产生过程，是晚近人文学界热衷的问题之一。在这方面，福柯（Michelle Foucault，又译作傅柯）对西方文化体系形成之"解构"与分析，颇有推波助澜之功。福柯的说法主要根植于西欧近世历史文化经验，理念上对举世人文社会科学界都带来一番冲击，虽则实质细节上对中国范例未见十分适用。其《知识的考掘》一书，王德威曾予中译，见米歇·傅柯著，王德威译：《知识的考掘》（台北：麦田出版公司，1993）。

② Philippe Ariés, *Western Attitude Toward Death : From the Middle Ages to Present*（Baltimore : Johns Hopkins University Press，1974）.

冰冷、可惧，则是死亡率降低、近代医药兴起、平均寿命期望增长、"死亡"现象陌生化等许多复杂因素逐渐汇聚而成的结果。这种广义的心态史，是文化史或思想史的一部分，它有兴趣了解的不是已成形的思想，像哲学那类由特定的人写下来的清晰的思辨，而是一群人在有意无意之间，日常起居之间所展现对某种东西的态度或感受。从这类追踪之中，人一开始就警觉大家对天天在身边打转的人、事、物不一定就会有某种清楚、有意识的觉察，同时却花许多时间凝想些一辈子也许都碰不到、用不着的东西。"儿童"或者"童年"很可能就是这样一个被略过了的、俯拾皆是却浑然不觉的事情。这类研究中大胆的假设吓了大家一跳，譬如说西方人虽然生了许多孩子，死了许多孩子，当然也接触过许多孩子，但一千年来却可能完全不知道孩子是什么。另一方面，让人忧喜交杂的是一旦大家逐渐"发现儿童"以后，整个近代社会在态度上反而对孩子生出不少要不得的关注与约束，而这些可能是比漠视或误解更糟糕的重视与认定——以他的观点来看——反而常是另一些破坏性措置的开始。[1]这个例子说明，史学可以从许多角度触及"儿童问题"，心态史不过是其中之一。社会史是另一个明显的例子。尤其是社会史中的家庭史，因家族中的各种成员，当然应该包括小孩在内，不管是作为粮食等资源的消耗者还是决定家庭繁衍的继承者，家庭史中都有一部分不能不谈到的幼龄人口。何况时间上愈往古代追溯，平均寿命期望愈低，未成年人口所占总人口比例就愈大。近代以前，一般而言各传统社会中有三分之一以上的人是未成年的青少年与婴幼儿，从一个公允与完整的认识角度而言，这三分之一到一半人口的境遇显然是历史学不能不理会的部分。[2]

再有，从事思想史的人偶尔也会注意到与儿童相关的问题讨论，尤其是从"人性论"的角度出发，常常会追溯到孩子身上，因为人性论所探讨的"人性"到底是什么，一个机械性的解决之道，常是把问题追究到人生最初发生的时刻，

---

[1] 西欧近世史上对儿童与童年这种两面性的发展，是阿里埃斯从心态史所成童年史 *Centuries of Childhood : A Social History of Family Life*（New York : Vintage Books, 1962）一书主旨的前后两大部分。对此西欧史典范之评析，及中国儿童与童年史上的对照与思考，参见熊秉真：《入情入理：中国近世童年经验与幼教发展的两面性》，载《礼教与情欲：前近代中国文化中的后/现代性》（台北："中研院"近代史研究所，1999）。

[2] 关于过去三十年来历史界如何分别从心态史、社会（家庭）史、人口史、制度（慈善、托幼、教育）、公共政策等不同角度触及儿童及童年的历史面相，及各方面最主要的成品，请见本人在 *A Tender Voyage : Children and Childhood in Late Imperial China*（Stanford : Stanford University Press, 2005）一书中的引论。

假设"最初的人"可能也就是"原本的人",最后往往引出"童心是否等于人性"的议题。类似的讨论,东西方哲学家都屡有发挥。

另外,关心教育和思想发展的人,也容易涉及对儿童的管理、指导与教育方式。常常议论、规划各种教养方式,而所设计的教养方针,又往往与其对人之本性——"人原本是什么东西",或者"人最初是怎么回事"——之认定有密切的关系。历代相累,这些塑造者与哲人也为历史留下不少抽象式的对"人之初"与"人性"的讨论素材,其中多有触及孩子的痕迹。[1]

(三)年幼的生命留下了哪些痕迹

撇开过去学究式的史学规范不管,没有人能否认过去千百年间,有许多孩子活着,那么关于他们的生活,历史上所留下的资料能刻画出怎样的一些痕迹呢?纯从资料上来说,问题好像不难解决,中国过去的确留下了好几类可以透露儿童生活情状,或者曾经影响童年经验的文献[2]:譬如前面提及的思想家、哲学家留下的主义、主张,让我们知道社会上的成人为了造成所谓的"理想国",曾不断提出大家该如何管孩子、如何教育孩子的主张。这类声音对儿童童年而言,可以说是一些"训示性""指导性"的素材,像中国古代的《礼记》,里面对最小的孩子都有非常多的规划和构想,是大家意想不到的。《礼记》是一本教导人如何应对进退的典籍,后代的家教训俗文可说是此文化传统的一种延伸。另外,实际从事育儿教育工作的父母师长,他们需要各种"幼蒙"材料,包括教导成人训儿的原则与方法,以及教小孩时直接使用的认字习韵、说天说地式的教材,如《三字经》《百家姓》《童蒙训》等。[3]胡适的父亲老年得子,担心自己可能看不到小孩长大,在小儿子三岁时,就用毛笔写了一篇"学为人诗",告诉孩子希望他学做一个什么样的人,现仍存在台北南港的胡适纪念馆中。

另一类信息,可说是"描述性""记录性"的材料,描述着小孩生活的模样、曾有的经验。历代留下的个人传记,开头时有几行描述传主幼时情事;年谱也有执笔人整理谱主小时的重要经历;士人写给自己手足亲人的书信,时偶或叙

---

[1] 关于儿童、青年与人性、自然之思辨,在近世中国与西欧之演变,见本书第五章《省思与争辩》中的讨论。

[2] 关于中国史上与儿童、童年相关素材之类别,各自之特性与其研究上之运用,亦可参考 Husing Ping-chen, "Introduction", *A Tender Voyage*。

[3] 本书之第三章《环境的堆砌与塑造》、第四章《社会与文化脉络》,介绍了训诲型文献在中国的历史传承,其所形成的家教与幼蒙环境,及近世数年间此环境与素材的转变。

及幼年的一些追忆，若暂不管其中的复杂性和营造性等问题，这些都可视为有关过去儿童及童年的宝贵记录，经过仔细整理分析，可成追究、重建过去儿童世界的起点。另外还有一些集体性的载记，像过去中国的家谱、族谱中，有时包括整个家族如何处理幼龄成员的问题，寡母、孤儿每个月应得多少米粮、银

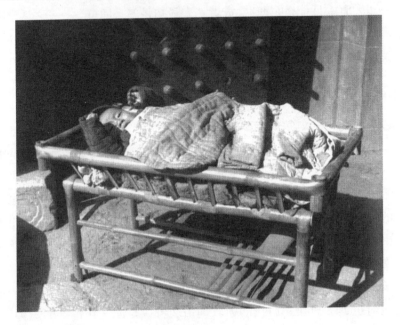

图 1-5

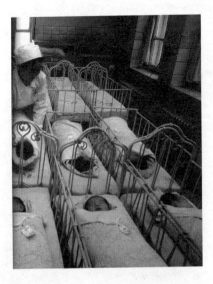

图 1-6

襁褓之道 研究育婴抚幼的历史，不但想知道在不同的时代、社会中，生命之延续如何成为可能，同时还想考虑社会文化的力量何时、经何途径渗入，把初生摇篮中的婴儿，一个个照养而塑造成了不同的个人。

钱，一年两季可有多少布帛为衣，各房智愚不等之子弟须如何求学习艺、各谋生计等，都可与上述个别性的记述互为对照，彼此补充。①

第三类可称为"实证性"或"技术面"信息，譬如"医书"。中国是全世界最早有幼科的地方，这些旧时幼科的医生，因需照顾啼哭疾苦中的小孩，虽抑或虚拟美丽，因为孩子日常实际的状况不但是他们的职业收入所系，更是有其文化偏执，但对儿童比较不容易空执理想他们天天必须应付的问题。他们记录中的小孩子，有姓氏、有背景（家长职业），说明籍贯、年龄，随而载记其临床资料，罹病前的饮食居摄，出现哪些症状，经诊断后所开之方、所予之药，数天后复诊情况等。有时观察跟踪一个孩子相当一段时间，同时用以教导解释给习医的子孙徒弟，可以应付类似毛病，用什么办法判定寿夭生死。医书因而变成了解过去中国儿童生活实况的一种宝贵信息，尤其过去多半医生终生在同一地区工作，传授子侄生徒，数代行医之下，累积数百年的数据，形成一种描述性的生物统计。一个地区的小孩饮食营养如何？健康形态有什么特征？是否有季节性、地方性疫病？他们的物质生活在改善还是在恶化中？各个阶层呈现哪些不同的习性状况？往往从幼科医籍，尤其是医案的汇整之中可以得到重要的解答。②医生记录有时不全为了自我标榜，也有教学示范之用，影响科技人员塑造其资料的理由与写传记、营造理想国度的文人不尽相同，务实和职业上的因素，不能使他们完全脱离迷信、误导、困惑，但毕竟留下了一些有关过去儿童生活、疾苦的音讯。

实证和技术性消息的另一部分是法律档案。中国的法律档案，后人的挖掘仍然不够，其中透露的有关儿童和童年的信息更是全未"出土"，包括律令中各种对孩子减免的规定（当英国人还在吊死三岁小孩时，中国的法律早有规定九岁以下儿童犯罪得以减刑，一如对七十岁以上的老人或残障的依等地宽赦一样）；少数实际发生在孩子身上的刑案判例，如清代留下的刑案资料中有一个小孩跟另一个小孩玩耍，不小心掷石致死的例子，法律上如何处置。这些资料目前尚未做系统式整理，经过一番爬梳思考应可看到过去儿童世界的另一面相，

① 本书之第六章《人事与情感》即试用此类传记、家庭与描述、追忆型资料，佐以近代心理学与人口史上考虑，对近世中国幼儿内心世界一种重建之尝试。第七章《接近稚情的世界》则是将训示型与描述型（或者思想史、哲学史、教育史与社会史、家庭史、个人传记与文学艺术史）素材进行一番核对、检视、思想反刍后所得到的一个多面相结果及方法论上的省思。

② 本人曾试用中国近世幼医方面材料析述育婴史与幼儿疾病健康发展之大略，而成二书，请见《幼幼：传统中国的襁褓之道》及《安恙：近世中国儿童的疾病与健康》。

尤其是若干下层儿童的身影。经济史的材料中也有些儿童的侧影，如有形或无形的"童工"问题（儿童在家庭及家庭外参加生产的情况）；人口的资料中"溺婴"的现象，刚出生的小孩，逢饥荒时常遭溺毙，特殊情况下杀婴也会涉及已数岁的女童及男童；政治性的材料中也有涉及儿童的，战争时十岁以下的小孩不但可以上战场，更常在政治事件中被屠杀，或遭政治运动波及，命运大变。辛亥烈士如林觉民或秋瑾的孩子，以及被拱上皇位又被扯了下来的幼帝溥仪，他们的遭遇非比寻常，未尝不在催促着我们面对儿童与政治的关系，或者政治对幼龄人口激烈乃至寻常的影响力。①

第四类是"艺术性"或"想象性"的材料，如中国传统文学中的"西游记""目连救母""哪吒""封神榜"等，是一些受小孩欢迎、某种程度上呈现儿童心态与性格的故事；"二十四史"中，各朝共留下了二百六十四首童谣，或是有意编造，或是流传民间，有时跟时政有关（如饥荒时民间流传："老天爷，老天爷，你耳聋来眼又瞎，你不会作天你塌了吧！"），或是对官员的讪笑。宗教材料中也有些与小孩的祸福有关，如"三太子""保生大帝""月姥姥""注生娘娘"等，或有专门保护小孩的神，或以人生少年阶段为影射的呈现（如"金童玉女""妙善公主"）。加上故宫看到的绘画、瓷器、竹雕、景泰蓝中，都有些小孩的身影，虽然以前大家不太注意追问：这些艺术品上的小孩到底是象征性的儿童还是真实的自描，但是这些实物上的形象所透露出某些与小孩相关的信息值得进一步解析。譬如货郎图、婴岁图、耕织图中所见小孩的玩具、小孩家具、小孩所穿的衣服、其发结装扮、小孩追逐分享的食物、建筑中留给小孩活动的空间等，许许多多的蛛丝马迹，不论是直接的影像消息，还是经过曲折方法转换后的象征性、典范性呈现，莫不等着更详细的解读，更系统的考证，以求得出一些综合性的认识。②

（四）他们诉说着怎样的故事

因为种种不同的讯息，在不同角度、种种际遇下留存至今，直接间接关系

---

① 中国法律、政治与经济史上与幼龄人口之交错关系，及年龄与人生阶段在此等公共领域活动中的展现，是一个材料丰富而亟待整理的园地。

② 文学、艺术、宗教、物质文化与儿童生活的交织也是值得开发且作品极少的领域。本人对传统中国的儿童文学曾有一篇短论，见 Hsiung Ping-chen, "Erh-t'ung wen-hsüeh"（Children's Literature），in William Nienhauser（ed.），*The Indiana Companion to Traditional Chinese Literature*，vol.II（Indiana University Press，1998），pp.31–38。

着过去孩子的活动与处境，汇总起来，可能呈现出什么样的一些片段，可告诉我们一个关于过去孩子怎样的故事呢？细想起来是一个复杂又诱人的挑战。这种种不同类别、不同性质的有关儿童与童年历史的素材，保证我们在中国历史中寻访孩童踪迹之想不致落空，而且收获必定丰盈有趣。但是其实，材料之繁复，面貌之多异，内容之曲折，同置案前，不免也激起了许多疑难的问题，是以前西方少数涉猎儿童与童年史的作品似乎未尝遭遇，也没有提起的。从最简单的层面上讲，这些由训示而描述、由实证而想象、由精神而物质等种种不同的关于过去儿童的材料，当然呈现了一个多元与多重面貌的中国历史上的儿童与童年。一方面，我们知道儿童与童年的经验，是由许多不同的社会势力和文化因素所共同经营（譬如说，家庭中的父母、学塾中的师长、专业的幼科医师，乃至法庭的官员、说故事的艺人等）；另一方面，我们也不能不承认，看来儿童与童年一向就有许多的面相。这不只是说，社会的各个角落，各个族群地域，不同性别、阶级的孩子，可能有完全不同的儿童际遇，而且表示同一群孩子，甚至同一个孩子，从来有着一个以上不同的"小世界"在他的人生中运行，因着上述的各种社会文化的影响力，也因着儿童日常生活情境多重与复杂的组合方式。

如此的了解，自然又牵扯出另外层次的一些考虑。譬如说，这各种不同的素材所代表的影响儿童生活的社会因素，它们彼此之间在基本假设和终极价值上是完全一致、相融合的吗？还是在大方向和看法上有重要的歧异与冲突？又如，这各类不同的文化力量、文化在实际的社会运作上关系如何，是各自为政，毫不相涉吗？还是彼此互动，甚至互补互助？

还有，这些不同的社会因素与文化力量，让人不由得要追问儿童及其童年环境外塑与个人自主的问题，以及受成人左右或有儿童主体的问题。也就是说，过去中国虽一如其他社会，有种种规范、塑造与教导以及保护儿童的措施，但是从社会史的角度所亟须厘清的，正是这些形式和制度上的力量，除了宣告型的表文之外，其实际的作用力与局限所在，及在一个所谓成人权势，大人掌握的秩序之下，孩童还有没有，或者能有何种的自主性空间，以及所谓自我中心儿童立场下的感想与活动？这些材料所引出的复杂问题，不能不以思索材料再予回复。书后各章内容中，对这层层疑问，尝试了一些不同的挖掘和对话。大致而言，训文、教导型的力量（家训、幼教）与技术辅助型力量（幼科医疗），乃至叙说措置型因素（传记、书信）、艺术想象型力量（文学、绘画）等多个方面的作用，彼此有些方面是互通相合的（譬如我们可以说父母和医者都想保护、养成儿童之身体，虽则关怀方式的出发点可能不同；塾师和家长都想用一套规则训练孩子，虽在管教细节上仍常有争执），但在其他方面也有根本的冲突和对垒（譬如宋代以后家长和师长都倾向要孩子求静而不妄动，但幼科医者基于身体健康的考虑，不断鼓励婴幼儿多做体力活动，而雕绘儿童形象的艺术家更是一再用钦慕的眼光呈现出活泼好动、顽皮嬉戏的男孩女孩）。在主张上，这些代表不同角色、不同职业、不同影响力的儿童关涉者可能各司其务，各自表述，但是在实际的日常生活中，家庭的育儿教儿场合中，医书与家训，各种规矩和大小玩具当然是并列而共存的。各个阶层、各种背景偏好的父母师长如何征而选择，衡量取舍，乃至彼此掺汇，交互作用，正是我们下一步该细究的事宜。至于环境外塑、成人主导之下，发育成长中的孩童还有没有任何自主的余地、自动自发的角色可言，是另一个关键和问题，下文将再多议。整体而言，外塑力量虽则明显，但绝不能完全剥夺儿童自身之主体性，所谓传统礼教乃一成人为主的社会，只是一个概略性陈词，当然不能尽陈其内部之复杂，尽除稚龄婴幼儿同各种主观意愿之表达，主动趋向之涉入。对后代的历史学者而言，真正的问题，不是外塑相对于内动，成人中心相对于孩童自主的、对立的孰是孰非，而是如何细心而巧妙地挖掘呈现出在当时的社会情境下婴童自主性的声息动作，大小孩子们所曾拥有的自议型的情感和意志的内涵。更有趣的是，在这种种问题所涉的实质内情上，传统中国儿童世界的转变，与当下大家所熟悉的西方式假设的或近代式的情况，常绝然而不同，而这些"意外"的"发现"，正指点着近代文明的若干偏执与盲点，催促着我们反省对待儿童之道，从而重思对生命的认识。

过去学者（包括历史、文学、教育及心理学者）粗略考虑下，觉得可以以成人立场与儿童立场出发，来区分这些文献或图像数据；或者追问各种不同材料中所呈现的儿童，各自代表真实或虚构的儿童；或者加入认知与记忆的问题，从主体性与客体性的角度，追问何者代表儿童自我，当时的声音，何者其实是儿童成长的或他人旁观载记的摄影。因为每一个成人都曾是小孩，但没人永远是小孩，当这些素材产生时，其作者多半已经不是儿童，即便他十分关怀、接近、了解儿童世界的景象，像《百子图》《婴戏图》《招财进宝》中的小孩，西方绘画中常出现的天使、小魔鬼等，可能都是绘画某种成人心目中孩童形象的现身，其与真实儿童与童年的关系，就特别值得一番抽丝剥茧的功夫。从"理想中"的小孩，是否能多少得出过去儿童真实处境与生活经验的一些投射，或者当时社会集体心态中认为儿童与童年的意义（此态度正是儿童正常生活要面对的一个大环境），古今中外已有的材料更不一定能立刻提供一个正确的答案。但这些引人追问不已的问题，其实也反映出现代社会终于对孩子苏活起来的一些关心和好奇，正在为儿童及童年的过去、现在与未来的立足所在驶进一个求知的起点，掀起序幕的小角一端。

（五）大家心中有哪几种孩子

从语言和文化上考虑，更明显知道中国过去所谓的"孩子"其实有许多不同层面的意义。中文中常用的"儿童""孩子""子""童"或"幼"，其含义最少可从三个层面理解：

第一层意义，指的是人生阶段的起始，也是狭义年龄、身材均小，从刚出生几个月到几岁的"孩子"。这一层意涵最接近近代以后幼教或儿童专家通常所关怀的对象。

第二层意义，代表的是一个"社会地位"或角色，不只指年幼的孩子，而是如"五伦"中"父子"中的"子"。这"子"实际上可以是三十岁，甚至六十岁的成人。但在中文意涵中，相对父母和地位比他高的人，他永远是一个儿子，或晚辈"小子"。在中国过去社会中，没有结婚的人，结婚而还没有小孩的人，还有奴婢、仆人等社会地位微贱，以致没有把他当成人对待的人，永远像孩子一样，对所有真正的社会成员——人——须如同子女对父母长辈一般。这种"社会意涵"的"子"或"童"，一如父母健在时的子女，永远是孩子。即使父母不在人世，清明时节，他们仍得以孩子的身份，做孩子做的事。所以这种"子"的身份是不会随着年龄增长而改变的。

第三层意义，指的是"抽象意涵"的儿童，近乎"童心稚情"的意思，代表"如小孩般的"精神特质，"像孩子似的"心情性格，某种"纯真童稚的"存在状况，是广义的孩子。如常谓的"赤子之心"可能讲的是一位"鹤发童颜""天真烂漫"的老画家。这个含义下的童稚，与普通关怀意义下的儿童或孩子也不是没有关系，因为对这种社会认定与文化心态而言，这种泛义的童心稚情，是孩子"本质"的一种升华和抽离。①

（六）聚焦于孩子代表如何的心意

综而言之，在文明洪流中，有些地方，曾经有些人，从某些层面注意过孩子，

_____

① 本书第五章《省思与争辩》中，更进一步呈现此三层面的意涵在中西近世思想文化中的展现。

然而仔细玩味，这种现象的发生代表什么意义呢？大家习于认为，对任何事物、现象从无知到认识，从陌生而关怀，应是一件好事。然而这样的说法，从儿童史与童年史的角度来看，似乎只对了一半。因为一方面，人们开始注意孩子，一直是起起伏伏，未见得是循序渐进、渐渐强化的一个长期单方向"演进"过程。因而我们很难假设一个时期的人比以前的人多注意到孩子，就代表在整体价值上他们比以前的人要进步可取。另外一方面，当一个社会特别关怀孩子的时候，有时反而对孩子可能是一个不利的趋势。因为众人的关怀，也常造出一些刻板僵化的理想模范，而加意把孩子造成某种模样，这在西方与中国历史中都有不少例证。当大家都不注意孩子时，整个社会中的儿童也许会有些不幸的际遇，如孤儿、弃婴无人理会等；但在另一方面，这时候也许也就没人盯着孩子做这做那，如此这般（三点钟要上才艺班，四点钟要学钢琴，等等）。当小孩被认定为"小可爱""小太阳"时，他们所承受的压力常比其他时候要强。那么，儿童故事书大量出现的时代，真的是一个百分之百童年的天堂吗？当"理想的孩子"被塑造出来时，同时不也有许多丧气的父母师长，因为发现自己的学生或小孩不像"一般"小孩那么"可爱"，反而更加失望。原本没有人注意小孩之"可爱"时，是不是人们也比较不会觉得或要求小孩应该如何"可爱"，相对地也就减少了父母恼怒、社会施压的情况？至于一个社会如果基本上以所有小孩为"讨债鬼"，结果幼童是倾向"认命"忍受呢，还是反而成人都失去耐心，"变得平淡而无所谓"地对待孩子？许多问题，一深层思考，都不像表面以为的那么容易。①

作为社会文化现象的一环，对待儿童的方式也许就像走钢索一般，总有各种倾斜摇摆，但又需要平衡。投入愈多的关怀，不见得对他们就绝对愈有利，愈容易塑造成理想成果。从前人的经验与记录看来，儿童与童年的世界，就像所有有关"人"的问题一样，自然有很多复杂、不确定与多方的面相。这复杂而不易把握的特性，也许可使一个好学深思的时代、一个谦冲而开放的社会、一群关爱而愿意善待生命的人群，对其中新生而稚弱的成员，多点学习怀想，少点轻举妄动。

---

① 本书第四章《社会与文化脉络》后半部，以近代幼教空间的开辟为例，颇可见儿童经验与童年论述，夹在"近代化"主轴下的多面与暧昧性。

二、从过去到现在

（一）谁在怎样为谁设想

一般常假设：人，不管是集体的或个别的人，对孩子多半容易滋生善意。不管为了物种繁衍，或者慈悲爱怜，不管是自身骨肉或者过眼婴童，其稚嫩脸庞、短小身躯，初生而易折的生命——这些，和幼儿的声息、气质，似让人觉得，人对孩子多半应怀着好意，不管是谁，不管是谁的孩子，这份笃定，像两千多年前孟子举那个手摸着井边、摇摇晃晃的小娃娃为喻，所掷下的千金铭言一般，说看一个幼儿接近险境，没有人会不马上丢下锅铲，抛下马鞭，飞奔井畔，轻轻把他抱起。没有人！

可是，真是这样的吗？如果我们重新、慢慢地，一点点回想起：

首先，翻开记忆的本子，走进时光的隧道，我们会发现，的确一直有不少人，在为孩子忙碌，为儿童"操烦"。最平常的，像生养嘶吼他们到大的父母，或者所谓循循善诱的师长。但是自有文字记录以来，有相当长的时间，对孩子而言，父母师长未必是长久可期或常在身边的人物。首先，如果将儿童视为一种特别类别的人，那么从来为小孩设想的人，并非他们的同伙，另外一些"小孩"，而是些大人，一些孩子之外其他类的人。其次，以前的社会并不一定认为"小孩"一定归其父母管，社会习惯或者法律规章也许认定父母为第一顺位管小孩的人物，但实质上他们未必是，且管理其子女最多、最频繁、影响他们最大的人。[1]塑造一个孩子的成人，对有些儿童而言可能是庙前的说书人、卜卦的瞎子或教他拔菜的人等诸多人物，对过去的士家儿女而言，天天给他饭吃，帮他洗澡、梳头、穿衣，管教他的也不一定是自己的母亲，更不是父亲。

这些初步的考虑，已经让人意识到，过去儿童的经验，其照料、管辖，其处置之权，各个社会，同一社会的各种阶层、各个角落，可能以各类不同的方式进行。因之所谓的童年，在同一个社会中就可能有诸多不同面貌。儿童之处境，童年之内容，既为社会环境和文化习惯所营造而成，那么古今中外，儿童与童年皆可能代表相当不同的意义。儿童之际遇，童年之意涵，由过去而晚近，

---

[1] 本书第六章《人事与情感》之前半部，说明传统中国社会中孩童之人事环境组合上的多样性。明清时期，父母并不一定是照养儿童长大的成人。

在中国或他地甚至可能牵出迥然相反的情景。

　　有研究欧洲童年史的人说，过去许多孩子其实是仗着"陌生人的慈悲"（kindness of strangers）而存活下去。[①]而且直到几十年前，并不是每个孩子都必须或有机会上学，多半的孩子既没有固定的学程，也不受学校教育或师长的约束。在这种情况下，社会上成人对小孩有意见的话，是经过如何的管道表达并发生影响？这些主张意见的背景和用意何在？是为了小孩，还是为了成人或社会国家，或为了任何抽象的目的？尤其当所有管孩子事情的人自己都已经不再是孩子，他们的立场与干预代表着如何的意义？中国以前常表示为了"列祖列宗"而教养小孩，那么孩子的存在是为了孩子之外的原因？或者说在当时的框架下，任何一个个人之人生，其意义都在于自己之外？

（二）各种的大人和他们的主意

　　回到历史上各种"关怀"孩童生活，为之设想付出，甚至辛勤耕耘的人，他们心中曾有些怎样的目标？譬如离今未远的"宋明理学"诸子，他们对儿童最主要的想法大致有三：一是要"静"，二是要"敬"，三是须"诚"。此三点原则对小孩来说并不容易办到，一个出生不久的婴儿幼童，要他安静不动，对所有的事物怀有敬意，并表现一种诚恳，怎么说都是个难完成的任务。但当时很多与训蒙相关的材料，如朱熹的《童蒙须知》，吕坤之父吕得胜所著的《小儿语》《女小儿语》里面所说的，都是根据这些大原则，陶冶儿童之说。[②]除了这些行为性格上的静、敬、诚等训练之外，士人之外，一般家庭也有父母送孩子去学技艺，如学做木匠、糕饼，或慢慢教他种田或持家，虽然读书科考乃是这所有职业训练中最被看重的一种"学程"。训练儿童之间可能呈现多重目标的冲突，譬如，"智育"跟"德育"孰轻孰重或如何并存，就是一个常常浮现的问题。当大人教一个孩子背《三字经》的时候，重点到底是在教他认字，还是在锻炼他背书时必守的敬谨规矩的态度？这种双轨或多重的期望一直存在，彼此也不断共生而相抵。譬如"群育"的训练，因为中国人一向注重个人与群体的相处，人与人之间关系的维持，但群育与德育、智育的要求并不保证完全相辅相成。今日所讲求的"体育"与"美育"，也以其他形式存在于过去的教育流程之中。

---

① 此为约翰·博斯韦尔（John Boswell）所著有关西欧中古到近世弃婴收养状况的一本专著，见John Boswell，*The Kindness of Stranger*（New York：Pantheon Books，1988）。
② 朱熹：《朱子大全》（台北：中华书局，1965）。吕得胜：《小儿语》（台北：新文丰出版公司，1985）。

背诗作对棋琴书画即有美育功能，礼乐射御书术中的"射"与"御"也有体育意义。不过由宋而清，社会竞争日烈，期间大量家庭资料中统计，教小孩"数字""认字"或"耕作"等知识与技能的年龄，从宋代以来，平均大约每百年就提前一岁。[①]也就是说，宋代时九岁儿童所进行的活动，元代可能变成七岁儿童的功课，明代变六岁，清代竟可能成了四五岁孩子的日程，到近现代是不是自然也就成了三岁天才班的内容？

再比较"古典中国"与"古典西方"，幼教所涉也有些重要差异。古希腊、古罗马直到现今，西方教育中一直以"戏剧"或表演为重要的学习，以为人在社会里最重要的技巧应包括"表演""扮演"，古代学校中已安排有类似的训练，现今的教育中仍很重视。中西对"绘画"态度亦不相同。西欧社会长久以来视一个人的眼光与身手技巧为重要，从古而今的教育设计中常存在这样的流程。还有"辩论"，或叫"修辞"，西方一向对语意逻辑十分重视，以为道德文化中的是非对错训练都在其中[②]，与中国像儒家木讷近仁的假设很不一样。再说"社交"，到了文艺复兴时代的学校里，还有"社交术"这类课程，里面讲求的包括"如何讨好别人"，有效地玩弄权术，甚至吸引异性时须施展的"媚术"。许多显然是孔孟之道所不能苟同。

哲人、思想家、教育者之外，家长、亲人代表另一群关怀规划塑造、干涉孩子的成人势力。他们的意见与前面所提的规划、管教者不全相同，考虑的标准通常比较具体务实。例如"下水"危险，所以不准孩子游泳嬉戏。中国人说父母对小孩有三种恩情：一是"生育"，二是"养育"，三是"教育"。就是平平安安将小孩生下，将他好好养大（不一定须由亲生父母完成），最后还要把他教导成一个有用的人（能养活自己并贡献群体）。《佛说父母恩难报经》，是一特殊的佛教文献，其中谈到父母对孩子的生育、养育、教育之恩，所说的不只指"生身父母"，也包括对一个人由幼而长有生养教育恩情的人。因其恩情，这些人都成了一个孩子长大成人后终身怀记还报的对象。"一日为师，终身为父"等观念，背后的伦理也有相似之处。以致中国的比丘、比丘尼出家后还有托钵、苦行，

---

① 此为统计大量传记资料以后得到的大概情况，幼教对象之年龄下降趋势，可参考本书第三章《环境的堆砌与塑造》中的分析。

② 关于古希腊与古罗马的儿童生活与童年世界，可参见 Mark Golden, *Children and Childhood in Classic Athens* (Baltimore : John Hopkins University Press, 1990)；Thoman Wiedemann, *Adult and Children in the Roman Empire* (New Haven : Yale University Press, 1989)。Paul F.Grender 在讨论文艺复兴之教育中，对古希腊、古罗马幼教的延伸有细节说明，见其专书 *Schooling in Renaissance Italy*, *Literate and Learning*, *1300–1600* (Baltimore : John Hopkins University Press, 1959)。

以还父母生养之恩者，方外之人虽不再能直接奉养父母，但苦修祈福，也是一种对父母养他身躯、顾他教他长大的偿报。①

在这种恩情文化或还报传统之下，"养儿方知父母恩""养儿防老"等相关的观念、习俗，才能像网络般铺陈开来。在这个社会文化脉络中，一个成人教养或管教、责罚孩子，其动机、态度及处理过程，也变成一个复杂而不易厘清的问题。

图 1-9　**嬉水**　孩童向似乐水，宋代《百子图》上置幼儿于荷塘，虽则近世传记中显示失足灭顶或嬉水溺毙者可能是明清儿童意外死因之首。

哲人师长、父母亲人之外，社会还会产生出一些照顾孩子的"专家"，专门以协助儿童成长为职志者，像是宋代以来中国即有的幼科医生。②这些人的工作为照管或帮助一般家庭照管小孩。基于某种专业性的认识和考虑，他们对儿童照养上的主张比常人清楚而有焦点，若干主张与普通父母、社会习惯也不尽相同。加上自古中国对医疗定义与现今有异，古时幼医不只照顾小孩身体的健康，还照顾他们的"身心"状况，希求儿童心神安宁、好吃好睡、会笑会玩。

① 本人曾在谈中国近世母子、子母与妇女关系演变中，略及此生养教育之恩的营造与偿还，见 Hsiung Ping-chen, "Constructed Emotions : The Bond Between Mothers and Sons in Late Imperial China" (*Late Imperial China*, vol.15, no.1, pp.87–117); Hsiung, Ping-chen, "The Limits of Debt : Aging Mothers and Their Grown Sons" (Annual Meeting of the Association for Asian Studies, Hawaii, April 11–14, 1996); Hsiung Ping-chen, "The Domestic, the Personal, and the Intimate : 'Privacy' and Father-Daughter Bonds in Late Imperial China" (a paper prepared for Japanese Studies Center, University of Michigan, 1998).

② 幼科在中国千年以来发展之大势，请参见熊秉真：《幼幼：传统中国的襁褓之道》，第二章《近世的幼科医学》，页25—52。

不论如何，幼科医生对儿童的看法与前面提到的管教者及照顾者角色、功能及目的、动机都有重叠之处，但其意见之内容，及价值观念所依据却不完全相类。他们的立论从专业照顾者及生理体质基础出发，与父母及教师间常有激烈辩论对质。

　　前面三种关怀或照顾儿童，涉入儿童生活、各有主张的人物外，过去社会还有第四种人物，也可能对儿童生活发表感怀，造成一股影响的力量，他们或可称为童年文化的"梦想憧憬者"。譬如说为儿童书写歌谣故事的文学作者、在艺术品上描绘幼童形象的艺术家。他们或以儿童生活为素材，用文字、声音、色彩描述呈现其特殊世界，或经工艺、表演，呈现出某种理想儿童的形象。这群画小孩或逗小孩的人，所画小孩在活动，初看似乎真想捕捉小孩所爱所是，有时甚至像在有意而明显地与程朱等理学家、教化者相持不下。在后代常见的《婴戏图》《耕织图》《货郎图》《百子图》《清明上河图》中，推出与前三群人相当不同的儿童与童年观念①，他们所描述的小孩，好像与其他大人设想的方向颇不一样，像《闹学图》中的孩子，一定是教育家及哲人们的大忌。这些享受玩耍吃食之乐的孩子，明眸皓齿，衣履光洁，面容姣好，灵巧可人，是不是真正勾画着另一种典范、一种异于教化标准的儿童塑形？

　　这个问题，看似简单，其实内情相当复杂。因为这些文学与艺术上的作品，其所造成的印象及其所传达的信息，因有部分与作者的个别感怀有关，其实也受其文艺形式的规范。传统中国文化中，以故事为教化，以歌谣诗词为文字语言、声韵节拍之训练，一如以《婴戏图》、岁末年画中的幼儿，作为子孙和乐、吉祥欢庆的象征。因为文字艺术等表达工具、表达形式，其本身所带有的功能用途及内在要求不同，因而以之为媒介所展示的儿童形象、儿童生活，童年的偏好性情，其所强调的重点和立场亦随之转移。所以儿童歌谣、四季戏婴等文学和艺术作品中所表达的，应是整个社会文化对幼儿与人世的某种希冀与幻想，或者说，是在某一时代集体编织的社会憧憬、人生梦境中，儿童与童年所能带有的象征性意义。

（三）不同的动机和立场背景

　　这些成人从不同的角度在规划表达对儿童的主张时，其主要考虑到底何

---

① 台北故宫所出《婴戏图》（台北：台北故宫博物院，1990），图录中对传统中国绘画中相关题旨之作品，有大略介绍。

图 1-10

图 1-11

京辇春熙　传统中国绝大部分是乡居的农村人口，其长幼相处，文献中细节不多，但大小共聚、人畜相接、茅舍草棚的情况，想象可知。此处清代画家黄钺所绘《京辇春熙》中所呈现的所谓击壤遗风，虽未必完全写实，仍可见村中老幼活动之一斑。

在？是社会利益、个人的构想呢，还是有利于儿童的一些关怀？父母是怕老死无人奉养而教孝？描绘儿童的画师是为了饭碗，根据科班训练，还是基于实际观察，带着欣羡完成了画中的儿童？这些曾对儿童的世界有所参与、表达过感想、描绘出若干景象的人，他们所持的到底是何种眼光和标准？代表的是个人的看法还是为家国社会塑出一个个忠孝节义的成员？在一个主要由成人宰制的秩序中，所谓儿童中心的考虑到底可不可能浮现？历史上从古代一个较重权威、训管型的社会，到近代走向同情开放的态度，是代表部分掌权的成人，放弃其权威、训管，转而持一了解协助儿童的角度[①]，人群亦逐渐脱离成人的自我中心，不再单从利己出发，而尽量从利他的角度养成其幼年成员，还是一些其他因素运作下造成的表面现象？另一方面，数百年前中国已有幼科医生说"过爱小孩反害小孩"，现今各地疼爱小孩的成人是否又走到此纵容溺爱的另一个极端？如此遂牵扯出近代常谈的文明与野蛮的对照，亦即以现代等同"进步"，将过去视为"落后"的陷阱？成人与儿童的互动关系也许一直有各种改变，但是社会的演变使儿童的生活里，有些部分可能变好了，有些部分其实愈来愈走下坡？而且祸福进退常竟是同一段旅程的不同面相？

　　上面一连串的问题，背后还关系着一些更基本的疑问：譬如说，因这形形色色关于过去孩子生活的信息，识得这远近亲疏各种致力和关注儿童扶养的成人，我们是不是就可以归结，中国过去是一个相当看重孩子的社会？或者换个角度想，即便有这许多忙碌和主张，以前的中国人对儿童与童年到底算有还是没有概念？这样的疑点，是过去触及儿童史的书籍常情不自禁要追究的问题，但是他们回答这类问题的方式往往相当简略而粗率。以西欧近世心态史的例子而言，或以过去未尝发现晚近所熟知的对儿童呵护对待之方式，而以为古代而近世，十七八世纪以前，西方社会对儿童尝无任何概念，亦完全不重视婴幼儿童，无视其存在，不重其福祉；指称对儿童真正的看重与"发现"，全是近代文

---

① 这个由高压辖制到松绑解放的过程，并以之为近代文明精神之展现，是西方近世社会史、家庭史及思想文化史上的主流论述，近时渐有争论。伦道夫·特朗巴赫（Randolph Trumbach）论十八世纪英国家庭关系转变之著作，书名就称作《对等家庭之兴起》。*The Rise of the Egalitarian Family, Aristocratic Kinship and Domestic Relations in Eighteenth-century England*（New York：Academic Press，1978）. 在 Lawrence Stone 的 *The Family, Sex, and Marriage in England, 1500–1800*（New York：Harper and Row，1979）一书里，亦提到十六世纪中至十八世纪初（1550—1700）英国父权家庭对孩童之"溺爱"与"高压"交汇的教养方式，到十七世纪以后的一百数十年间（1640—1800），终为近世亲密核心家庭的"儿童中心、关爱式"教养观所取代。

明进步关系的产物。①

　　这类的研究（其实包括一系列的价值设定），其结语如今看来，代表一种相当鲜明的立场，就是昨非而今是，人类文明呈单线行进。单就西方儿童史而言，此类初步之指称，不久就引起热烈的辩论，事后不少学者就欧洲史不同时间、不同地点的检视，早已推翻了阿里埃斯最早的认识，最少补充了不少由远而近，各时代、各民族对待儿童的方式和其所采取的态度。我们当然不能抹杀否认过去西方社会从来不知儿童为何物，直到近代，才憬然悟觉童年之异于成年。最多，也许只能说，古代而中世，人们一向用当时社会的一套标准和看法去对待幼儿成员，他们所没有的，并不是任何对婴幼儿的概念，充其量不过是还没有发展出"近代化""现代式"对儿童的看法与关怀。②可是古今而异志二心，从立足时空变迁的角度，这对于熟知历史演变法则的人们而言，又算得上什么惊天动地的大新闻呢？

（四）大人小孩能否共有一个世界

　　历史本是一个人群共同思索人生的大型数据库，从中我们看到千百年来各种"天经地义"，随着时光之流湮灭无形，或翻转成了别的面目，对于儿童与童年的看法亦然。以整个社会为单位考量，过去的数百年间，许多人为孩子的生活、成长付出不少心血，今日回顾起来不论成绩如何，其设想和努力又是基于何等理由、为了什么样的目标，这重重的规划营造都曾是形成旧日儿童世界的重要因素。如今时过境迁，尤其值得一览，作为这个世界不断反复咀嚼成人与

---

① 绝大多数西方史中对儿童福利政策与救济制度的研究，均是此近代"进步史观"之下的产物，而以其所析述之对象为此进程之具体举证。约瑟夫·罗宾（Joseph Robin）对十八九世纪爱尔兰慈幼组织的研究，见 *The Lost Children*（Dublin：Institute of Administration，1980）；鲁斯·麦克卢尔（Ruth McClure）对十八世纪伦敦育幼院的研究，见 *Coran's Children*（New Haven：Yale University Press，1981）；艾维·平德贝克和玛格丽特·休伊特（Ivy Pindbeck and Margaret Hewitt）对近代英国童工发展与社会政策制定之说明，见 *Children in English Society*（vol.II），*From the 18th to the Children's Act of 1948*（London：Routledge and Kegan Paul，1973）；以及拉谢尔·富克（Rachel Fuch）对十九世纪法国育婴与儿童福利运动的分析，见 *Abandoned Children*（Albany：State University of New York Press，1984），均可谓此史观下的产品。

② 阿里埃斯的书在欧洲史颇激起若干回响和反应。多半学者赏识其"大胆的假设"而对以不同的求证，中古社会史家戴维·赫利希（David Herlihy）于其名著 *Medieval Households*（Cambridge，Mass.：Harvard University Press，1985）的相关篇章中甚至举首即断言："时至今日，追以无人自信之论调。"苏拉密斯·萨哈（Shulamith Shahar）对欧洲中世纪童年史的专著 *Childhood in the Middle Ages*（London：Routledge，1990），及琳达·波洛克（Linda A. Pollock）对相关看法的全面性检讨，见 *Forgotten Children，Parent-Child Relations from 1500 to 1900*（New York：Cambridge University Press，1983），是部分例证。

儿童共处经验上的对照和参考。

从此历史回顾中，会发现不但有关儿童的生活，其主客观环境都一直在变化之中，在同一个时段中，社会上持不同立场的人，也一直在对儿童表示不同的看法，造成一些不同的影响。如此情景，不免驱使后人反省，儿童与成人文化之区分，以及儿童本身主体性等更基层的问题。就是说，若把儿童当成对象来看，他们是不是有一个属于自己的"文化"或"世界"，是分别于大人的文化或生活天地？从另一个角度看来，替儿童设想的成人及被设想的儿童常属同一个时代、同一个社会下大抵同一套价值体系，并共处于类似的物质和精神条件中。儿童与成人经验在社会文化面上是连续还是断裂？尤其，每一个成人都是由儿童长大而成，心理学家也认为幼年经验，不论是外在明显或是潜存意识，都是塑造一个人人格的底层结构。类似假设本是传统幼教背后的根本概念，因为如果人生可以是一个断裂性过程，任何人都可以自二三十岁重新开始，而不必太在乎他幼时的梦境、其成长经验中点滴长久的心理影响。为了了解过去儿童的经验，一方面必须考虑到他们与成人世界的区隔，及所谓儿童文化之主体性问题；另一方面，儿童与成人实际上又共生共处于同一社会文化环境之中，厘清儿童与成人世界的重叠或者二者之间的同异问题，应是一个关键性但不可言过其实的问题，否则不但人类整体历史文化之变，对成人或对儿童都变成一个鸡生蛋、蛋生鸡一般混淆不清的局面，我们所寻找有关儿童过去生活之信息，永远也只是附属于成人世界下被处置对待的结果，儿童的历史不过变成成人为主的历史被动式下的一个受词。而一向隐藏于此类史观中的人文社会学立场（譬如儿童与成人基本上是分隔而立的实体，每一时代的成人与儿童均应有以各自群体为中心的单一文化体系等）终无法获得彻底检视之机会。

（五）大人心里的孩子和孩子身上的成人

更进一步思索，长时间看，儿童与成人的属性在概念上其实有很强的相对性与流动性。小孩与大人在很多方面一向是互动而相对的，甚至很难完全固定下来。任何一个时代社会可能对标准的"童年"该包括哪些内容和气质有些大致的界定，但都无法完全否定其他孩子的经验就不是童年。一则，从以前到现在，"童年"的构想一直在改变之中，研究者无法也不该否决以前或其他人对"童年"的构想。即使现代社会大家有些新的共识，如"童工法"或"儿童保护法"中对儿童所指某种"客观认定"，但是从前牧羊、放牛的小孩是否也有某种当时某个人群圈中视为"孩子式"的生活，还是只有现今穿戴整齐、众人呵护支使下在"蒙台梭利"里游荡走动的幼儿才叫"儿童"？如果这些与年龄分化、人生阶段相关的概念一直在流动之中，我们到底有没有一个定义不变的"童年"可言？十八九世纪的欧洲曾有不少流动人口，途经各个关卡时被盘查留下一些资料，资料中包括一些幼小"流民"的记录。譬如八岁女孩带着弟妹逃亡，守关的人追问身份资料，问她："你是一个孩子吗？"她的回答竟是否定的，因为在这类孩子的人生中，他们一向不知道儿童或童年是什么意思。当听到别人对儿童的描绘（有成人照顾，可任意玩耍而不必担负家庭责任等），女孩理直气壮地表示，她并不是一个儿童。衡之当今第三世界的织毡童工、街角流浪儿、卖身的雏妓，一个孩子若承担了成人般的责任，遭受着较成人更多的苦难，他是不是也就没有任何"童年"可言？他们还算不算儿童？也就是说，客观的机械性年龄之外，儿童之存在是否也涵括不少主观条件？否则追根究底，大家心目中的"童年"和"儿童"到底是什么意思？

再举一个相对性的例子。譬如说任何一个社会时代，都有些所谓几十岁的"大小孩"或者"老顽童"，不论是现代边逛马路边吃冰激凌的白发"儿童"，茫然不知人生目标、一辈子玩个不停的中年"儿童"，或者过去文学艺术史上常描述的一些鹤发童颜，动辄欢天喜地、手舞足蹈、全无心机的大个子"小孩"，某

图 1-12 **乞儿人生** 儿童与童年，面貌之多样，一如历史上任何问题或现象。此处所见二十世纪初的乞儿随母，让人意识到生生相扣的事实，同时也设想起"童年"之"非普遍"与"不固定"之特质。

种社会和文化意义上，他们被视为童心未泯、长怀稚子之情的"小孩"。在这个层次上说，中国人过去所构想的成人和童年，从未从固定绝对的角度，以机械性年龄为划分标准。另外，中国的人性论中还假设，一个孩子诞生之时，已有一隐然成形的完整的"人"的影子存在其中，孟子的性善论及四端说均喻此而起。在栽培一个孩子的时候，正是在栽培那个呼之欲出的成人。这种认定，与现今发展心理学和教育理论上的假设不太一样，并不机械性地以十六岁以前的人为儿童，而以十六岁以前为少年时期，或二十五岁结婚后为成人，前此"成人"之雏形完全了无踪影。此机械性分划，使现代社会可让一个幼龄阶段的儿童专心做小孩，享受他的童年，待有一天当他长到十六或二十五岁时，再开始过"另一阶段"的人生。将人的一生逐段分开，每一阶段做每一阶段的规划，有各阶段的过去，各有其特殊内容以及不同价值观和行为规范，分别训练而区隔处理。但也可能从而使一个阶段到另一个阶段间的落差加大，其距离成为必然，而阶段与阶段间的过渡，或不同年龄群人口彼此间相互对待，渐成困难的社会问题。

相形之下，中国过去对人生的想法可能呈循环式而或较流动。一方面以为小孩出生时，已有一个"大人"在内，所有教导规矩不只在教他如何做一个儿童，也在学一生之原则，不必为三四岁人短期（幼年时）需要而为所欲为，而在随时教导引发他里面那个"大人"，使之慢慢浮现、成形；另一方面，相对而言，已经成年的成人心中仍可能保有一部分仍然是或永远是"孩子"的气质，可永葆天真而"不失赤子之心"。[①]

在这样的概念下，一个"儿童"或一个人的"童年"不再是一种人生年龄上的绝对划分，而代表某一种特殊的、常在儿童身上发现的气质，某一种在生命起端常有的状态，使得儿童与成人都变成一种相对、交错、连续的生命过程，并非绝对、机械般固定、阶段性的对比。如此的设想，理念上说，不但可能带给儿童另一种地位（因为未来可敬而有作为的成人已在其中），而且可以留给成人一份纯真和解放（每一个人都可以永远葆有儿童般的天真及伴随着童年的快乐、自然和自在）。这种对人生的构想，与晚近的人生分段法及社会年龄群之角色设定相当不同，却曾在相当时段中被视为一种有助于儿童与成人的"双赢"之局。

---

① 第五章《省思与争辩》中对此议题在近世中西思想史上的展现有进一步的讨论。

三、中西的幼儿观

（一）中西历史所见

胡适先生曾经引用一位朋友的话说："你要看一个国家的文明，只消考察三件事：第一，看他们怎样待小孩子；第二，看他们怎样待女人；第三，看他们怎样利用闲暇的时间。"中国是一个有相当文明的国家，中国人对于自己怎样对待妇女，渐有不少讨论，对于民众怎样利用休闲时间展开书报、杂志，也可看出不少的端倪，唯对大家怎样对待孩子，并未特别注意。

其实胡适先生的感怀代表的也许不只是一个中国人的感怀，在西方，也有一些人在问：一个社会、一个文明、一种文化，到底对孩子有怎样的一种态度？这类质疑不止有现实上的意义，也是抽象思考上的一种标志。史学界专门对童年史的研究，开始最早、影响也最大的，是法国学者菲利浦·阿里埃斯的一本书，后来被翻成许多的文字，英文版叫 *Centuries of Childhood*（《走过许多世纪的童年》）。书中开宗明义地投下一个"文化炸弹"，说据他观察，西方在近代以前，社会、人群（主要是法国）对孩子和童年完全没有任何概念。[①] 一种文化，活动了成百上千年之久，却可以不明白孩子是怎么回事。有什么证据足以得出这样的结论呢？他说，让我们看看西洋的绘画，那些少数有儿童身影的肖像画、宗教画里面，充满了表情僵硬、服饰固定的小"大人"。这些画像画的虽是孩子，结果所呈现出来的却是一些不像孩子的"成人"。在这些宗教画、家庭画里的孩子，让阿里埃斯觉得其实西方人并不知道孩子是什么，他们不见得明白童年跟成年根本代表不同的阶段，因为他们眼中的孩子，不过是一个尺寸小一点的大人。绘画之外，他还说，当人们走过墓园细观碑文，会发现过去家长给孩子们取名，同一家庭，可能给好几个孩子用同一个名字。这让后代的历史学家不禁起疑，近代以前西方的社会中，孩子似乎没有什么个别性。英国史学家劳伦斯·斯通（Lawrence Stone）进一步揣测，或许因为婴幼儿死亡率高，成人在孩子诞生之初，为其起名之时因不知孰生孰死，一面不愿"投掷"太多的情感于个别的孩童身上，另一面习惯性地意识到这先后同名的小孩中，最后可

---

① Philippe Ariés, *Centuries of Childhood*, *A Social History of Family Life*, trans.by R.Baldick（New York : Vintage, 1962）.

能只有一位存活。①也有人注意到，近代以前西方很多的社会活动，不管是宗教节庆还是市集聚会，大人、小孩常混在一起玩耍，大人捉弄孩子，孩子也捉弄大人。大人不避讳当着孩子讲起或挑逗一些有"性"意味的游戏，大人对待孩子，好像并没有把对方当成另外一类的人物。这整套说法让西方学者大吃一惊，因为在此以前，几乎没有人意识到这个议题，更少人会以为过去社会可能对儿童一无所知。更让大家十分惊异的是阿里埃斯书中的后半部分，讲起近代以后，小家庭成立，都市文化、中产阶级兴起，世上温情主义盛行，个人情感亦凸显，夫妻、父子，整个社会都因为人口结构（平均寿命、家庭组织）的改变——每个家庭中出生的孩子数目减少，家庭规模变小，组成方式简化，使人的感情世界随之调整——发生了不少重要的改变。改变之一，是人终于注意到孩子的存在，对孩子开始生出一些较关怀、有善意的感想，突然之间觉得儿童人数减少了而值得宝贝，好像也愈来愈注意到他们是一群跟成人不太一样的人物。在这个过程之中，依阿里埃斯等人之见，近代西方才慢慢从一个对幼儿没有概念的黑暗时期，变成一个对孩子比较有概念的社会，虽则这个对儿童及童年比较有概念的社会不见得代表一个全盘的"进步"！依他的分析，这发展过程其实夹带着不少不幸。

　　这随之而来的令人惊讶的宣称，主要是因为他认为当传统时期成人跟儿童不分，男女老少混在一起的时候，也是大人与孩子之间得有一个比较自然、愉快、温暖的关系的时刻。反之，当近代社会发展出更清楚的另一番男女老幼的分际以后，孩子的生活倒开始走下坡路。因为成人在发觉或者意识到孩子的特殊与重要性后，也创造规划出种种对孩子的约束规矩。尤其是近代学校的兴起与义务教育普及，使得孩子的童年不再能于田野中奔跑，不再能于宗教节庆、庙会的时候，混在成人之间看戏、听歌、玩耍，个个都自幼得规规矩矩，穿着制服上学去。每个孩子的童年大半须于学校和课室的围墙内度过，这对倡议自由的学人如阿里埃斯等来讲，是一种莫大的束缚和不自在，也使童年随着近代社会一同跌入了一个冷酷、疏离、制度化的状态。在1960年代，阿里埃斯出了这本书以后，给整个历史学界，尤其在西欧的社会史、文化史学者之间，造成一场剧烈的激荡，震荡之中有人随即认真地对西洋不同阶段（从希腊、罗马、中古、文艺复兴到近代）、不同国家（英国、德国、法国、意大利、

---

① Lawrence Stone, *The Family, Sex, and Marriage in England, 1500–1800*, pp.109–135.

俄国等）的儿童史、童年史分别做了详细周密的研究。①绝大多数的成果，都异口同声地说，以前的西方人并非对儿童没有概念，而是阿里埃斯先生等特殊的发言立场，及对西方艺术史素材的诠释，加上对其他论述的解读，衍生了他们的一番推论，代表的多半只是一些大胆的假设。这些大胆的假设，对激发讨论仍发挥了重要的作用，因为如果没有这个大胆的假设，就不会激起一场对童年或历史上儿童的关怀热潮。至少他说明了一件重要的事情，就是所有存在于我们眼前、到处可见的现象，未见得都是大家一向非常了解、很有概念的东西。

回过头来思索中国的情形，单从一些浮面、琐碎的印象而言，多半的中国人即使不读历史，都知道中国有《三字经》《千字文》及各种各样的幼教教材。到故宫看画的人，也都看到中国过去的《婴戏图》《货郎图》《耕织图》《百子图》等。在各种艺术品和绘画中呈现着不少儿童活动的图像。在某些艺术品上，尤其某段时代中，所呈现的孩子并不是完全缩小了的成人，他们有明显的孩子般的特征，做着孩子喜欢做的一些活动，如抢食东西、逗小动物、做游戏、跟同伴一起闹学堂等。绘画以外，少数法律案件也记录有孩子跟成人之间的冲突，或孩子和孩子之间有关游戏失手、友伴受伤等实情。所以整体来讲，过去的中国很难说是一个对幼儿没有任何概念的文明或社会。可惜阿里埃斯先生不懂中文，没有机会接触中国社会，使他得出这么一个以西方为主且令他神伤、让大家讶异而失望的说法。

如果中西历史上确实都有过某种幼儿观，如果我们现在所关怀的重点不是过去的人或现在的人"有没有"幼儿观，而是他们拥有"如何"的一些幼儿观的话，下一步的思索会进入如何的一个景象？

因为如果我们暂时脱离以近代为标准，持着自以为理性、进步而且客观的眼光，去检视评断数千年来人类文明在对待儿童一事上的"演变"的话，我们马上会发现，其实近代社会在此事上，自有其清楚而固定的立场，若一味固执近代之偏见，妄指过去之社会与人群对儿童及童年全无概念，易有武断匆促之嫌；只因过去确在各个角落、各种情况下留下了若干有关儿童的信息，即以为当时人对孩童有十分之了解和概念，可能也是同样的危险和过度的乐观。就对儿童和童年的认识和重视一事而言，中国历史上一方面留下了医疗、传记、绘

---

① Hsiung Ping-chen, *A Tender Voyage*，*Children and Childhoods in Late Imperial China*（Stanford：Stanford University Press，2005）.在该书的导言及结论中对西方及中国童年史的著作有较全面的评介。

画、教育等各种相关的资料；另一方面，正史中没有专言儿童的篇章，传记中仅略及童年的掠影，中国史学传统中，确实未尝顾及幼龄人口的境遇，文学艺术中属于儿童的天地时隐时现，法律、教育方面对儿童的处置也难谓完全合宜。所以汇总而思之，中国社会真算是对儿童及童年颇有概念吗？比较而言，中国的文化长远以来到底算是重视还是轻视幼年的成员？这个问题，要认真负责地回答起来，不是"是"或"否"一个字可以解决。从前所略及的材料中间看来，过去的中国人对孩子当然不是全无概念、不予理会，文字、艺术上的描绘都显示中国人早知儿童之异于成人，童年是异于成年的另一阶段；医药、法律、幼教的材料也反映了各个时代、各种情况下，中国社会、人群对幼龄人口的某些主张相待之道。但是史无正书、地位卑下，与纵爱儿童、称赞童年的近代风气相较，过去的社会对儿童及童年的看法，当然有其特殊的轻重偏倚，甚至在比较史的权衡之下，最容易发现古今而中外，社会人群对任何人、事、物之认识或对待，常不是有、无概念或是、否重视这般截然二分而对立性的裁判可以解决。多半的时候，多半的社会和情况下，人们对周遭的事物，呈现一种介于有意识和无意识之间的状态（如果我们不坚持以任何一种"认识"为"标准答案"的话），对于多半的事情、人物持一种一知而半解的态度（就是昌明如现代科学也不例外）。至于忽略与重视，偏执或谅解，历史追寻者的兴趣应该是发掘各个社会人群对某一问题不同的轻忽与重视所在，其略过不理或加倍看重的缘由所在，其偏执或谅解的性质、特征、缘由或影响所在，而不单专为过去现在、远近不一的社会在是非功过上，匆匆打一个高下好坏的历史分数。

（二）关怀幼儿

如之，就目前所有的材料看来，西方对幼儿的主流看法，一千多年以来仍与其基督教信仰背景颇有关联，在犹太教、旧天主教乃至于基督新教一脉相承的伦理假设下，每个儿童都是上帝所赐，托付给父母的一个责任（最初他们强调这个托付是一个责任，而不是一个礼物），这是第一点。第二点是，每一个人生下来时，都带有人性上的"原罪"，也就是说生命启端源自一个道德沦丧、本性堕落的开始。既然每个孩子出生的时候都带有原罪，他周围的成人，作为上帝忠实的子民跟仆人所应采取的步骤，就是摧毁这个孩子的意志力，以期带领这个孩子脱离罪恶，走向救赎后的人生。此一路之成长，成人的教诲、引导、塑造非常重要。不论旧教、新教影响下，历史上西方各地家长对孩子的管教都相当峻厉严谨。[①]

就中国来讲，以孔孟学说为主的儒家思想对性善的假设曾是历史上人性说的主流，也是传统幼儿观背后最重要的一个假设，然而"人之初性本善"的后面跟着却说"性相近习相远"。人性本善的"性"只是一个模糊的潜能，而不是一个已成的事实。每个个人的行为，从初生开始，还是需要经过步步确切的引导，才可能走往向善之路。

当然，不论在西方或中国，过去对幼儿的看法都不是一元的。也就是说，与西方原罪说并行的，还有许多纵容儿童、赞成与孩子同乐的习俗；在中国，同样地，除了性善说之外，还存在着法家的性恶说，还有其他因角度、社会阶层不同，而对幼儿、对人生不一致的看法。大体而言，西方与中国传统幼儿观的主流，也有部分雷同或类似之处。譬如说，这两套体系以近代的立场看来，似乎都显示一种以成人为中心的幼儿观，而且这个幼儿观所表现的"目的论"或"功能论"相当突出。换言之，中西历史上对儿童、童年乃至人的一生，一向持有非常强的"作用性"与"终极导向"的气质。对儿童的关怀，不但是以成人的立场和眼光来界定，不常考虑到儿童本身的感受，或以一个成长者为出发点来做规划；而且假设的背后，是认为人生均有其明确目的和固定的功能。儿童既只是每个个体作为成人的一个准备阶段，童年本身遂无须具有任何特定的意义。这类看法最重要的问题在于，主张多半只能是一种主张（也许有部分实际基础观察，有些老师跟父母在管教儿童的时候，可能注意到一些儿童在成长时的心理与行为或身体上的特征，引发其对处置儿童时的一些异于往常规矩的感想）；但多半时候，传统有关人性主张的成立，是基于某些主观的假设，或者部分个人、社会、宗教上既定的理想衍生而出。历史上，虽不是完全没有以儿童为中心的幼儿观（传统中医幼科在一千年前的发展，因其职业关怀、服务本质和对对象祸福之考虑，其出发点可以说显示一种以儿童为中心的特征。对于襁褓中婴儿的照管、幼儿的营养、病儿的康复等的具体而迫切需要，使得医生较难只以坚持主观意念的第三者或者引导塑造婴幼儿的成人为立场，处置儿童之疾病、健康、身体、起居，常须走到被照管者的一方，去了解他的需要、

[①] 菲利普·格雷文（Philip Greven）在讨论清教徒文化及西方体罚传统的专著中对此内在理路有仔细的分析。见其所著 *The Protestant Temperament : Pattern of Child-Rearing, Religiom Experience, and the Self in Early Amenica*（New York : Alfred A. Knopf, 1977），及 *Spare the Child : the Religious Roots of Punishment and the Psychological Impact of Physical Abuse*（New York : Vintage Books, 1990）。

感受，以求达成照护的目的）①，但是整体而言，世界上对幼儿的关怀与看法于近代以后确实发生了相当剧烈的变化，最重要的差异是，有人以为，此变革的主要特征是逐渐从一个以成人为中心的立场，因为种种因素之作用而转到了一个尽量以儿童为中心的对待方式。

　　类似的回想，立时引出与历史思考密切相关的一些其他的议题。譬如说，历史之演变，是不是呈单线而连续进步之特征；又如，儿童与成人，童年与成年，是不是二元对立的两个类别；等等，都是内情复杂而不容易解决的问题。对于前一个问题，时光之过程，不论对个人或群体之历史，都可能也曾经引起人们若干类似单线而连续进步的概念。在个人身上，以婴幼童稚为初萌之芽，未成熟之果实，而以成人成年为人生成熟之成品，终极之目标，与真正算数的阶段。对于群体历史之演变，亦依同样思考模式，以远古人类生活为草昧原始与野蛮之阶段，以时光之旅为全体不断进步、进化之步骤，而终以晚近之时期为一切文明进步之终点站，以近代人群在各方面生活方式、观念习惯之表现为此进步之成果，从而衡量相似之下过去为较落后，而渐趋进步之每一环节。这类思考方式，古今中外都有，唐代与宋元的"封建论"和十九世纪以后西欧的历史文明进化说皆是大家熟知的例证。尤其重要的是，我们习称的科学式的近代史学以及人文社会科学，大抵也是此进步史观下的产物。虽则，不论是从生物生理上还是心理人格的意义上来说，由婴幼童稚而长成成人，萌发成熟固不失为一种理解的方式；但单线进步绝不是此过程唯一的意涵，甚或主要的现象所系。多方面的变化，多重意义上的发展与转变，不但提供了另一种观察的角度和思维方式，实际上也常代表一种更中立而贴近真相的描述，记录人生由幼而长的种种变化之细节。更何况，萌发生长，成熟苗壮，逻辑上实亦为老化表征，僵硬腐化的另一种说法，而中西古今其实也出现过不少对个人人生与整体文明持一衰亡没落的反进化理论，或往复不已的循环式论证的说法。在这类思考模式的对照之下，个人由婴幼而成年，历史文明由远古而现近，就未必是一种全然正面的"进化"，或连续单线的演进阶段。中国道家式的以婴童为天真，印度佛教以人世为因果之循环，以及最近西方后现代理论中新文化研究对历史文明与社会人文价值之相对性质疑与反省，都可以说是一些异议和另类论述。在这些异说和另类论述的推敲、揽影之下，人生之童稚与成年，文明之古今蜕变，都

---

① 对宋代以来幼科医籍中所反映的文化立场及历史意义，请见熊秉真：《幼幼：传统中国的襁褓之道》及《安恙：近代中国儿童疾病与健康》。

可能在新的角度下，展现出一番截然不同的面貌，甚至化身为一些迥异于单线进步之外的意涵。

同理，儿童与成人之别，童年与成年之相互关系，也未必永持二分对立之框架衡量。在这方面，中国自古阴阳互生、成灭互有、生死不断交替而并存的哲思，使得中国式的人生过程、生命体验、成长现象，都提供许多足以丰富认识和想象空间，足以与近代互比而相对照的资料。中国社会习俗，近代历史文化间的婴幼文化、童年经验正是此新鲜镜头、视角和最佳运作场域与展示样品。

（三）童年的意义

要了解中西幼儿观在历史上的变化，还可从两个方面考虑：第一，对任何一个社会，在某一个时间，"幼儿"或"童年"代表什么？也就是说，作为一种个体的儿童，和作为人生一个阶段的童年，其特质是什么？第二，童年对个人或社会有何等之意义、如何之影响、其于历史上经何演变？过去从功能导向或者目的论的角度看来，可以认为童年的特征在于孩子是人生最初的阶段。机械地理解，人生既有诸多阶段，不论是生老病死，还是由少而壮，立业成家，结婚生子，完成生命循环，最初的那一部分就叫童年，最年轻的成员就叫儿童。这种假设中，很少讨论儿童这种"人"跟成人本质上有什么差别，童年这个阶段本身需不需要有什么特殊意义。除了作为一个顺从合作、听话乖巧的被扶助者、被教导者之外，儿童的任何特殊气质对成人就不见得带有任何启示；童年之阶段，除了作为走向成年的准备外，本身未必有什么值得特别探讨、了解的地方。归根究底，在这类中西历史的主流预设上，少有人追问："童年"的真正意义何在？是每个人必经的途径吗？有没有任何社会、某一时期，可以剥夺儿童之童年？古往今来有没有过失去童年的儿童？儿童与成人究竟有何不同？这些差异或者界限是固定的吗？是基于生理发育阶段而定，还是各个社会的文化与习俗所塑造？究而言之，儿童与童年有多少是天生，又有多少来自人为之营造？

西方传统有人主张，人生来本是一张白纸。如果人生来真是一张白纸，童年或刚出生的孩子也许可算是最接近空白的一种状态。一个幼小脆弱的人，在身体方面，诚然有相当长的时间需要他人之抚养照顾，在心理行为上，也需要人们协助引导。可是这类认定是否连带表示，刚出生的孩子不带有任何自由意志？这张白纸上将来要涂上什么色彩，会不会被撕裂或捏造成何等的形状，完全由外在环境决定？而社会或成人，对整体的儿童或个别的孩子的看法，也就是塑造这个孩子的童年或为这张白纸添上材料、写入精神、填上内容的决定者？

像这样的假设仔细思量起来，其实也可引出不少问题：首先，从当今儿童生理学、心理学的观察研究上看，一个婴儿从出生的那一刻开始，很难确定他算不算是一张白纸。一方面，他并不是完全没有知觉、没有自由意志或所谓自己的感受跟主导力量的。初生的婴儿当时即使没有言语表达的能力，还是可以用许多声音、表情来显示他的某些意愿和态度。每个孩子显然也不完全是一模一样的一张白纸。另一方面，只有坚持成人中心的观点看法，才会视每个儿童为被动，在等着别人喂食、等着别人包扎、等着别人引导与教育，这种以成人为理想，全能教导者、供养者的立场终究站得住吗？当然，在家庭制度和社会保护并宰制之下的幼儿，在人类历史的多半时间、多半情形下，确实受到相当的管理和左右，但这些抚养或照顾婴幼儿的方式是否合理？其知识与技术是否充分而适宜？其过程步骤是否均属必要？其结果是否如孩子及成人，个体及社会之期望？一连串的问题，并不容易回复。稍一回想脑海中的传记人物或旧时回忆，就会憬然发觉，有能力或责任扶养照顾孩子的人，不一定常在他们身边，而在儿童身边的成人，往往又不一定能适任幼教的工作。因此，并不是每个孩子都有一个理想的抚养与照顾环境。另一方面，每一个抚养与照顾孩子的成人，又由儿童长成，心理学上强调每个人都受童年时期经验之左右，也就是说，为一己童年时期塑造之成人，可能较被各个成人所塑造之儿童更值得重视，英谚因有 "儿童为成人之父"（A child is the father to the man）的说法。儿童身边，照顾他的母亲、教导他的父亲或师长，许多正运用着他们童年时期所接受的观念、想法、知识、主张、价值观与行为方式，进行抚幼和教化，从这个角度看来，社会的育儿习惯与待儿之道，变成了过去的童年与现在的童年间不断的相互作用，上一代童年文化与下一代童年生活之间的接力与循环。[①]从这一方面说，婴幼儿不只是一个静止被动的玩偶，儿童其实在不断地影响、塑造着他们的父母师长。实质上，成人与儿童、雇主与奴仆、男女长幼、君臣子民之间，少有绝对的单面指使，卑微弱小者总有某种主动的力量造成互动的关系。不论当时的社会价值观以为亲子师生间是单向交通还是双向沟通，主张权威式的领导还是亲切平等的互爱互动，童年作为一个社会现象，儿童作为社会上某一种人群，都值得注目而深思，因为目前的成人，不过是十数或数十年前的孩子，而目前的孩子一转眼就成为硕然而立的成人。

---

① 这个历史上文化因代代相衍而递嬗的过程，或有名之为 "社会性繁衍"（social reproduction）而与自然界的 "生物性繁衍"（biological reproduction）对举。

（四）童年的影响

西谚所云"儿童为成人之父"，强调每一个个人都是他自己的童年时期所造就，因而归根结底，每个孩子才是塑造成人的力量，而不只是像人们习惯中的假设，社会上正由每一个成人在塑造孩子，推动群体之运转。如之，到底要先造一群合适的成人，以便培育一批理想的孩子，还是要先造就一群健康快乐的孩子，才能期待一批栋梁之材的成人？换句话说，是"问题成人"养成了"问题儿童"，还是"问题儿童"变成了"问题成人"，合成了"问题社会"？近代习惯说，儿童是未来的主人翁，但如何情况下，儿童才可能是未来的主人翁呢？加上时间因素与历史思维，这类论说不只代表一个社会未来的成败功过常取决于目前青少年与儿童之养成，而且代表每个社会成人的人格、价值观和行为方式早已隐然成形。所以，即便从功能观、目的论及成人中心出发，童年对个人人生的影响，儿童集体对社会命运的左右，似乎也是个不争的事实。童年的经验既然影响一群人长大后的作为、性格和表现，那对每一时代儿童当时的经验就不能掉以轻心。每一代的成人带来的是自己青少年或儿童时期所接收的信息、观念与行事为人的办法。社会、历史或文化的演变遂如长江大浪，代代循环不已，这代代循环的文化洪流、历史生态，是不是变成了鸡跟鸡蛋一般，其启端永远分不清楚？也就是说成人与儿童，儿童与成人，有生物性遗传的一面，亦称为"生物性繁衍"，更有社会性繁衍的关系，名之为"社会性繁衍"。每一代的父母在身体上产生出下一代的子女，同时在文化、习俗、概念上塑造其后代。这后代子孙，身上带着祖先的基因，以及社会行为和文化习惯的印记。长成成人之时，成人身上有其幼时的体质特征，更有其童年的经验累积，以及上一代的雕凿影响。生物性和社会性的繁殖交错结合，在特定的时间、空间之下汇成历史。如此看来，到底该以成人来拯救儿童呢，还是从拯救儿童开始，以拯救未来的成人？

而更核心的一个问题是，这种动辄举儿童为成人之对照的想象和说法，其最终之基础和意义何在？人类过去一向有各种将人生阶段化的分法，中国过去以长幼对执，《礼记》等礼书和家训等诫谕来制度式规划人生，并以成人指导儿童，是尽人皆知的事实。但是西方科学中的生理学和心理学兴起后，整个有关人生成长变化的论述，发生了一些根本的改变。不只是医学与生理学方面的成长，形成了近代以身体或生物面的变化为年龄认定与人生分阶的基本架构，而且十九世纪以后心理学的兴起，尤其弗洛伊德式心理分析学派的看法，短时间内传布开来，到二十世纪已化为一般社会行为和大众化的底层假设。前者（生物医学）对婴幼儿生理越来越深入而详细的调查，催促大家对婴幼儿时期有种种似乎符合科学其实相当机械性、有时竟不免武断的看法。后者（心理及行为科学）则一方面锁定儿童与成人互为对立体，另一方面又确执童年，甚至婴儿时期，为人生一世心理发展与人格定型的难撼之基与潜在因素。今日，我们再反观任何西方近代生理、心理文化勃兴之前的社会生活与文化体系，尝试以"同情之了解"重返时光隧道中前一个旅程中的人文景象，其落差、惊讶与误解之易生，有很大一部分是此文化历史变迁之作用使然。若不勉强自觉，此一近代式（不免主观）的偏差，不但会变成我们以过去之观点与立场理解、重现过去儿童生活与童年文化的能力，而且可能落入坚持"以今非古"的虚妄与自大，遂至于在察古今之变中，前后凭据俱失，使儿童与童年史研究中最重要的反省比较功夫，失落于近代式武断中的盲目、茫然与自我沉溺。

（五）王阳明与卢梭的对话

启蒙思想开始后，不管在西方还是中国，近代以前比较"旧式""传统"的对幼儿的看法，都逐步遭到质疑，若干重要的思想家提出一番自己对于幼儿不同的观察与想法，因而对幼教方式提出一些新主张，法国卢梭与中国王阳明的想法就值得做个比照。

近代从事幼教工作的人都很熟悉卢梭，王阳明的"良知说"盛行不如过去，但不少特质上很可以跟卢梭呼应。两人的共同点是代表近代东西方对于幼教及幼儿观，新潮流的一个起点。[①]这个起点共同的开端，是质疑孩子是不是一张所谓白纸，尤其纳闷人性在原始自然情况下到底是个什么状态。他们共同的特征包括：第一，都非常关注所谓自由人的问题，也即没有外力干预、文明引导下人原来的本性、潜能情况；第二，都很重视人与人之间的平等，包括教育机会的平等；第三，都在乎人的生活品质，尤其从幼儿开始，身体、心灵跟精神的均衡发展，使他们对原来以智育或宗教为主的文化传统，提出身心情意并重的呼吁；第四，他们都非常重视孩子的感受，认为儿童应成长于一个愉悦而少障碍的空间。

卢梭认为孩子自然会有想象力，有情感，因而也会自己选择愿意做或乐于接受的事物，这些个人与生俱来的潜能，不应受制于社会习惯、制度要求，被

---

① 对中西近世哲思上对儿童及童年本质的辩说细节，请参见本书第三章内容。

后天的力量所局限、破坏。孩子自己自然会向善，外在环境只须顺其自然，使人原来的内在本性能苏醒过来，发挥其本能。一个孩子的良知良能属于人的本性，不论外人或外在环境是否或如何主导，他总会有自然的趋向和发展，这些发乎自然的发展是正面的，值得鼓励。在他之前，王阳明也说，孩子本有一良善本性，在《训蒙大意》中，他以"孩子原来是什么"作为起点讨论理想的幼教。他认为，既然所有孩子天生都是爱玩而不喜欢被约束，就像花草树木刚始萌芽，只要提供一个舒畅的环境，自然会蓬蓬勃勃、有枝有叶，长得青绿可爱；但如果环境去摧折，勉强一个幼儿往固定方向发展，花草树木会枯萎，人的内在机会也会摧折残败。所以他认为对待孩子，应让每个孩子都能够走向他所喜欢的路，抵达一个他衷心喜悦的地方。如果社会或成人要他去的地方正是他原来自己的抉择，那么就是想叫他停他也停不下来。这情形就像有一阵时雨或春风浇灌、降临花草树木，时雨春风之下的花草一天比一天茁壮，一月比一月美丽。但当时外在环境对孩子来讲，据阳明所说，就像冰霜之于花草树木，嫩芽般的幼儿，遭遇残酷打击，没有不生意萧索、日渐枯槁，一点一点萎缩夭折的。所以他特别讲到，希望所有对待孩子的人都能"诱之以歌诗"，用唱歌、跳舞和韵文来引诱孩童，使他们高兴，让他们心里原有的情意能够抒发出来；"导之习礼"，让孩子能够习惯各种礼仪活动，重点不在教他们仪典，而是让他们因进退揖让等礼仪的练习，血脉振动，活动中一会儿站，一会儿坐，使孩子身上所有的筋骨舒活，这对一个成长茁壮中的孩子最为有益；还要"讽之读书"，是为"开其知觉"，教孩子读书，不再让他学习知识内容，而是读书时抑扬顿挫的朗诵、各种有节律的声音，可以让孩子心情愉快；所谓"宣其志"，让他宣泄情感，助他完成原来内心高兴做的事。

王阳明的说法与卢梭在《爱弥儿》中所提倡的，在气质上似有不少不谋而合的地方。他们除了都强调自然人的重要、平等的教育机会、身心均衡的活动方式及快乐的幼儿生活之外，最重要的是他们都说，大家不可轻易假设孩子是个被动的生物，一张完全没有内容、任人随意涂抹的白纸。他们认为孩子出生时是有某种本性，不论后来外在环境如何，个人都可做些选择导向良善的结果。成人、父母或教育者，不应是儿童的命令者或领航者，而应是协助他发展的人。社会环境不应专断独行，教育制度不应独裁勉强，而应从观察了解儿童出发，帮助孩子发挥原来内在之善。类似的假设，是中西近世新的幼儿观的共同起点。当然在卢梭的身上有洛克的影响。王阳明对后来李贽等学说，乃至有清、近代中国的教育发展也有相当的推波助澜之功。无论如何，王阳明与卢梭所提出的比较谦逊而具善意的幼儿观，要求社会上的父母师长不要恣意妄为地假设孩子是一团需要或容易塑造的泥巴。因为一般所谓的教导，不但可能与儿童的本性相反，而且可能造成伤害，产生完全负面的结果。成人或父母更不能因为自己个子大，就对个子小的人轻蔑、疏忽，而应该先仔细观察，善意、温暖、亲切地从旁协助，细心浇灌每一株人性幼苗的成长。这类思索，不只是一种截然不同的幼儿观，就整个人性或人生观而言，一般也被认为是近代文明的重要起点。

（六）小结

一同回顾了历史上西方与中国曾有的幼儿观，对幼儿的关怀、童年的意义和童年对个人与社会的影响，及追忆过王阳明与卢梭这样深切关怀人性、希望反省对待幼儿的方法及引导幼儿的态度之后，对人群在这个问题上曾有的体认，曾跋涉过的步履，多了几层认识，但这些认识也更加强了一些疑点，同时澄清了古今中外对儿童与童年一事上常有的偏执和无知。

衡量整个历史上中国与西方对幼儿的看法、对童年的定义及对幼教的建议，固让人觉得人类的文明经过长时间的尝试、摸索，在幼儿教育方面，似乎从比较肯定、独断与强势的做法，慢慢走到较谦逊而商量式的态度，成人逐渐放弃了一些固定的假设。这些放弃代表整体人群逐渐对原有成见生出怀疑，对长久以来急进傲慢的文化习惯有些新的反省。过去照顾、关怀、引导幼儿的成人，难免持有自己的定见，认为所作所为完全是因考虑幼儿需求（社会认定的需求）而来，或基于对幼儿福祉之对待，但经过长期观察反省，部分近代成人渐觉应放下原来单方面的偏见和许多一厢情愿的坚持，尝试以幼儿为主体，将重心从成人的集体目标转移到幼儿的个别需要上，考虑能否尽量以儿童的立场和眼光来体会他们自己的情境，从幼儿本身的感受来考虑他们的问题。这种"以客为尊"态度的出现，在文化与思想史上意义深远。因为这意味着整体人群认为，人不应再凭己意支使他人，君主不能支使臣民，主人不能奴役仆人，男性不再差御女性，成人也不再不假思索地支使儿童。有人意识到，一个习于被支使的孩子，不知不觉间会感染奴化思想，长大后，他或者会中规中矩地遵守社会框架，或在家庭社会，先一时做个卑微的奴隶，随后却变成一个气焰高涨的暴君。除非整体人群愿以更谦逊的态度对待每个孩子，否则一个怀有自由、平等、博爱价值观的现代公民社会永远不可能出现。因为成人与儿童互为表里，实乃一物之两面，休戚相关，代代相传。[①]卢梭基于对自然哲学及个性解放的主张，希望人们考虑不用勉强方式塑造儿童。这种以儿童为中心的教育观，实际上基于提倡者对天然与自由、平等、博爱等基本价值的认定。同样，王阳明对性善及"良知说"的深信不疑，使他觉得应以激发、辅导、灌溉幼苗的心情引领儿童成长，而不应用鞭打来塑造一个个固定、僵化的成人。

但是，走过这些历程，东西方对幼儿的看法，就像对许多问题一样，难免也形成一些源于价值习惯的既定成见。而这披着科学、理性外衣的近代式认定，如何能够经过不断的反省、探讨、观察及追问，逐渐去除已有的偏见，不断以更入情入理的原则翻新已有的做法与固定的成见，永远是值得考虑的课题。

各样的幼儿观都告诉人们，今天我们如何对待孩子，我们将来的社会就会获得怎样的成人，即"种瓜得瓜、种豆得豆"，或者像胡适一样反过来讲，"要怎么收获，先怎么栽"。从社会方面与行为方面来讲，成人与儿童是生生不息、彼此互为因果的人生两个阶段，这种循环与连续，就如鸡和鸡蛋一样，今日的成人是以前的儿童，今日的儿童是未来的成人。走在路上，现在的成人有以前他们幼时的影子，而在儿童身上，未来的成人也呼之欲出。鸡和鸡蛋之间，可以是良性的循环，也可以是恶性的循环，虽然永远很难知道是先有鸡还是先有蛋。也许在社会文化的循环之中，幼儿教育可以是一把打开这环环相扣的钥匙。至少如果有一群对长远以来的幼儿观有认识，并对人的本性有若干了解的幼教工作者，以善良、亲切、温暖的心来浇灌幼苗，那么这些幼苗以后将会长大成为欣欣向荣的青少年及青年，而他们亦可能成为未来扶幼的种子，他们所养育的儿童代代相传，整体的人群也就可能有机会变化而产生一新的面目。

同时，继续有人思索童年与成人之间、人生的各个阶段，除了衔接，也可能有几种断裂性发展，或蜕变乃至脱胎换骨，破茧而出式的挣脱与转化，乃至截然新生的情形。持这类观点的人，以为人生种种出人意表的曲折，撰写传记时会特别着意"坏竹出好笋"。人物、事物之发展也比较愿意预留人与历史上"不连续发展""非命定进步"的空间。韩信般的由屈辱到坚毅，或者无数纨绔子弟

---

① 晚近西方社会史籍及社会心理学方面之论著，颇有从不同角度，用不同素材，陈述并反省此人类习性代代相衍，甚至恶性循环的桎梏。如卡尔·休斯莫勒·南丁格尔（Carl Husemoller Nightingale）对二十世纪美国贫民与黑人儿童的历史研究，见 *On the Edge, A History of Poor Black Children and Their American Dreams*（New York：Basic Books，1993）；及罗宾·卡尔–莫尔斯和梅瑞狄斯·S.威利（Robin Karr-Morse and Meredith S.Wiley）对三岁前成长与日后暴力倾向的研究，见 *Ghosts from the Nursing, Tracing the Roots of Violence*（New York：Atlantic Monthly Press，1997），是相关成果之二。

式的由烂漫洒脱而潦倒瓦解，除了人生无常之外，似乎暗示着人在少时与成年间可以各有气质，由强而弱，弱而强，各自展现不同的面貌，孕育出一个人的不同潜能。人生在不同的年龄，尤其由幼而长，是否真如弗洛伊德式西方近代心理学预设般的环环相扣，可以"由小看大，三岁天成"，好像还有不少大胆的怀疑和小心的求证可做。人群社会与文化方面的繁殖生息，显然有生物遗传方面所谓的代代生衍，有未可借喻的地方。

在王阳明和卢梭身上，我们还可看出，这个社会的创意，可以从少数没有经验，但因某种其他理由而持一偏好的人开始，对儿童与童年在哲思上的主观与辩证即似如此一例。王阳明自己没有孩子，而卢梭的启发者洛克，写了许多对儿童教育及健全社会与理想公民的看法，他自己终身未婚，也没有孩子。这些人在当时提出自己的看法，不但代表少数的声音，而且常是被迫害和追捕的异端学者。但他们因自己的体认，仔细观察，反复思索，逐步发现一些值得向大家引介的感想。他们没有放弃这点滴的良知，为大家留下一些珍贵的精神遗产。我们永远不知道，这样点滴的创意，会从什么样的人、在什么样的角落、经由什么样的引发而出。幼教与儿童文化所面对的既是一个个新生的生命，这新生的生命对个人、对群体而言也是一个契机，以及一个充满希望又常存陷阱的过程。

图 2-1

第二章　为童年写史

侯孝贤导演早期有一部电影，叫《童年往事》。里面有一群群光着头、光着脚的孩童，在昏暗的旧教室里跑来跑去，与同伴争斗吵闹，踩过田埂，慢慢地长大。侯孝贤的每一部电影，据他讲，都在述说着一段对他个人而言非常重要、不能忘怀的事迹。童年的影子，是他最先要告诉所有人的一段内心的话语。

过去有首歌，叫《往事》，跟《西风的话》一般，表达的都是民国初年以来中国人对儿童生活、童年忆往的一番特殊情怀。其实，略微一想就发觉，一方面，许多人对自己、对周围人情世故最早的意识，始自童年；另一方面，文学诗歌，动人的传记，幼年的一段，也常带着丰富的感怀、细致的追忆，在追忆或歌颂儿时的情景、孩子间的欢乐与忧愁。

一、历史上有没有孩子

所以，如果回过头来说，过去正式的历史里差不多没有孩子的足迹和踪影，大家一定觉得惊异不置，以为是不可能的事。不过，许多周围的事实却让人不能不承认，就是这么不可思议。从现今的立场感受看来，历史篇章中没有孩子，孩子没有自己的历史，也许就代表这么一个不可思议、令人难以接受的事实。①至少在西方，三十多年前已有人注意到这个问题，三十多年来，不少人也从各

---

① 二十多年前，初上历史系的时候，曾经兴冲冲地拿着选课单，去找自己想上的课，我以为所有的人一抬头，第一个瞧见的就会是"历史（一）中国童年史（或中国儿童史）"，然后下面才是中国通史、中国文化史、中国社会史、商周秦汉的历史等。为什么？因为我觉得，人家不是都说历史是要学习、研究、明白人类社会过去活动的轨迹吗？可是所有群体的人都是一个个别的人集合而成的，而每一个个别的人的经验、想法、行动总有个最初的起点，这个起点就是他呱呱落地、初生人世的时刻。所以，历史这门学问先得告诉我们人小时候的这段发展，到底是在什么情形下的怎么一回事，不是吗？你们一定要笑我的无知和一窍不通。不过让我告诉你，这中间的问题不只是因为一个没大识见的十八岁年轻人的莽撞。因为不但我一年级的课程表，长长一串，完全找不到"童年史"这门课，往后我又上完了大学四年，还转过大半个地球糊里糊涂地读了一共十年不止的历史，形形色色、各类各样的历史都有，唯独一直没见到我那情有独钟的"儿童的历史"这一个项目。

个方面想认真地回答这个疑问。[①]

二、孩子能不能有自己的历史

过了千百年，如果古今中外的历史都少见提到孩子的事，难免招人怀疑：也许孩子在历史上是一个没法了解的事。的确，现今知识上大大小小的空白，有些是以学问的范围、求学的办法，超过了目前能知或者可知的范围，落入某个知识上的死角或者黑洞（譬如说，世上有没有鬼神、生前死后的世界、灵魂是什么等，还有不少也许终究可知，但是截至现在我们还不清楚，或者没办法确切掌握的问题）。历史上的儿童和童年，是不是属于这类问题中的一个？或者更明白地问：如果我们真想要知道历史上孩子成长的经验、生活的情况，有没有任何线索资料可以满足我们的渴望？这不但是任何一个人容易提出的一个最合理的疑问，其实也是赞成此议题或着手研究的人最初的关怀。鼓动他们前进的只能说是一种决心和好奇：无论如何，总得有人花力气去试试才能知道，不是吗？总不能指手画脚、七嘴八舌一番却又平白地放弃。

三、寻寻觅觅的结果

简单地说，经过多年来一番上穷碧落下黄泉的功夫，究竟能找到哪些可以解开历史上儿童生活之谜的材料？首先，最容易想到的是过去幼教和家训之类的资料。这些文字，历朝历代都有一些，过去千百年间，宋元明清以后，训幼的文献尤其不少。这中间，包括一些哲人理想中管教孩子（或者制造出一个标准人）的提示，教老师怎么启蒙，或实际上教导小孩的教材，像熟知的《三字经》《千字文》等。整个来说，这些资料代表不同时代、不同背景的人对管理、塑造、教导孩子曾有的一番构想，带有各种的假设。但是把这些消息积累起来，系统地一看，可以发现，就理论方面而言，过去世世代代的

---

① 阿里埃斯从心态史出发所提出的看法，激起了不少欧洲史学者的回响，在之前尽是研究童年史的痕迹：马克·戈登（Mark Golden）对古代雅典儿童与童年的研究，*Children and Childhood in Classic Athens*（1990）；托马斯·威德曼（Thomas Wiedemann）对罗马帝国成人与儿童关系的探讨，*Adults and Children in the Roman Empire*（1989）；以及苏拉密斯·萨哈（Shulamith Shahar）对中世纪欧洲童年的考察，*Childhood in the Middle Ages*（trans. 1990），是几个最清楚的例证。琳达·波洛克（Linda A. Pollock）则对此说法，以近世社会史的材料（主要是英国），做了全面的批驳，见*Forgotten Children，Parent-Child Relations from 1500 to 1900*（Cambridge：Cambridge University Press，1983）。

人与社会曾经以为孩子是什么，在他们的观念里，人们（大人、父母、师长）该怎么对待或处理有关孩子的问题，而类似的"以为"和观念，历史上发生过相当大的改变。

其次，中国人还有成千上万的个人传记、诗词、函札、笔记，中间也点点滴滴地保留了不少人幼时的情事，透露出一些属于孩子的感受和经验。如果都搜罗起来，可以为我们呈现一个过去孩童生活和细腻的一面，还可以用来核对各个不同社会阶层、地方区域以及不同性别、背景的孩子，他们的童年各有什么异同；思索这各种各类的童年经验在千百年的光阴中，曾经有过如何的变化。过去四五百年里，数千件个人年谱的案例，零落片段地记有某个人（通常是士家男子）从出生到成人相当详细而丰富的记事。有些本于个人事后的追忆，有些本于当时家人的记载。汇集在一起，这些资料可让人眼前一亮，中国孩子的历史，竟可聚沙而成塔，由朦胧而略解眉目，开始渐有些鲜活生动的影子。年谱传记资料之内容，宋元而明清数量逐增。其社会涵盖面原以士族上层社会为主，唯愈近晚近（清中叶或十八世纪以后），军功及其他社会人士（宗教领袖、文艺界人士、商工有成者）日进，所包括谱主的社会阶层下移，人物多样化，谱主能见之儿童与童年类别亦日益丰富。从中间我们不但慢慢发现，原来宋元明清士家子弟如何在家人追求功名的簇拥下，愈来愈专注读书学文，由动趋静；而且我们也渐渐晓喻，相对而言，农家的男孩女孩平常做些什么家事，工人的子弟是几岁如何步上了跟师父学手艺的路径；甚至小和尚、小尼姑、小乞丐、小孤儿，各过着什么样的日子。

上面这两种训谕和传记式材料，让我们认识到的主要是过去儿童在心理、行为、情感、学习方面的经验。其实，有关于历史上的孩子，中国还藏有一份最丰富而宝贵的资产，向来少人挖掘，就是近千年来儿童健康方面的记录，特别是宋代以来中国幼科的医书。中国是世界上最早有专业儿童医生的地方。[1]这些专门给婴儿、孩子看病的医生，同时也教导他们的祖父母、父母、奶妈、保姆怎样更周到妥善地照养他们的小孩长大。他们留下了数百种专门的医书，内容包括当时儿童生理和健康上的问题，曾做的解析和讨论（叫作"医论"），对重要的儿童疾病或身体不适发展出来的处方（叫作"医方"或"药方"），以及临床上曾经照料过儿童的实际病历（称为"医案"）。把医论、医方和医案凑起

---

[1] 熊秉真在《幼幼：传统中国的襁褓之道》一书中的前两章，说明了中国幼医的发轫以及近世发展的区域性特征。

来一分析，不但可以发现，过去这些儿童健康问题上的专家对儿童由出生而长大，该怎么喂养（因为他们确实留下了一些像现在的育儿手册之类的东西，如明代的《婴童百问》等），他们的成长和发育是怎么一个过程，有什么意见；也会意识到，不同地方、不同环境下的孩子，在不同的时候，大致曾生过什么病，有过哪些营养上的不足，得到过如何医疗上的照顾。从一个个个别的诊疗记录中甚至可以知道，某年某月某日的早上，曾有一个几岁的女孩肚子疼，几岁的小男孩发烧，他们在这以前吃了什么东西，做过哪些活动；他们出身于什么样的家庭，父母是谁；医生看了他们以后做了些什么处置，他们的问题几天后是改善了呢，还是变坏了。这类真实的事例成千上万，涵盖许多不同的地区：有都市，也有乡村，包括富人的子女，也有穷人的孩子，而且积累了近千年的时间。稍一想象，任何人都会意觉这整个故事，可以提供一幅鲜活、动人、珍贵的有关过去孩子身体健康的图像。[1]

除了幼教、传记、医疗方面的记录，再仔细追索下去，还会发现中国过去的艺术品（台北故宫博物院所藏的《婴戏图》[2]、《货郎图》、《耕织图》里有许多在玩耍或工作中的男孩女孩），法律条文（孩子伤了或杀了另一个孩子，该怎么处理），思想（各门各派的哲学家都发抒过对人之初的议论和看法），文学、戏曲（不只有家喻户晓的孩子英雄像哪吒、目连或者孙悟空——多半的人觉得这个猴子王其实是个顽皮的小孩子，过去小说里描写的许多可怜受欺的孤儿，以及受宠而让人头疼的"小祖宗"），都有不少有关孩子的素材，这些素材在诉说着一些如何不同的消息？不仔细推敲琢磨，其实没有人知晓。

四、成人营造出的孩子

无可讳言，这种种素材绝大多数是成人留下来的，览者自然容易生疑：大人心中、笔下、口里的孩子，是否完全走形？或者说，孩子之外，其他人的眼里，孩子是（或者应该是）一种什么样的"东西"？古往今来，一般训诲型的文字中，对儿童初看似有几种共通的假设：一是所有的孩子生来必须好好管教。西方人说，每个人生下来不过是"一张白纸"，中国过去的许多哲理家、教育家也有类似的想法。大家不但都以为孩子是非管不可（姑不论孩子

---

① 可参见熊秉真：《安恙：近世中国儿童的疾病与健康》。
② 台北故宫博物院曾为《婴戏图》做特展，并出版图录与《婴戏图》（台北：台北故宫博物院，1992）。

容不容易管，可不可塑造），而且众口一声，主张应由成人担负此管教责任（也先不说，是不是每个成人、家长、老师，都有这种识见、品德和能力），这又是一层大胆的假设。三则谈到管教的原则和方法，历代多半的幼教专家，赞成走严格的路线。立一个高的标准，努力把个个智愚不等的小毛孩都赶上架去。用严厉的办法，鞭策体罚，管到孩子够格为止。为了让大人在孩子面前能保有必要的威严，礼书家训中还劝说父亲最好少跟孩子接近，保持距离，以增恐怖。老师也要不苟言笑，板起脸孔，免得教训学生的时候，学生们不会油然生出恐怖战栗式的敬畏、顺从。近世数百年间，不论上层的思想家，下层的幼教塾师、士民家长，都曾提出对儿童与童蒙不同的看法，甚至实践过不同的经验，但是表面上，这严厉的主流教养观要到二十世纪才迈向全面的质疑与彻底的松动。

这个过去中国幼教的主流文化，有一些特别值得注意的特征：首先，在理论体系和价值观上，如果用十九世纪末以来近代式的标准衡量，其中的许多主旨很容易被视为一套"成人中心"或"长者为尚"的设想。譬如说，从管子的《弟子职》起，就强调年轻的学生应该晚睡而早起，尤其不能等老师起来活动了，学生还没有梳洗刷牙，穿整齐衣裳。道理着重在学生对老师、幼者对长者的尊敬。可是从生理卫生和健康情理上考虑，真的需要早睡晚起、多吃多动的看来似应是年幼的学生，而不是年迈的师长。以成人和长者为儿童生活之中心，有两层意义：除了一切以成人优先、尊重成人至上以外，还主张依成人的构想和办法来指导、管理、塑造儿童。在一个成人中心、长者为尚的世界里，成人（家长、老师）是领导者，主动形成现实秩序。年幼的成员（家里的孩童，学校里的学生，店铺中的学徒）则被指挥依附，乖顺服从长辈，不许有自我声音、主见。司马光的《居家杂仪》说，家里该由大人统御所有的子弟，决定个人分内工作，告诉每人该做的事，成人且要记得督促责求幼辈的表现，直到他们把该做的事都做好。管子所说的学生（弟子），司马光所讲的孩童（子弟），成了过去千年以上标准中国孩子"模范儿童"的原型。

在现今眼光对照下，这套构想的第二个特征，是它所带有的强烈的"功能论"或者"目的至上"的特质。也就是说，不但整个人生的意义，在于做一个"有用"的人（而不是一个幸福的人，追求快乐人生，充实满意，或健康活泼的人），更重要的，它认为儿童的存在，是为了变成大人（当然最好是一个成功而有用的大人），童年阶段本身，没什么特别的意义。孩子活着，主要是要"学做人"——学做有某种特质的"成人"。[1]许多原本小孩容易有的一些特征，像爱吃、爱玩、好动、好奇等，在及早学做成人的终极目标下，容易变成了无庸的麻烦，甚至惹人烦、讨人嫌的毛病。宋代朱熹说，小孩子最好有什么吃什么，有"粥饭充饥"就够了，不要整天想吃好的，挑嘴，或者想要多吃。朱熹还说，小孩最好不要靠近热闹的地方，不要养小鸟、狗、猫之类的小动物，别赌博、打球、踢球、放风筝，尽做些"无益之事"。清代崔又尚的《幼训》，也不许孩子抓虫子、踩蚂蚁、折花、游戏。如今想来，抓虫子、踩蚂蚁等也许要不得，可是打球、放风筝、游戏怎能跟赌博相提并论？思想家、教育家想严禁这些事，因为在他们的价值标准中这些是无聊没意义的"无益之事"，孩子的时间精力最好全用到学习"有益"有用处的事上去。

与现代相比，这类说辞的第三个特征，是"道德色彩"之重。要孩子从小就清心寡欲，少吃薄穿，省用俭花，轻声慢动（最好是学着安静不出声，压根不要动），希望尽早造就一个人见人赞的"小大人"（所谓的"举止俨若成人"）。更重要的，是要养成一个恭敬长上、不贪嘴、不好玩的幼儿。不能随便好奇去看演义小说，甚至历史书刊，接触没有用处不正经的书。这些限制，后来跟世家子弟被逼科考、专攻经书的"功用论"或者"目的主义"搅在一起，可能生出不少事半而功倍的效果。无论如何，中国主流的管教孩子的文化，伦常道德成分之重，似乎是很难否认的事实。

而且，这所有的"长上中心""功能主义""道德至上"种种的目标，在实践方法上，与现今的习性相较，还讲求动用严厉方法、硬线条的作风去达成，是这套理论的第四个重要的特征。宋朝的程子说，对待小孩子得像教训小狗一样，如果你不愿狗进屋子，须记得在每次它进屋的时候打它一顿。绝不能打了它一次，下回又逗它玩，在屋子里给它东西吃，小狗混乱之下反不知道你到底存什么意思。训练教育孩子到底是不是跟驯服动物、训练小狗一般无二，或者说小孩子是不是只是另一个小动物，即便在宋代，已有不少争议。不过，中国历代幼教文献，大多数确实赞成严教和体罚。

上述这番讨论，虽有相当根据，也不是完全没有斟酌余地。首先，诸般考虑显然均立足于西方近代文明发展所成的一些特征之上（成人与儿童的相对，

---

[1] 乔恩·萨里（Jon Sarri）在一本析述晚清民国男学童成长过程的专书中，对中国社会中训练儿童"学做人"的文化传统颇有着墨，并做了一些近代式心理意涵上的考虑。见 *Legacies of Childhood, Growing up Chinese in a Time of Crisis, 1890–1920*（Cambridge：Council on Eastern Asian Studies, Harvard University, 1990）。

民主化精神下应尊重老幼各人主体，以及疼爱儿童、重视个人心理等十九世纪下半期以来欧美社会文化的产物，如今已被世界各地吸收承认，甚至被视为唯一检视古今各地的真理）。此一视角，足资收获者固多，但其"以今拟古""用西方解各地"的出发点，不能完全免于偏执，其所见之差距，能知受局限，亦有值得沉吟之处。中国儿童与童年史目前意觉若干之复杂气质与复杂内情，正提示着一些关键性矫枉去偏的潜能。①譬如过去的主流思想诚带不少"成人中心""功能主义""道德色彩"与"严厉管教"的成分，但是哲思上人生之婴幼而为成人，在中国并未见是截然二分的阶段、立场或气质，道家中对婴儿孩童的理想化，相形之下，若更换另一社会文化传统，均可见西方近代心理、社会科学上"成人""儿童"二元对立的特殊与辖制性。又如，家庭伦理乃至祖宗崇拜常被举为中国社会功利倾向、功能主义的文化根源之一。但依同理，成人固可为家庭祖宗缘故而责求孩子，用各种实际的标准训练要求儿童；然同一套价值体系下，婴童儿孙也是家庭未来前途之所系，祖宗绵延真正的成败关键，因而亦可能成为"倚重儿童"，甚至"溺爱孩子"的根基。还有，"道德主义"与"严教方式"的影响，在中国社会史上的例证固然比比可见，但各类道德哲学中间均杂有父师有过与成人偏失时幼辈如何自处与对待之的议论，可见过去的道德与严格要求，并不永指单一成人（长辈）标准。

这些进一步的思索，告诉我们在挖掘与呈现儿童与童年的历史时，史料并不会用独一无二的方式回答问题。其实观察、研究、分析者的自觉、反省程度，整个时代文化价值观上的深度、广度和开放程度，都左右着大家趋向何处之素材，如何解读这些带有实证性的材料，以及有意无意地决定发现如何之成果，从如何之角度重新叙述解说所找到的世界，方能揣摩、体会、重新呈出孩童在一个看似以成人为中心、主宰，主要采用功能、道德尺度形塑人生，受严厉管教之社会，如何拟定营造其自我活动的空间，得享某种特殊的主体性质表现余地。人文历史工作者所要问的，不只是当时在实地生活中，婴幼男女是否有些机会，或其自属之先机何在，更重要的是此学科在观念上容许此一可能的想象认知能力，与方法上的觅得，曲折地揭开此一天地的鞭辟而入肌理的功夫。

仔细深思上面所勾画过去幼教的主流，当然并不能代表历史上中国人对孩

---

① 最近美国的中国研究学者结集出版了一本论古至今中国（人与社会）所展现童年观的论文集，不同的篇章，从不同的角度，对传统而近代童年观的相涉问题，各有分析。见 Anne Behnke Kinney（ed.），*Chinese Views of Childhood*（Honolulu：University of Hawaii Press，1995）。

子态度的全部。譬如小儿科医生，当然就不能苟同道德家所倡议的让孩子少吃少动、早起晚睡的主义。因为他们清楚，这么一来，他们面前脸色苍白、发烧出汗、头晕肚子痛的小病人不知又要增加多少。一般而言，道家学说也比较赞成顺从人性自然，少加干预，很能欣赏婴儿幼童展现的天真之趣。绘画中，像台北故宫博物院里所藏宋代的《婴戏图》《闹学图》《货郎图》等，描绘的各个孩子或在跟同伴玩、弄东西吃、争着看玩具，或在胡闹、顽皮捣乱，不少儿童在逗小鸟等小动物以及踢球、放风筝。这些描述和景象，在传递着怎样的信息？放宽历史的视野，不但在幼教、医书、绘画里寻访过去孩子的踪迹，重览文学、歌谣、传说，甚至法律规条、刑案记录都留下了一些孩子的身影，形形色色的有关历史上孩子活动的消息，到底是哪些比较接近或与真情相涉？有多少人真听了礼学或理学家的告诫，在教孩子学静坐"成人"？还是哲学家说道，医生看病，画家白描，各人心目中自有一幢不同的孩子塑像。

五、孩子自己的主意和活动

各种说法，各种音讯，除了言人言殊、各说各话、莫知所从之外，主要问题出在所言多属假设（是否"如有雷同，纯属巧合"），尤其是代表传统主流的思想家、教育家，理想固美，言中儿童，是经过观察活生生的男孩女孩，还是混有脑中臆想、揣测、希冀的一些影像？如果转换舞台、背景，能不能让七嘴八舌、论说不已的成人退下，搬上一些历史上真正的孩子作为主角，让他们伸伸拳脚，活动活动，发几声，说些话？先不论能实践几分，这类试想可能发生何等之效果？

一方面可以看看，方才大放厥词、各有主张的大人物，他们小时候是什么个模样。司马光小时候的行径有一段小学生都听说过的故事。记他一早起来，去找姐姐，怀里揣着些核桃，两人商量，怎样敲开核桃壳，全然是好吃而好玩的孩童模样。然后，他喜欢跑到院子里，聚一群小朋友捉迷藏。据说有一回，有个小朋友不小心掉进个高高的大水缸，还亏得小小的司马光脑筋灵光，情急之下拿块大砖石打破了水缸，才把小同伴给救了出来。原来这位几十年后教人管孩子讲得头头是道的司马光，自己小时候并不全是一个听大人话、好学规矩、乖巧安静的孩子。他好吃、好玩、爱闹爱动，似乎跟一般人印象里的普通儿童并无二致。成年的司马光写训词时已忘了自己幼时的情景吗？还是他后来觉得像自己小时那种贪嘴顽皮的小孩实在要不得，最好立些规矩把未来的儿童打造成个理想模型？[1]类似的例子让人们意识到，幼教家训的理论构想很可能跟实际上的孩子与童年有一段距离。

过去爱吃、爱玩、顽皮、好动的孩子当然不只司马光一个。传记中许多人追忆起童年趣事，都环绕着节庆的热闹、诱人的食物和游戏。孩子贪爱食品，如果不是一个普遍的事实，也许就不太会有像夏敬渠爸爸一样的家长，用一盘青豆逗孩子认字[2]，或者像牛运震的祖父，用孩子最爱的甜甜的蜂蜜犒赏他的表现[3]，即使明知道孩子常闹牙疼。食物如果能惹得邵行中在外祖家祭礼坛前争吃枣子，招来一顿斥责，平日对一般孩子的吸引力可想而知。没有这个强烈的吸引力作背景，教科书上所引"孔融让梨"之类的故事也许就成不了示范。要爱吃贪嘴的小孩做到程朱理学家所说的粗食淡饭、以喝清粥为满足的风范，相形之下，更显得这两套影像之间的强烈对比。

爱玩、好动，似乎是孩子难泯的天性。宋代以来的幼教专家强调要训练孩子安静不动。学说也许确实收到了一些效果，一些原本动来闹去的孩子在父兄师长的呵斥下停了下来，慢慢变得沉静而乖巧起来，至少资料上在尽力呈现着这么一个景象。在他们宣扬所造成的社会中，本来比较好静的孩子，得到更多的鼓励赞赏，夸他们生来就沉静，不跟别人起哄（如鹿善继"生而凝重，不嬉戏"[4]），从小只爱留在屋里，悄悄站在屋子一角看织布机吱吱嘎嘎（据说曾国藩三岁时就是这个样子[5]）。可是，同样的资料中也说，有些孩子不得玩乐，不是自己情愿，而是旁人和环境造成。传记中说崔述能走路以后，寄望极高的父母就四处跟着，不让他有机会跟别的孩子玩耍（"不使与群儿戏"）。汪辉祖原来是喜欢踢球的，被家长责打了一顿，只好放弃。[6]至于像魏源，传记上说他从小就很少笑，五六岁的时候总常一个人独自坐着，从来也不出门走动，以至于偶然步出家门，自家的狗都围着他狂吠不已。[7]衍而至此，其中有多少是自然，多少是人为，已纠缠成一气。而传记与传奇，史实与神话，更是搅混在一起。

---

① 司马光击瓮事，见尚恒元、彭善俊、尚珊编著：《司马光轶事类编》（太原：山西人民出版社，1992），页10。其对幼教主张，见司马光：《居家杂仪》，收入胡广：《性理大全》（京都：中文出版社，1981），卷19，页333。

② 赵景深：《夏二铭先生年谱》（台北：商务印书馆，1971），页14—15。

③ 蒋致中：《牛空山先生年谱》（上海：商务印书馆，1935），页3—4。

④ 陈铉：《明末鹿忠节公善继年谱》（台北：商务印书馆，1978），页2。

⑤ 黎庶昌：《曾文正公年谱》（台北：广文书局，1971），卷1，页6。

⑥ 汪辉祖：《病榻梦痕录》（台北：广文书局，1971），页9。

⑦ 王家俭：《魏源年谱》（台北："中研院"近代史研究所，1967），页2—3。

图 2-4

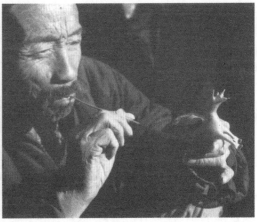

图 2-5

图 2-6

零嘴甜食 捏面人、吹糖、糖葫芦是流传已久、至今仍在、南北不分、老少皆爱的中国式甜食。然因这些零嘴甜食吹出动物玩具，捏出器皿、人物，特别吸引有闲爱玩的儿童。孩子与甜食的相黏，也是一个关键。

有一点倒是可以确定，不管几分天生倾向，几分后天造成，这些资料似乎也在隐约述说，年纪小的时候，能静下来的孩子总是少数，多半的儿童还是爱动爱闹。连那些描写模范儿童的传记都在告诉世人，当这位或那位小大人正展现其过人定力，坐在私塾里看书，留在家里纹丝不动的时候，屋外谈笑玩闹的有他成群的凡常友伴。原来不出去玩闹、端坐一角的孩子，只是多数中特异而罕见的奇货。加上那农家的女孩男孩，清早就帮着淘洗做饭、抱弟妹、赶水牛、上山拾柴、下田除草的，以及无数进了茶庄饼铺习手艺的小学徒们，默然端坐的理想虽非与他们的生活完全无关（他们也是不得插嘴妄动的），但在日常作息中，对身体活动、性格趋向的管理，社会阶级、文化圈及性别仍是主要的分划性因素。

也就是说，高谈的幼教理想、方法所造成的影响，还有太多值得追踪的细节所规划出的课程标准、教学内容，固成了万千学童晨昏诵背的教材，所主张的严格的育儿教儿方法，让千百年来的中国孩童少能逃脱经常被鞭打的命运；但这种严教责打的幼教传统主流下，竟日被打、流血受伤几乎致死的学童（像章学诚的孙姓同学），或者呼救喊叫、无处可躲的孩子（像不小心烧了药书而遭爸爸一顿毒打的蔡廷锴），他们除身体所受创伤、心中所怀的怨怼外，当时偶或招来同情的拦阻，事后更引起质疑检讨，错综复杂的幼教文化绵延而下，到近代乃衍出真正激烈的颠覆与逆反。

再往深一层反思：什么是一个正常的儿童、标准的童年？怎样才算是儿童的天性、童真自然的表现？这些问题从来并没有一致的答案，更难说有什么肯定的内容。以好吃、好玩、顽皮好动为儿童之天生本性，历代曾有人主张，晚近奉之为圭臬者尤众。在实证上，也许可以找到一些，但是以安静、羞怯、保守、畏缩，甚或唯唯诺诺、谨守分寸为孩童之原型、童年之模样，自古执之者不在少数，至今某些社群中亦有迹可循。可见，儿童一如成人，其生物性之本能，乃至心理上之需要，或许确有若干粗略梗概，但其童年或成年之内容，多半受社会规范，是文化营造的结果。从研究与分析的方法论上看，规诫式的训诲固多代表理想，其填充理想之素材或臆怀憧憬之基点未尝没有当时价值文化与社会条件之投射。传记中的叙述初闻似较近真，与传记之起始莫不有追忆与传言的过程，而追忆与传讲的活动，不但都免不了主观搅和的成分，其呈现之面貌更受其表达之目的与诉求之对象有形无形之牵扯。也正是在这样的思考省觉中，让我们意识到过去以理论与实际之对举为访察历史经验之标的，可能有谬误和束缚。同时，儿童与童年这样一个自主性有限、受制力明显的题材，其实凸显的是整个人类文明在自我载记及交相追忆间不免掺杂的种种主观因素的影响，与视角、立场及事实、真相不断地交互作用。

过去许多材料提到有顽劣难管、令师长头痛、让父母束手的小孩。今天重新思索，这些难养难办的孩子，究竟在诉说着如何的一段经历，怎样的一些事实？从这些表面上看来充满挫败无奈的例证上，我们也可以沉吟，事实上，一个孩子从出生起，好像就常有或者就开始发展着他（她）自己的一番感受和主张，并不容易受外人外界的摆布。过去的母亲、祖母常承认，有不少婴儿，喂

图2-8 **驻足而观** 近世士人书札传记中，常提到杰出儿童，自小不群。堂中读书时，不与群儿嬉戏。户外有热闹队伍经过，也绝不如众儿般夺门而出，驻足围观。由社会群相而言，围观街景、聚注新奇事物的孩童，如图中所示民初诸儿，反见童年之一斑。

图2-9 **小学徒** 士农之外，近世不少儿童出门求师，习得一技之长。这是民初的一位小学徒，把纸张贴上墙面晾干，是他所择匠人手艺的一部分。

奶时撇头不吃。数十月后，想让他断奶吃饭，又偏偏不依（医书因有不少所谓
"断乳方"①）。哄他睡，他硬是东翻西滚，这儿张那儿望，咿咿呀呀，不肯安眠。
这些几天几个月大、话不会讲的小婴孩，脑子里到底装了些什么主意，不容易
确知，不过依近世文献的内容和立场看来，这文化中所显示的幼稚生命，常跟
周围他人或所谓社会期许，不全偶合。西方哲学家口中所谈的一张白纸似乎不
是一个他们能有的希冀，至少在中国的传记和训示性素材中都不是这么单纯的
一种反映，没有这么笃定的一种假设。

图 2-10　**把戏**　儿、戏二者难分，儿童爱玩游戏，也爱看把
戏。故旧日有马戏、猴戏之属。此处所见为民初街坊艺人，示
所训练的小老鼠登梯子、钻圈套，并佐以说唱逗笑表演，吸引
孩童凝注。

　　孩子如果自幼就有自己的一番感受和想法，且不一定符合成人、社会设想，
未必只会造成负面的冲突和痛苦。孩子因是一个（部分）独立的个体，不完全
是个被动的接受者，一直在与周遭人物环境互动，也就不断可与成人互助，甚
至主动助人。多半社会价值，以为幼儿需要并依靠成人抚养、教导、协助，较
少会意儿童出世后同时也以他们有限的力量帮忙大人，对他身边事物发出感想，

---

① 参见熊秉真在《幼幼：传统中国的襁褓之道》一书中对"哺与乳"的专章讨论。

尽力跟他的环境沟通。人生来就是积极、主动、有主意、想参与的一分子，即便是年纪最轻、经验最浅、力量最小的成员，莫不皆然。这些个子小、年纪小、本事有限的家庭（或社会）中的成员在家中协作家事，众所周知。即使出生头两年，家境优裕的孩子，其诞生的本身，就是对家族的一大贡献。出生成长，道德学者说是成人对幼儿的恩情与付出，宗教民俗上却说孩童是父亲的命根，其生其长，也是一个新生命对列祖列宗的福报与功德。这不只是说，过去社会中多半孩子，不分男女，早早就开始贡献力量，参加劳动（就像今天巴基斯坦被固定在小椅子上织地毯的四岁、五岁孩童，或者所有第三世界的童工，以及在家扫地做饭、养鸡挖地的男孩女孩）。过去中国一般家庭的男孩放牛拾薪，女孩帮忙操作家事，大至实际生产，小至生活细务，大人得操劳的，孩子少有完全免役的。即便是两岁前的小婴孩，家中宽裕安乐的时候，他（她）们固然分享欢愉丰足，家里破败贫苦的时候，他（她）们一样感染愁苦，忍受窘迫，随同啼泣（像夏敬渠的爸爸死时，敬渠只有七岁，他母亲产后不久固然不得不拖着疲惫的身子，为夫披麻哭丧，至于敬渠那褓褓中的小妹妹，也只好任人丢在麻席上啼哭翻爬，没人理会）。至于平时，各个孩子随家庭之贫富贵贱，得其精粗多寡不等之衣食玩物，更是不言而喻。连少数所谓生于安乐的孩童，也一样要承担与生俱来，属于一地一族，传自父母的压抑、纷争、拘束与苦处。过去世家子弟规矩严格，自幼活在大家庭的斗争和亲戚纠结、族人排挤之下，更是常事。父多妻妾，就是孩子多母。明末东林要人张溥的母亲出身婢女，母子时常受族人欺凌。谭嗣同出身正室，但幼时父已宠妾，母子一同失欢受困。[1]汪辉祖的母亲也是侧室，辉祖从小不但周旋在三个不同的母亲身旁（生母、父亲的正室——他的嫡母，以及嫡母逝世、父亲续弦以后的继嫡母），十岁左右，父亲去世，族人问母亲要索不已，常从母亲怀中一把抢过辉祖，当众挥打，以为威逼。[2]至于孩子随大人下田（像蔡廷锴[3]、何廉[4]），跟村童看牛（如《归牧图》中所绘），为家里外出借贷（像段锡朋[5]），或与母亲一起守着枯灯赶做女红，帮着照管弟妹，就更是历史上最普通的经验。

① 谭嗣同：《谭嗣同全集》（北京：三联书店，1954），页197—200。
② 汪辉祖：《病榻梦痕录》，页67。
③ 蔡廷锴：《蔡廷锴自传》（台北：龙文出版社，1989），页12。
④ 浦薛凤：《记何廉兄生平》，《传记文学》卷27，期4，页27。
⑤ 段永兰：《我的父亲》，《传记文学》卷3，期4，页26。

图 2-11 **牛羊为伍** 牧牛牧羊是农家男孩常做之事，传记中提及他们多随而拾薪伐草，售得薄资或济助家需。但画家与文人却爱描写牧童怡然自得，忘情于山水溪流之间的情趣。

不但平时跟着长辈一同操作，大人病了，孩子一样求神问卜，忧心暗祷。大家印象中总以为大人为孩子的病痛忧愁奔走，其实父母病了，孩子何尝不忧心如焚，四处求药求神，愿以身代。至于父母死后对幼年孩子的打击，使他顿失依靠，终生孤苦（像归有光，八岁死了母亲，到五十岁，自己说还常扯着家里的老仆人，问东问西，想追回母亲过去的若干音容行止，仆人边说，在旁听了还掉眼泪[1]）。

不要说永别，就是父母遭遇困难，对孩子的影响也不小：像黄宗羲年少时目睹耳闻父亲与阉党的斗争[2]，李颙听说母亲要为战死外地的父亲寻死。一个义愤填膺，拳拳以复仇为志；一个悲泣不已，苦苦哀求母亲勉强留下活命[3]。至于看到父母失和，母亲遭祖母嫌恶（夫妇不睦，婆媳失和，在中国的旧社会都不是什么稀奇的事），孩子连带伤心沉默（像黄叔琳[4]），痛苦不堪甚至出走、出家（像蒋敦复[5]）。成人世界对孩子的冲击，不大也不小于孩子对成人的意义与影响，终极而言，大人与孩子的生命与世界其实永远紧扣在一起。在社会生活中，长幼尊卑虽受不同文化规矩之制约，实质上相倚而互生，是同一个生命生态系的不同成员，而且孩童而长成成人，成人而繁衍婴幼，交相变幻，生生不息。

① 归有光：《震川文集》（台北：中华书局，1965），卷17，页1。

② 黄宗羲论述，见徐定宝主编：《黄宗羲年谱》（上海：华东师范大学出版社，1995），页16—18。

③ 吴开流：《清李颙》（济南：齐鲁书社，1982），页2—3。

④ 顾镇：《黄昆圃先生年谱》（台北：广文书局，1971），页3。

⑤ 滕固：《蒋剑人先生年谱》（台北：广文书局，1971），页4—5。

六、有孩子以后的历史

过去的历史上不只确有孩子存活，历史的篇章应当留有孩子的部分。而且这份孩子的历史，还须进一步考虑是否能不完全笼罩在成人中心的阴影之下，或者也可以包含孩子的眼光，从孩子的角度出发所理解描述的成长经验、周遭人世。

也就是说，历史如果包括孩子的感受，奠基于孩子的立场，会是怎么一个景象？首先，孩子们一向怎么想自己？从点滴资料中看来，过去的孩子，稍有意识，似乎就知道全家之休戚与共，及自己的幼小无依与"寄人篱下"，至少传记和回忆性的材料中常有类似的陈述。性格柔顺的孩子尽量做长辈赞许的事，讨大人欢心（何翙高说他自小拼命读书，朝科举及第的路奋斗，因"念舍此无以博父欢"[1]）；或者哀怜求饶，希望换回大人情面，平息家中风波（赵于京六岁死了父亲以后，随母亲寄居在祖父母家里，每逢性格严厉的祖母大发雷霆，全家大小都跪倒在地，身为孤长子的于京一人独跪在最前面，大哭求得祖母回心转意为止，虽然她暴怒的原因可能跟他一点关系都没有[2]）。更多的孩子默默接受生来环境，不论舒适或者凄苦。千百年来得宠骄纵、任性放肆的孩子不是没有，可是白天看着父亲操劳受挫，晚上陪着母亲叹气流泪的孩子可能更多。

也就是说，我们前面所做的寻访和捕捉，除了希望回答历史上（载记的典籍和后世的史学，而非真正过去的时空、社会里）到底有没有儿童的踪影，找不找得出有关童年的信息之外，还牵涉一个十分紧要的问题，用现今的人文社会学词语来说，就是儿童与童年的"主体性"问题。也就是说，即便我们不得不承认无数儿童曾在世上活过，他们的存在经验也多少留下了一些蛛丝马迹。进一步的问题是：我们事后可以觅得呈现有关他们的经验事迹，是否都是假他人之手的记录，代表他人（成人）立场的观点和声音，因而可能带有一些无可抹除的扭曲和误解？要想重现历史上真正属于儿童与童年的景象与感受，遂终成迷惘？再进一层，从观察和思考者角度，我们不能不扪心自问：实质上，在过去的社会情境中，儿童是否多半居于一个被动的地位，属于一种被支配塑造、

---

① 吴天任：《何翙高年谱》（台北：商务印书馆，1981），页4。

② 吕元亮：《赵客亭年谱记略》（台北：广文书局，1971），页18—19。

图 2-12

儿童与宗教　儿童何时接触并进入信仰世界，是当代儿童与发展心理学者感兴趣的问题。过去中国孩童随父母持香诵经，因亲人早逝而遁入空门。或祖母、母亲为儿病而四处磕头，祖父、父亲为求子而祈愿，都是普通的事。孩儿日常均知，也终生萦绕记忆。保定庙前母子，西藏的小喇嘛，只是相关的两个例子。

图 2-13

被统管左右的角色？因之，其实经验就说不上有任何真正"主体性"的象征和意义，还是其实不然？古今中外的儿童身躯虽稚弱，地位虽卑微，但是再稚弱卑微的人物，某种程度上总有属于自己的感受和立场，而不完全等同于外界环境与他人之掌握与支使。换言之，当我们愿意转换观察理解的镜头，再经过一番仔细的追查探索，也许会渐渐发现，对其生存的世界而言，婴幼儿童并不算是一个被动的受惠者与被支配者，他们一直在以另一种特殊的角度和立场，积极、主动而不歇止地参与着他们所属的社会，与周遭的人、事、物互动，形成

图 2-14 **剪纸** 剪纸不单是孩童爱做的事，镂刻出的故事人物、吉祥图案，也与许多童年中流传的歌谣故事、年节习俗密不可分。因之，民初这位剪纸老人身边好奇的孩儿总是环绕不去。

整个团体生活与文化生态，而共同以其生命推展并书写"历史"。

至于孩子心目中的大人又是个如何的影像，有哪些模样？训诲式文字固然期望父母明智理性，有才有德，足以担负教导孩童入正途的重任。可是理论家如司马光等也承认，世上的成人不但自己有犯错的时候，有时还会交给孩子一些不通、不好、不能办的指令（中国的道德教诲者不只承认有这些问题，还费心想教孩子遇到这类状况要怎么应付）。文献资料上所呈现的现实生活里的大人到底是怎样的人物呢？或者说，依孩子看来，自己的父母、师长的处境和作为如何？这中间形形色色，不一而足，颇可见到不少中国式的人生百态、社会眼光与文化书写。材料中说，有的孩子似乎颇能吸收、接受、认同大人的主张，觉得父母是一个可取的人（像黄宗羲[①]），他们所做的事，值得同情支持（几乎所有寡母身边的孤儿都说，小时候很为母亲的辛苦所感动，或为母亲抱屈），或者加入周围成人行列，一同奋斗（此述说传统中表示，过去中国有不少孩子颇能将全家福祉视为人生标的）。

---

① 徐定宝：《黄宗羲年谱》，页17—18。

但同此述说资料中也留有不少孩子，他们默默观想，觉得自己的家长也许不过是怯弱无能，平日盘算着如何以银钱买职位，求个舒服日子混（像汪康年的爸爸[①]）；遇到灾变，吓得弃妻子儿女于不顾，一人尽先开溜（像李鸿藻的爸爸[②]）；或者竟日沉溺于酒坛赌场，荡尽产业而不能自拔（像郑振铎的祖父[③]，或者薛光前的爸爸[④]）。中国的文化书写里，并不是每个人的爸爸妈妈都灵光能干，明理而有能，懂得如何管教养孩子。孟子不是说"人乐有贤父兄"吗？他是否也清楚，在真实的世界里，贤明有才的父兄长辈其实可遇而不可求！一般孩子周围的父母师长，不但常无能而无德，甚至可能凶残而可恶。清代名学者章学诚的童年就留下了一些值得玩味的信息。他从两三岁起，就有个舅舅常来抱着他四处闲逛。不过这个舅舅真正的嗜好是杯中之物，每天早上的例行公事是带着小外甥到附近铺子赊酒痛饮，他不只把骗来的黄汤咕噜咕噜灌进自己肚子，还不忘顺手弄几滴给身旁刚会走路的小外甥学诚尝尝。章学诚事后说，长大后一辈子为酒所困，就是这舅舅天天灌他酒喝开的端。几年后，到了上学年纪，学诚继续追忆，这学塾里请的一位先生，不学无术，而且性情残暴，每天免不了要没缘没故毒打小学生，塾里同学无一幸免。一位孙姓同学最为不幸，一次被老师以教鞭当头重击，立刻昏厥于地，血流如注。好些日子以后，孙同学的命虽捡回，出现在大家面前的时候，额头上却隆起个突出数寸的大包。[⑤]"受虐儿童"的名词还没有正式出现，但章氏事后述及这类事实，对成人，对师长，对当时学塾教育，代表如何的一种立场与表态？如果孩子周围的大人尽是一些酒徒、恶汉，他们能怎么办？

传记资料透露，不少孩子一向莫可奈何，自己承受委屈，说不定还得看着自己的父母被欺负、受委屈。心里不是没有不平，为家里厚待自己而薄待姐妹抗议（像杨仁山[⑥]）；或看书上道理，听了路边故事，看了戏台表演，立志要改造世界，消灭贪官（像包世臣[⑦]），学得医术救人，或者捐得财产济世。种种叙说方式，表达内容，这些孩子是不是在以他们的举动大声地唱着"只要我

① 汪康年：《汪穰卿先生传记》（台北：广文书局，1971），页6。
② 李宗侗：《李鸿藻先生年谱》（台北：商务印书馆，1966），页2。
③ 陈福康：《郑振铎年谱》（北京：书目文献出版社，1988），页3。
④ 薛光前：《困行忆往》，《传记文学》卷32，期5，页46。
⑤ 胡适：《章实斋先生年谱》（上海：商务印书馆，1933），页4—6。
⑥ 杨步伟：《我的祖父》，《传记文学》卷3，期3，页17。
⑦ 胡韫玉：《包慎伯先生年谱》（台北：广文书局，1971），页11—12。

长大"？还有些小孩，一边被爸爸责打，一边愤恨不已（像烧了爸爸药书的蔡廷锴遭爸爸狠打时，恨妈妈没来解救，还在旁边火上浇油，喊打得好，再打再打。气得蔡廷锴大哭大叫，饭也不吃①）。类似的情景，不免让人想起，以前那些日后表示深为父母责打管教感恩不已的长大成人后的"日后的儿童"（像刘宝楠②），他们所表达的，是自己幼时的感受，还是成人后加入道德反省、逢合社会标准的"事后心态"，甚至暧昧的"表面歌颂"？

有些孩子，妈妈问起将来长大了想怎么样，他摇着个四五岁的脑袋，脱口说："我将来呀，只要所有的人都爱我，我就乐意了。"（朱次琦的话③）这类有别于成人期望的幼时心志，跃见载记，代表如何的意义？到清代中叶以后，传记的量增而质显，不是人人都捏造得出来一套人生大目标，据载，梁济就总答不上母亲催促的长大后立德立功做大事之类的追问，惹得母亲伤心生气。④

不管自己过得如何，对周遭环境、家庭际遇有如何的感怀，重要的是，中国近世素材中的孩子一向不单有他们了解人事的角度，若干属于自己的看法，而且他们也不断支持、协助着周围的成人，共度人生的喜怒哀乐。除了前所略提孩子在日常生产和家事上的付出参与，心理情感上他们也分担大人的愁苦压力，是支持家庭存续的重要动力与动机。大人也常（或者情不自禁）把自己的辛酸向身边的幼儿倾诉。寡母对着孩子叨絮种种委屈痛苦，是大家熟悉的情景。父亲对着儿子说自己的失意落寞也不是没有的事（像汪辉祖的爸爸对他讲自己的困境和无奈⑤）。孩子代表一个家庭未来生命的延续，想到孩子，面对孩子说话，也是成人一种最重要的支撑、安慰和鼓励。儿童绝不只是一个个空等着人呵护、倚靠人照顾的弱者。在精神上和实质上，他们也是整个团体生活不可或缺的一员，他们的存在与参与，赋予集体生命意义，鼓舞着成人支撑奋斗下去。

不论是略窥儿童幼时的遭遇，还是与其周遭环境的互动，对人、事、物的感怀、反应，对父母成人的观感与行动，这层层历史性的追索与思考，涉及两个方法论和观念论的问题，值得一并厘清：一是历史性书写的问题；二是个人或群体性追忆活动和意义。两层问题不单是儿童史或童年史所独有，究过去人

---

① 蔡廷锴：《蔡廷锴自传》，页12。

② 刘文兴：《宝应刘楚桢先生年谱》（台北：广文书局，1971），页3—4。

③ 简朝亮：《朱九江先生年谱》（台北：广文书局，1971），页4。

④ 梁济：《桂林梁先生遗书》（北京：京华印书局，1925），页4。

⑤ 汪辉祖：《病榻梦痕录》，页67。

群之思想、政治、经济活动、社会生活者，背后均不能不省察材料之所自，及其层层"染色""捏造"的功夫。其实彻底想来，甚至也不是历史学一门的问题，所有人文学科的了解与解释，乃至有人说自然科学的各种活动及其表述，作为一种人类文化活动现象，有意无意地都来自某种立场，代表某些特定的意识。但是婴幼无知，文献上所载记有关他们的活动和反应，特别容易引起这一层书写记录所能"保留"或"传达"信息之机会与特质。加上，追索者绝大多数在说话时早已脱离童年阶段，所描所述或是第三者立场的观察载记，或是时过境迁对前尘往事的一番抚前思往的追思与回忆。如此的音讯，真足借之重建历史吗？或者说，在长期历史重建的工作中，应如何处置这番的"文化书写"与"追述回忆"？

首先，我们目前所看到的传记、年谱、家训、诗文等素材，相对于其所来自的人生世事，很容易就让人意识到，这是一些相当"有意"的史料，也就是说，这些材料当时之所以会产生，后世得以留存，都是与整个文化生产事业所代表的某种"立场""用意"有密切的关系。事后历史学者欲以之一窥过去，重建往日轨迹，不是完全无稽，却必须小心翼翼，随时提防，意觉过去主、客观环境在材料上所做之"手脚"，所构种种表面文章式的"陷阱"，抽丝剥茧，揣摩推测。所得的结果，也许终可隐约晓谕过去儿童部分实际经验，其实更展现了过去社

图 2-15　**手艺**　过去孩童在许多活动中与成人共处而同做。这里摄下二十世纪初，三代北方妇女一同在门阶前编制艺品的模样。

会、成人、文化塑造与文献制造者层层密密的"加工"过程。

至于"他述"与"追忆"的问题，在某种意义上与上述"文化营造"或"历史书写"的左右是一个性质类似而相关的问题。任何第三者对他人的观察，或者对自己的过去、幼时情景的追忆，中间都夹杂有多层有意无意的过滤与重建。当今的人类学、社会学、心理学，乃至新闻媒体，可以用问卷、访谈、录音录像，摄取幼童婴儿的言谈举止（其实也仍不免有文化雕塑和个人追忆的成分）。但是专对过去的婴儿幼童找出任何行动声音的痕迹，依赖的常是种种类类的追忆。这些自己与他人、个别与群体的追忆，能不能还原？要如何还原？确是个困难但吸引人的挑战。因为归根结底，历史、成人的历史，何尝不是形形色色的他述与追忆。而历史学在方法与观念上的训练，就在找出若干事后披沙拣金，甚至一叶知秋的本事。钻研儿童与童年史，不但让我们较平时更清楚地面对他人描绘与事后追忆的成分，设法用种种相互检证、交错锤炼、反复辩驳的方法，突破"文化建构""意识与追忆"在材料上的层层包围，终得拨云而见天，最少摸索到部分过去儿童生活之处境和经验。同时，也让我们对记忆与文化（个人或集体的）、过滤与重建等过去固有、眼前常见的人文现象，又增加一个鲜活显著的例证与思索追究的途径。

添上了孩子这个篇章以后的历史，会是个怎样不同的面目？也就是说，让我们再一起回到出发点，设法面对最初的问题：儿童为什么需要在历史上有一席之地？如果没有（或者有了以后），又会怎样？

回顾历史学本身的历史，大家一定都知道，所谓历史及史学原本囊括的人物、内容是少而偏颇的。不论中西，有极长的时间，历史资料里记录的几乎全是帝王将相、贵卿哲人等大人物的伟大事迹。不要说是孩子，寻常百姓、农工士卒、妇人女子的经验在历史上也很难考查，蒙历史学者眷顾或遭其舍弃的对象当然并非偶然。整个贵贵贱贱的传统，过去百多年来，改变了不少。现在再谈历史，已经不再只是朝代更替、高人高论之类上层的历史，也不再只讲男性对世界的规划征伐，不理会女子的思想生活。女子、"小人"之流是不是能跻进史学的领域？他们在历史上的踪影，绝不单是材料、方法的问题，而实涉及史学观念，及其背后社会文化价值之流转。

如果暂且搁下历史为什么至今无睹于"小人"（孩子）的问题，反从积极面考虑，目前的文化和学术价值中，有哪些因素会为认识孩子，补上童年的历史，会为知识库里增添信息？首先会发现，在有些学科（如社会学、人类学、儿童医学、教育学、人口学）的认定中，幼龄人口（小孩子）是任何一个时间、任何一个社会人群中重要的一部分（直至今日，未成年人口仍占现代人口的三分之一左右，在过去的人口结构中比例更大）。历史既在认识过去人群思想活动之变迁，理论上不该忽视其中幼龄人口之经验和生活状况。第二，从心理学上人格形成的角度来看，每一个个人的人生，像平地起高楼，总有一个基础，婴儿童年的时期就是这个基础。过去，妇女、奴仆、工匠地位卑微，史家以其经历无关宏旨微不足道。但，世上没有一个人生来就是一个成人或伟人，每一个成人，不管是功业彪炳，或者平庸凡常，他的人生都从孩提时候开始。现代的心理学家确证据凿地说，这婴童幼年时候的经验，决定了每个个人一生人格的形成和后来行为的根源，不弄清楚，以历史这样一个追究变迁的学问，如何能追究整个社会人群在时光的洪流中如何变化，每一个个体在人生历程上如何由生而存、由幼而长、由长而老，一步步地积累、改变？第三个值得提出来的因素，是近代历史（或者知识）受民主人道潮流之影响，渐有关怀弱者、不忽略地位卑微者的觉醒。就像社会资源分配，不当只由有权有势的强势者霸占，历史或人文学也不能单只统治者管辖者的叙述。应该想办法挣脱以"势利"的眼光描述社会发展、文化活动的框架。近来史学界所掀起的几次革命性的更新，开始钻研、寻找、讲述、撰写一般社会的风俗、农工贫民的生活、妇女家庭的经验，跟这个在知识上追求公平合理的理念都有关系。援同一个原则，孩子在小的时候，虽称不上有任何的金钱权力，也谈不上有自己的权威和影响，但在认知上就更不能忽略他们的存在，淹没了他们的声音。家庭史、人口史、教育思想史、社会生活史各有其发展的轨迹，但逐渐点滴成流，历史从各个不同的方向，不该继续缺少有关儿童部分的趋向。这个趋向，如前略及，与史学本身的演变及整个社会的潮流可能都有些牵扯，带些内在的关联。譬如晚进史学界逐重平民通俗文化、隐私生活、物质变迁，讨论起地域、种族、性别、阶级的问题，除了在反省历史本身的缺失之外，都与背后在价值观念上，一波波民主化的觉醒，一而再、再而三的人文关怀之扩散，很有关系。由公领域，堂皇但可能浮面或僵化的制度史、思想史，走向私领域，隐而难见、琐细微弱的社会现象人群经验的挖掘，其中固有化整为零之后更见微，由宏观粗略的历史渐及微观细小的历史的推展，更有力求加强多角度、多层次、曲折复杂面向之希冀。最近新文化史的作品，未尝不是知识界与集体意识上挣离自我中心、摆脱文化霸权的又一次搏斗与尝试。在此人文学及历史学不断追求平等与自由的过程中，年龄或许将与种族、阶级、性别一般成为一种弥补知识偏差，以了解代表相互尊重的开始。而儿童与童年的历史，在这方面与其他的历史性的挖掘与思索一般，不但有抚今而追古的理解，同时也可望生古今映照之下，由知古而更见今之警觉。[1]

　　大家都知道，从知识本身的进步和"学术升级"的角度，学问上一向的死角，反映的常有当时的偏见，也有学科能力上的不足。对历史学而言，没有工人、百姓，没有妇女、弱者的历史，确实代表了以往人们在观念上的偏差，其实也显示了当时学者求学方法上的一种粗糙的形式和表面功夫。[2]找出历史上的孩子，并尝试写一段从孩子的立场出发、属于孩子的历史，像打开许多史学上的新领域一样，所要求的包括历史观念上的反省，历史方法上的精致化、细密化和深刻化，连带使我们对认识历史、讨论历史的眼光和技巧，再得到一次更新、淬炼的机会。如果我们有一幅新的"百子图"，不只是象征吉祥式地描绘着成百的孩子在欢天喜地、无忧无虑地玩耍，而是包括社会贫富贵贱各个家庭里快乐和不快乐的孩子，东西南北各个区域、种族、性别的孩子，这个新的"百子图"的出现，也是一种历史学跟着政治进步、社会开放、科技升级一起，步上自我提升，交出一个日新又新的成绩单的时候。

---

[1] 可参见 Hsiung Ping-chen, "Conclusion", *A Tender Voyage, Children and Childhood in Late Imperial China* (Stanford : Stanford University Press, 2005)。

[2] Hsiung Ping-chen, "Introduction", *A Tender Voyage, Children and Childhood in Late Imperial China*.

图 2-16

图 2-17

百子欢歌　百子萦绕，嬉笑作乐，是近世中国社会
风俗画中吉祥讨好的主题。不论名为《长春百子》
的宋代画作，或称为《百子全图》的清代民间版画，
贯穿数百年的，是同一个文化主题。

图 3-1

第三章　环境的堆砌与塑造

近来，中国史家颇有以家族史为认识中国社会实际运作之重要环节，尤关心家族策略（family strategy）的问题，以各家族在不同境遇中如何谋存求福之道，为显示社会与特殊性质之关键。[①]家族对子女的教导方式[②]，为其求存求荣的策略中重要的一面，近世缙绅世家兴社学、义学、家塾，即在有计划地培育子弟之长成。[③]而此栽培之力，实多始于未入学塾之先。过去学者，对明清学塾教育已有若干探索，若能进一步揭开士人子弟学前所受家庭教育之内容与特质，除了可以让我们对此时期的幼儿童年、家庭生活之实况有更具体的认识，亦可显示近世家族抚育方式与外在大的政治文化的互动关系。

一个家庭如何教养其子女，似乎属于私人生活的范畴，而无涉任何政治活动。然而近世中国的士人家庭，均以其子弟之步入仕途为最高愿望，当时政府用人以科举取士为主要途径，故中上家庭自幼训练子弟，即在造就彼等未来顺利走上读书仕进之路，主要受此终极目标的影响，一套特别的幼教方针因之成形。若取明清训蒙、教子的材料，加上大量的个人传记和家族资料，此时期士人家庭在科举取士的特殊政治文化下所经营出来的幼教文化轮廓逐见。此等家庭对子弟的期望为何，其所发展的一套教养方式的特色即随而孕成，此种教导方式在性格行为上的要求，及家族外周围环境的辅助均值得深思。以此近世中国士族阶层特殊的幼教模式与其他社会的幼教类型相较，其长短及历史意义所在，不但呈现了近世家族文化及社会生活中鲜少人知的一个现象，而且足以点

[①] 参见 Patricia B.Ebrey & James L.Wastson（eds.），*Kinship Organization in Late Imperial China*，*1000—1940*（Berkeley：University of Calofornia Press，1986），esp.chapter 1，5，6，8。

[②] 下文将集中探究近世中国家族对男性儿童的幼教方式，但中国幼教文化中的性别问题是一个关键，关于中国家族及社会中对女性儿童之教养，及近世幼儿童年的性别差异，请参见 Hsiung Ping-chen，"Girlhood in Late Imperial China：The Notion and Some Facts"，收于作者英文专著，*A Tender Voyage：Children and Childhood in Late Imperial China*（Stanford：Stanford University Press，2005）。

[③] Angela K.C.Leung，"Elementary Education in the Lower Yangtze Region in the 17th and 18th Centuries"，a paper prepaned for the conference on *Education and Society in Late Imperial China*，Montecito，CA，June，1989.

醒大家，幼教模式与童年经验，就像历史上许多其他的规范性现象——如阶级、身份、性别、种族认同等——本身常是一个特殊时间与空间交错下的产物，近世士人家族对子弟的教养，其题旨形态之特殊，其实正直接表明了所有幼儿经验、童年内容并无永恒不变的客观基础，而多半都是文化与社会、个人与集体人群之经营与堆砌。

一、传统的幼教理想

传统中国以儒家为社会规范之主导，一向极重教育，上层社会讲求对子女教育应始于幼年。早在《礼记·曲礼·内则》中，已有一番对幼儿教导方式的构想：

> 子能食食，教以右手。能言，男唯女俞，男鞶革，女鞶丝。六年，教之数与方名。七年，男女不同席，不共食。八年，出入门户及即席饮食，必后长者，始教之让。九年，教之数日。十年，出就外傅，居宿于外，学书计……[1]

文中所示教子理想，确指对儿童的教导应始于幼年，甚至早在孩童能吃能言的婴儿时期，就应教他一些左右男女之类的基本概念。六岁在家受教到十岁出外求学前，是最重要的准备教育时期，这种家庭教育的内容以敬老礼让等行为规范和数字、方位、日历等生活常识为主。正式读书就学，则在十岁以后。

上古典范之外，宋儒高倡修养与教育价值，幼教主张大抵仍沿《礼记》的方向，但发挥更为详尽，也强调一些新的重点。司马光《居家杂仪》是此后常为援引的近世幼教模式，他说：

> 子能食，饲之，教以右手。子能言，教之自名及唱喏，万福安置。稍有知，则教之以恭敬长者，有不识尊卑长幼者，则严诃禁之。六岁，教之数与方名，男子始学书字，女子始学女工之初者。七岁，男女不同席，不共食，始颂《孝经》《论语》，虽女子亦宜颂之。自七岁以下，谓之孺子，早寝晏起，食无时。八岁，出入门户及即席饮食必后长者，

---

[1]《曲礼·内则》，《礼记》，见《古今图书集成》，家范典，教子部，卷39，页9a—9b。

始教以迁让，男子颂《尚书》，女子不出中门。九岁，男子颂《春秋》及诸史，始使为之讲解，使晓义理。女子亦为之讲解《论语》《孝经》及《列女传》《女戒》之类，略晓大义。十岁，男子出就外傅，居宿于外，读《诗》《礼》，傅为之讲解，使知仁义礼智信。[1]

此处他仍然主张幼教应及早开始，并谓六七岁以后，男孩女孩都可识字读书，只是儿童幼年时的教育，继续注重规矩和行为的训练，应对请安、恭敬长者、谦让之礼，仍为幼教重心，实际知识的启蒙则自名、数字、方位等日常常识开始。

理学程朱一派，影响中国社会及教育方向深远，其对幼教一向主张趁早严教也成了近世育儿及蒙学文化中重要的基石。朱子的《小学》，后代常奉为圭臬，其中即引程子之言，强调对儿童的教育工作应及早开始，因：

> 大学之法，以豫为先。盖人之幼也，智愚未有所主，则当以格言至论，日陈于前，盈耳充腹，久自安习，若固有之。日复一日，虽有谗说摇惑，不能入也。若为之不豫，及乎稍长，意虑偏好生于内，众口辩言铄于外，欲其纯全不可得已……勿谓小儿无记性，所历事皆不能忘，故善养子者，当其婴孩鞠之，使得所养，全其和气，乃至长而性美。[2]

朱子看重幼教的机会，呼吁家长自幼鞠育子女，应把握幼儿智愚未定而记性甚强、易于塑造的特质，及早成模打造定型，免得日后受外界谗言摇惑的影响。他如此构想，也是因为此类幼教设计的重点，锁定儿童的人格培养及道德规范为主，因谓格言至论，日陈于前，久而久之，习成自然，会有"长而性美"的结果。

程朱重幼儿人格行为之培育，并不信任自由发展，认为每个个人都需要明确的指示，坦言"人多以子弟轻俊为可喜，不知其可忧也"，譬如具轻俊之质者，必须以近本而不以文辞之末习教之，"所以矫其偏质，而复其德性也"[3]，必要时主张以严格的方法惩戒之，且不惜动用体罚，以对幼儿：

---

[1] 司马光：《教男女》，《居家杂仪》，见《古今图书集成》，卷39，页11b。
[2] 朱子：《小学》，见胡广：《性理大全》，卷43，页686。
[3] 同上注。

教之，示以好恶，有常。如养犬者，不欲其升堂，则时其升堂而扑之，若既扑其升堂，又复食之于堂，则使孰从，虽日挞而求其不升，不可得也。养异类且尔，况人乎。[①]

这种幼教理念认为只有父母师长、社会中的成人毫不宠溺，长期而一致地严惩规范下，方能训练出规矩可期的幼儿。

然如前及，宋儒早始和严教的幼教方针，究其重点，仍以人格教育和道德培养为主，识字读书等智识教育在当时其实是次要而后续性工作，并非幼教的起点或终极目的。朱子在《小学》中说："古者初年入小学，只是教之以事，如礼乐射御书数及孝弟忠信之事。"目的在"养得小儿子诚敬善端发见了"。这种道德教育以日常生活秩序及行为规矩的训练为主，以平日洒扫应对之类及"起居坐立，务要端庄，不可倾倚，恐至昏怠。出入步趋，务要凝重，不可懔轻，以害德性。以谦逊自牧，以和敬待人，凡事切须谨饬，无故不须出入"等为内容，目的在养成幼儿恭谨不轻忽的态度和自处及待人之道，认为"读书乃余事"。[②]即如《论语》所说"行有余力，乃以学文"，智识上的成长，学问上的发展，可以待儿童年龄稍长，"小学"以后下一阶段的"大学"再加强求。

此一以生活教育和道德训练为先、识字读书活动居次的幼教理想，在朱子《童蒙须知》中表现得最为清楚。宋代以后《童蒙须知》成为流传极广的幼教手册，虽然内容简要，总共只有五个部分，"始于衣服冠履，次及言语步趋，次及洒扫涓洁，次及读书写文字及有杂细事宜，皆所当知"[③]，但对幼儿的教导，从最基本衣着的整齐清洁，言语应对的轻重合宜，行走的端正规矩，到协助家事，打扫整理，都训练停当以后，才谈到识字读书。这套幼教的程序，基本信念建筑在认定借着行为规矩的要求可以培养人格及人性中的天理，即所谓"而收放心，养德性，为教童子之急务"，如果根基不植，并无从开始读书诵经。[④]

二、明清士人家庭对子弟的期望

宋儒幼教的理想，在明清政府确立以科举取士为任用人才之途径之后，出

---

① 朱子：《小学》，见胡广：《性理大全》，卷43，页686。
② 同上注，页687—688。
③ 朱熹：《童蒙须知》，见《古今图书集成》，册324，卷39，页12。
④ 参见万斛泉：《童蒙须知韵语》（咸丰壬子作，光绪，广仁堂刊）之序文。

现了新的转变，当读书仕进成为决定家族向上流动之契机，一个家族的兴衰胜败、家道维系、产业经营之外，端视其能否产生能读书中举入宦的子弟。[①]这层层的关系，使得明清的士族重新调整了幼教的目标和内容，发展出一套特别的幼教程序和方法。对子弟的一番特定期望，成为推动这个幼教文化演变的历史关键。

从近世士人所留下的大量自传和传记材料，及描述士人生活的文学作品中看来，明清士人家庭所期于子弟者，既不是个人兴趣之追寻，一己长才之发挥，通常也不及增进社会国家群体福利等大目标，而在兴旺家族这类具体或中等层面的成功。对家族中聪敏慧黠的子弟而言，其人生正在经由读书仕进，提升家族地位，创造家族之繁荣。所以我们常看到，一方面士族长辈在赞赏一位聪颖可人的子弟时，总以彼等未来能光耀宗族立言，另一方面家长对幼儿读书常寄以无穷之希望。清代的考据学者阎若璩（1636—1704）初生时，父亲就非常疼爱他，"常抱置膝上，摩顶熟视"。阎父抚抱疼爱之际，所表示的期许是"汝貌甚文，其为一代文人，以光吾宗乎"[②]。文质彬彬的子弟引起的是父执光宗耀祖的希望。汪辉祖（1730—1807）五岁以后开始就外傅，祖父见他"能解字义，可读书"，似乎是一个有前途的孩子，决意弃其旧时小名"垃圾"，命以"辉祖"新名。[③]一个能识字读书因之有希望的男孩，所能达成杰出的任务就是为祖先争辉。郑兼才（1758—1822）的祖父一向持家甚严，其伯父督促家中子弟不可废学，辄以勿坠家声为训。[④]家族的声业及发展，才是为子弟者人生努力的目标。道光时中进士、后授编修数任地方大吏的赵光（1797—1865），其祖父于临终时，曾将年仅六岁的他呼至膝前，抚顶而顾其母曰："此子器宇端凝，性聪敏，汝夫妇抚之，令其用心读书，以继吾志，倘得科名，振起家声，吾无憾矣。"[⑤]父祖冀于杰出子弟的，是经读书登科的途径，终达振兴家族之功。日后成进士、长戎幕而通盐政的晏安澜（1851—1919），年四岁时，开始每天"课识数字"，父母奇爱之，嘉许他："非凡童也，异日当亢吾宗。"[⑥]家长所期于禀赋优异的儿童，在

①　Ho Ping-Ti, *The Ladder of Success in Imperial China : Aspects of Social Mobility，1368—1911*（New York : Columbia University Press，1962）；Chang，Chung-Li，*The Chinese Gentry : Studies on Their Role in Nineteenth Century Chinese Society*（Bloomington : University of Washington Press，1955）.

②　张穆：《阎潜邱先生年谱》（台北：广文书局，1971），页16。

③　汪辉祖：《病榻梦痕录》，页5—6。

④　郑喜夫：《清郑六亭先生兼才年谱》（台北：商务印书馆，1982），页19—20。

⑤　赵光：《赵文恪公自订年谱》（台北：广文书局，1971），页31—32。

⑥　金兆丰：《晏海澄先生年谱》（台北：广文书局，1971），页75。

图 3-5

图 3-6   图 3-7

科举及第　明清登科举士制度下，读书中举不只是士人家庭对子弟之殷望，连商工农家亦莫不企盼子孙有高中之福。清代民间版画年画（山东潍县的《状元及第》《连中三元》，扬州的《五子夺魁》，及天津杨柳青的《吉庆有余》），随俗地表现了这种寄望子弟及第、带给家族吉庆的心愿。

图 3-8　**代代相传**　年节仪典中，儿童跪立父母面前，代表行礼，也代表聆训，更代表世代子孙面对祖宗，其生命在文化与形体上一系相承，绵延传递之意义。中国童年的社会方面意涵，许多是搭建在此祖宗崇拜、家族生命和传递香火的框架之上。

其可带来提升家族地位与福祉的机运。所以父母培育一个有希望的孩子，不在为孩子本人的发展，也不只于完成父母的心愿，最重要的意义还在对其祖先家族尽其福泽绵延之责。清季中兴名臣胡林翼（1812—1861）出身湖南仕宦世家，方襁褓时，父将入京，抱林翼以谒先祠，并告其祖父曰："是儿状貌，类颖慧者，他日赖先泽，或能自立，然豫教之道，某某无敢废。"[①]为人父母者，是为了全家族的前途和利益，而用心栽培一位可能成才的子弟。

　　士人栽培子弟的目标，在望彼等异日登科入仕，使家道繁衍。清季曾为刘铭传和张之洞幕友的陈衍（1856—1937），就因父祖"积学未仕"，其父于五十得子，寄望乃深，名之曰"衍"[②]，期其后日有成，入仕以衍家声。士子兴盛家族，既须经登科入仕之途，登科入仕又端视通经为文的本事而定，子弟读书不但成了他个人一生成败之启端，更是全家未来希望所寄。当时家长常利用各种机会加强子弟立志读书求功名的责任感。汪辉祖幼年时，一日邻生赴岁试得劣等而返，辉祖随人笑之，祖父十分生气，"怒扑"而斥责他："汝尚无等，安可轻薄笑人。"还说："吾望汝他日做秀才，着蓝衫拜吾墓下耳。"此等的斥责教训，久

①　梅英杰：《胡文忠公年谱》（台北：广文书局，1971），页11—12。
②　陈声暨：《侯官陈石遗年谱》（台北：广文书局，1971），页10—11。

之，易使读书求功名的人生目标深植童心，不久汪辉祖的父亲问他："读书何所求？"辉祖即对曰："求做官。"而他父亲遇到人生挫折时，总不忘勉励儿子读书上进，谈起谋生不易，父子对泣之余，父亲随即"强为辉祖收泪，杂举经书，令辉祖背诵"。汪辉祖十一岁那年，父亲过世，母亲继续用同样的态度督责他，常泣而训："儿不学，必无以为人，汝父无后，吾二人生不如死。"[①]总要儿子切记努力读书，求得功名。

父母、家人一切的辛苦，都是为了孩子能因读书中举而出人头地。"鸦片战争"时名闻中外的钦差大臣林则徐（1785—1850），父亲因眼疾失意科场而终身授徒乡里，则徐幼时随父赴塾求学，每夕归，仍继续读书，见其母于傍做女红至深夜不寝，尝请代执劳苦，有时或与母亲推让饮食，母辄正色告曰："男儿务为远者大者，岂以琐琐为孝耶？读书显扬，始不负吾苦心矣。"[②]母亲和父亲一样，都要男孩锁定读书求功名为人生唯一目标，及对家长辛苦最好的报偿。五十岁方成进士的刘宝楠（1791—1855），五岁丧父，家门中衰，靠母亲含辛茹苦抚育课读，后来以诗记其情，谓："儿行以母手，儿药以母口，儿健母身伤，筋力儿身受。"又"五岁授儿诗，七岁授儿礼，挞儿痛母心，暗室常挥泪"。而支持母亲如此艰苦教养孤儿最大的动力，据她自称，仍在儿子一旦读书有成所代表的转机。宝楠的母亲自称："吾日旰不得食，不以为饥，岁暮不得衣，不以为寒，汝曹勤读书，我虽苦不怨。"[③]对于寡母孤儿及贫苦的士人家庭，子弟向学是拯全家出困境的唯一希望，家人甘于共付辛劳代价，认为子弟有机会求学，可能是最明智而有利的一种投资。

家长当然也不断提醒孩童，勿忘自己得以识字读书，实代表全家未来前程的集体成败。罗泽南（1808—1856）幼时家境不佳，但祖父注意到他似乎天资不错，常携谒授徒之从父，并称从父诲之字即不忘，看到楹联难识者则"私自仰览，若有省悟者"，表现出好学的倾向。祖父、外祖父都劝他父亲，"虽贫应资之读"。后来他果然开始读书，但家境并未改善，祖父常典当衣袍易米供馆，全家有时"不能供饘粥"，但是祖父一听到泽南读书，"则捻须自喜，饥寒俱忘"[④]。因为家中只要有一个男孩能读书登科，全体前途都有希望。有的家庭即使

---

① 汪辉祖：《病榻梦痕录》，页7—11。

② 魏应麒：《林文忠公年谱》（台北：广文书局，1971），页1—4。

③ 刘文兴：《宝应刘楚桢先生年谱》，页5—6。

④ 郭嵩焘：《罗忠节公年谱》（台北：广文书局，1971），页4—6。

称不上贫困，家长每以出身寒素勉儿力学。张之洞（1837—1909）生于仕宦之家，幼时父任贵州兴义知府，地较偏僻，父亲即常借机勉以："贫吾家风，汝等当力学。"①士人家庭，不论境遇顺逆，总想尽办法，用尽心机，勉子向学。

在此前提下，家长自然特别关心子弟智力方面的表现，亟望一个孩童自幼心智机伶、早慧好学，因为一个愈早显示聪慧好学征象的男孩，未来愈有可能步上读书入仕之路。理学家孙奇逢（1584—1675）的传记上说他幼时"能言甚迟"，但"甫言即手指门楔字，能识之"。②朴学大师王鸣盛（1722—1797）幼时随祖父出仕在外，有"奇慧"之誉，"四五岁，日识数百字"，当时地方县令"以神童目之"。③一位男孩能早认字，识字神速，都是他天资聪慧、前途可期的代表。雅好地理的徐弘祖（1587—1641）据说幼时学习能力很强，"矢口即成诵，搦管即成章"④。幼童好读能诵，最受家人称许，或者至少是大众企图追逐的梦想，事后编织的美谈。龚鼎孳（1616—1673），"幼奇颖，书一寓目则不忘，总角能文"，六岁以后随祖父攻读经书，不午夜不就寝。⑤自小记性好，勤读书，自然成了士人家庭眼中优秀的子弟。吕留良（1629—1683）是个遗腹子，母亲健康又差，靠长嫂抚育，但他号称"生而神异，颖悟绝人，读书三遍辄不忘"⑥。段玉裁（1735—1815）也是"幼时颖异，有兼人之资，读书日尽数千言"⑦。除了这些个例之外，明清士人夸其子弟自幼"早慧"的，不胜枚举。这类的褒赞之辞，当然不乏夸张溢美之词，久而久之，也容易流为一种固定僵化的形式，未见句句为实。重要的是，类此描述幼儿的用语反映出当时士人家庭对子弟期许的焦点所在，而在这种特殊的价值体系与社会生态下，一个男孩自小任何心智活动，不但值得关心重视，引起注意嘉许，一个幼龄即能识字、喜好智力活动的子弟，也成为唯一衡量未来前景之兆。不论子弟是否生而聪慧，这种普遍存在于士族长辈间的态度，本身是一股强大的社会力量，推动着这一个阶层子弟日后发展之方向，也在其他社群之间营造鼓动着一种特别的幼教模式和童年经验。

---

① 胡钧：《张文襄公年谱》（台北：广文书局，1971），页11—12。

② 汤斌：《孙夏峰先生年谱》（台北：广文书局，1971），页7。

③ 钱大昕：《西沚先生墓志铭》，《潜研堂文集》，卷48，见《四部丛刊初编》301—303（上海：上海书店，1989），页5—7。

④ 丁文江：《徐霞客先生年谱》（台北：商务印书馆，1978），页6。

⑤ 董迁：《龚芝麓年谱》（台北：广文书局，1971），页2。

⑥ 行略云："先君生而神异，颖悟绝人，读书三遍辄不忘。八岁善属文，造语奇伟，迥出天表。"包赉：《吕留良年谱》（台北：广文书局，1971），页9。

⑦ 刘盼遂：《段玉裁先生年谱》，见《中国近三百年学术史》（台北：崇文出版社，1971），页3—4。

三、智育为主的幼教潮流

实际上，不管传记资料中如何称许不少士人子弟之天赋聪颖、天生好学，要稚龄儿童个个好学深思，绝不是一个自然而然的现象，而是亲长加意栽培都不一定成功的结果。明清的社会中，士人家庭以智育为主的幼教方式因之特别值得了解析述。其间常浮现的几个特征，像"早学""幼蒙"和"自课"的传统，可能显露出若干特殊的现象，这些信息，更代表一个时代在幼教与整体文化互动间所形成的一股符号与象征意涵上的洪流。

（一）早学

近世中上家庭对子弟教育一向相当重视，而且偏向以智育为重点，众所皆知。当男童达适学年龄时，即按部就班，先教以识字，再开始读经，最后练习作文，遂成习惯自然。当时一般的标准，是七八岁开始教子弟识字，识得两千字左右，乃可读书，所以一两年后，当其"八九岁，神智渐开，教之四声韵首，开始属对，讲典故"，其中"才高者"乃开始诵读经书，而到了十六到二十岁前后，视其进度逐渐学文。①但是士人家庭之尤重子弟前途者，对其学识教育之肇端，总有迫不及待之感，认为捷足者卒能早登，莫不希望子弟之学业趁早开始，愈来愈有师长等不及孩童长到八九岁，神智自然开启，想把孩子赶先几步，送上读书诵经之途。这个与年龄时序争先恐后的"竞争型"育儿与幼蒙趋势，宋元而明清，随着科举之确立，与市场经济之活络化而愈演愈烈，在资料上几乎反映出一个与时并进的形态。十五世纪以后，每过五十、一百年，中国士子启蒙就学的年龄就要提前一两年。到了明清，士人子弟中，六岁已开始正式教育的颇不少见，甚至有在四五岁之稚龄就被安排入塾从师就学者。举其要者，如邢孟贞（1590—1653），就是六岁已入乡塾的孩童。②明末大臣倪元璐（1593—1644）③、复社学者张溥（1602—1641）④、金铉（1610—1644）⑤、张煌言（1620—

---

① 参见王筠：《教童子法》，见《四书说略》（清咸丰元年刊本），页1。
② 汤之孙：《明末邢石臼先生孟贞年谱》（台北：商务印书馆，1978），页11。
③ 倪会鼎：《倪文正公年谱》（台北：广文书局，1971），页2。
④ 蒋逸雪：《张溥年谱》（上海：商务印书馆，1946），页4。
⑤ 金镜：《金忠洁年谱》（台北：广文书局，1971），页2。

1664）①，据载均在六岁即入塾从外傅学。清进士方士淦（1787—1849）②、太平之役帮办军务的骆秉章（1793—1867）③、清季拓展军事的刘长佑（1818—1887）④、出身广东富家的吴子光（1819—1883）⑤和韩国钧（1857—1942）⑥，也都是六岁就入塾从师读书的子弟。至于明代理学家黄道周（1585—1646），据言是五岁入小学就读的。⑦和他一样，黄叔琳（1672—1756）也在五岁入塾。⑧清初进士李兆洛（1769—1841），五岁即与兄同就塾师学四子书。⑨曾为曾国藩荐举被用的王庆云（1798—1862），虽为商人子弟，仍早在五岁从塾师学。⑩而朱次琦（1807—1881）⑪、曾国荃（1824—1890）⑫、岑毓英（1829—1889）⑬、唐炯（1829—1909）⑭、张之洞⑮和清季以主戎幕和盐政著名的晏安澜（1851—1919）⑯都同有五岁入塾受学的记录。至于清初硕儒王船山（1619—1692）则是早在四岁即入塾的例子。⑰乾隆末年中进士的蒋攸铦（1766—1830）⑱、劳乃宣（1843—1921）⑲，也都是以四岁稚龄即入塾受读的幼童。类似的记载看似零散，却非偶然，背后家族与制度方面的推动力，与记录营造者一般，是不可忽视的事实。

这些学习进度超前，在六岁甚至四岁、五岁就提早上学的儿童，在当时士人家庭特别重视智育，殷切期望子弟好学而早学的情况下，咸被认为表现杰出、代表未来前途无量的一群特异儿童，常得长辈和老师的宠爱赞许。邢孟贞六岁

---

① 赵之谦：《张忠烈公年谱》（台北：广文书局，1971），页7。
② 方士淦：《啖蔗轩自订年谱》（台北：广文书局，1971），页5。
③ 骆秉章：《骆公年谱》（台北：广文书局，1971），页3。
④ 邓辅纶、王政慈：《清刘武慎公长佑年谱》（台北：商务印书馆，1980），页4。
⑤ 陈炎正，《吴子光先生年谱》，见《台湾风物》（台北：台湾风物杂志社，1979），卷29，期2，页15。
⑥ 韩国钧：《止叟年谱》（台北：广文书局，1971），页2。
⑦ 叶英：《黄道周传》，见《台南文化》（台南：台南市文献委员会，1958），卷6，期1，页29。
⑧ 顾镇：《黄昆圃先生年谱》，页1。
⑨ 蒋彤：《李申耆年谱》（台北：广文书局，1971），页10。
⑩ 王传璨：《王文勤公年谱》（台北：广文书局，1971），页6。
⑪ 简朝亮：《朱九江先生年谱》，页3。
⑫ 王定安：《清曾忠襄公国荃年谱》（台北：商务印书馆，1978），页3。
⑬ 赵藩：《岑襄勤公年谱》（台北：广文书局，1971），页8。
⑭ 唐炯：《成山老人自撰年谱》（台北：广文书局，1971），页12。
⑮ 胡钧：《张文襄公年谱》，页11。
⑯ 金兆丰：《晏海澄先生年谱》，页75。
⑰ 张西堂：《王船山先生年表》，见《湖南文献》第六、七期合刊（台北：湖南文献季刊社，1972），页193。
⑱ 蒋攸铦：《绳枻斋年谱》（台北：广文书局，1971），页3—4。
⑲ 劳乃宣：《韧叟自订年谱》（台北：广文书局，1971），页8。

入乡塾，因为"颖敏异人"，其"从祖爱之较过诸孙"。[①]金铉六岁就外傅，"一目数行下，师大奇之"[②]。李兆洛五岁就与兄同就塾师，学四子书，其外祖父为当时制义名师，爱其英敏，"常令寝其趾，晨昏与讲论焉"[③]。这些孩童幼年入学表现聪慧的传述，已不算是过誉标榜、衍为神话的问题，而是当时士人家庭重学业的背景鼓动之下，提早出学就傅，令家长欣慰无比，对子弟未来学业仕进上的超前的憧憬，把许多附带的状况变成了实情。

明清的传记性资料，常载称这些早学的儿童，进度一路领先，早早读毕"四书""五经"，目的在暗示提早入学者其成果确实优于一般儿童。张溥六岁入塾，及七岁，遂能"日诵数千言"[④]。刘长佑六岁起从同里之师就读，不久"四书"及《诗经》皆能成诵。[⑤]岑毓英五岁即入家塾，从师授业，自始表现颖慧，能举字义，遇因事问难，亦能妙契理解，师甚称异之，如此步步顺利，一路超前同龄学童，到九岁时，已毕"五经"，且开始试为时文试律。[⑥]因而，尽管清代的幼教书籍不断提醒家长，对子弟之学业，不必操之过切，幼龄时即急于要他诵经写字，以免揠苗助长，而完全忽视了幼童应当从学习中得到一些乐趣，而且也需要在心智上能理解所读的课文[⑦]，但是整体而言，有能力的士人长辈喜欢推着孩子提前就学上道，仍是难阻之大势。

当然，士人家庭决定让子弟提前上学，是一种特别的礼遇，也代表对他的一番期许，认为他天资过人，值得栽培。传记材料中遂常见到对这些天生好学解悟的禀赋儿童，本来适于趁早读书诵经的说辞。六岁入塾的张煌言，据称"书上口即成诵"[⑧]。五岁即从塾师的王庆云，则本来就好学而不嗜玩乐，从小"立志宏大，食物玩爱，同辈欲之，即推与无争"[⑨]，是个性不同于凡常的儿童。五岁入塾从师受读的张之洞，开始就对学习表示了强烈的好奇心，喜欢"详询字义，必索解乃止"[⑩]。五岁就自己出就外傅的晏安澜，四岁就开始每天课识数字，而且

---

① 汤之孙：《明末邢石臼先生孟贞年谱》，页11。

② 金镜：《金忠洁年谱》，页2。

③ 蒋彤：《李申耆年谱》，页10。

④ 蒋逸雪：《张溥年谱》，页4—5。

⑤ 邓辅纶、王政慈：《清刘武慎公长佑年谱》，页4。

⑥ 赵藩：《岑襄勤公年谱》，页10。

⑦ 参见王筠：《教童子法》，卷1，页6。

⑧ 赵之谦：《张忠烈公年谱》，页7。

⑨ 王传璨：《王文勤公年谱》，页6—7。

⑩ 胡钧：《张文襄公年谱》，页11。

入学后"初授读，便能琅琅然上口"，使"师甚叹异"。①这些夸赞之词，其中免不了夸大，或仅复述一些固定化了的现成称许性语令，重点在强调这些男孩自幼步上识字读书之途，乃天生倾向如此，是自然的抉择或发展，不是外力勉强的结果。

事实上，每一个年幼就学的儿童，其学习的途径、入学的安排，绝不是偶然的事件，当然不只是自然的发展，而是家长处心积虑、苦心经营的成果。因为这些幼儿中有些人智能诚然属佳，但身体健康极差，并不适合承受过重的学业活动，家长却仍做了早读的安排。像张煌言，小时健康不佳，传记资料上说他"幼善病，病则濒死"，在这样严重的情况下，父辈仍早在六岁就把他送入了学塾，丝毫不愿因健康而荒忽了学业。②李兆洛，依照家长的意思，在五岁之稚龄就与兄同就塾师学四子书，但他健康情形不稳，尝病不能受业，不过，这并没有改变家人对他学业早进的殷切期望，祖父等仍以他读书之进境为荣，他在病中也只好继续听兄长读《礼记》，而暗自背诵。③

此外，稚龄孩子即使面临固定上学的安排，在许多方面并不能完全自立，常需大人特别的协助。蒋攸铦是母亲祈祷而生的儿子，自幼即得父祖之爱。他以四岁幼龄开始就塾时，连独自步行往返学校都有问题，每天须由外祖母"亲携至书院前"上学，傍晚再由塾师将之送回，往返之间，一接一送，日以为常。④其他的父母则对孩子生活上加倍照顾，来配合幼龄就学加诸儿童身上的艰辛。朱次琦五岁即入塾从其叔父受书，每当夜寒风雨，次琦自塾返家，母亲一定篝火温衣，并偕其入寝。⑤无论是付予额外周到的照拂，日常特别的协助，乃至坚持病弱中依旧依期上学，这些例证，在在说明了近世士人家庭对子弟学业之非常重视，及其对能提早入学一事期望之殷切，此一对子弟早学的殷切期望，是造成许多儿童幼龄即日日执卷诵读的现象背后最直接的推动力。

（二）幼蒙

因为家长重视子弟学习，希望及早起步，及早出人头地，所以明清士人家庭多喜在男孩未正式拜师入塾以前，先在家里教他一些简单的如识字、韵文诗

---

① 金兆丰：《晏海澄先生年谱》，页75。
② 赵之谦：《张忠烈公年谱》，页7。
③ 蒋彤：《李申耆年谱》，页10—11。
④ 蒋攸铦：《绳枇斋年谱》，页3—4。
⑤ 简朝亮：《朱九江先生年谱》，页3。

句或属对之类。在当时，这可算是一种子弟入学前的准备教育，目的在早启民智，好使未来孩子真正上学以后一帆风顺，进步神速。这种非正式的启蒙工作，有心的家长开始得极早。倪元璐生仅数月，其祖父就教他"尔耳在此，尔目在此"等，过一阵子，再回来诘问元璐，见他能"举手自指其耳"，喜谓此儿"夙慧天授"，胜过传言中幼时能识之无二字的白居易。祖父也喜趁元璐围炉剪发的时候，教他作对子。五岁以后，元璐的母亲继续置他于膝间，口授毛诗，所以他在未入塾之先，诗已成诵。①翁叔元（1633—1701）幼时也是一个得父亲宠爱的孩子，平日父亲"时时抱置膝上，以舌舐面为笑乐"，四岁左右，就把他抱在怀中，"日指识一二十字"，叔元亦能"过目不忘"。②朱次琦周岁甫学语，母亲就把他抱在膝上，"授以唐人绝句，代小儿歌谣"③。这些幸或不幸的士家子弟，自学语学步开始，家中长辈父母就用尽心思，从辨物识字开始，利用平日生活中亲近相处的机会，教予他们一些有智识意义、启发心智的东西，在父母长辈点滴功夫之下，才会产生类似王念孙（1744—1832）的情形，所谓"襁褓之中，已识二十余字"④。

这些早期家中启智或启蒙的功夫，最终目的均在为幼儿的学前教育打下扎实的基础，作为日后就学之准备。如梁章钜（1775—1849）四岁就有堂兄为之发蒙，同时又有母亲、父亲在旁教导，如此三四年后，章钜七八岁时，父亲出外授徒，他才正式入塾随读，此时他的程度，当然要超过一般刚起步的孩童。⑤程庭鹭（1796—1858）五岁时就得从伯父之教，开始识字，到三年后他八岁时才请姨丈正式课读。⑥

各个家庭对幼蒙所采取的方法不一而足，但因儿童年纪尚小，而且目的在激发其对学习进步的兴趣，故不少家长尽量设法采温和诱导的方式进行。李塨（1659—1733）清初诞生于河北一富裕的耕读之家，四岁时，父亲就常"抱提，口授《孝经》、'古诗'，及《内则》《少仪》"，祖父且"弯小弓引之射"。⑦父亲抱着幼儿，口授易读的经书诗文，祖父特以小弓教之射，都在培育子弟自幼渐

① 倪会鼎：《倪文正公年谱》，页2。
② 翁叔元：《翁铁庵年谱》（台北：广文书局，1971），页2—3。
③ 简朝亮：《朱九江先生年谱》，页3。
④ 刘盼遂：《王氏（念孙、引之）父子年谱》，见《中国近三百年学术史》，页41。
⑤ 梁章钜：《退庵自订年谱》（台北：广文书局，1971），页4。
⑥ 程庭鹭：《梦盦居士自编年谱》（台北：广文书局，1971），页2。
⑦ 冯辰：《李恕谷先生年谱》（台北：广文书局，1971），页3。

备一位少年儒者所需的学养和才艺。而亲长的态度循循善诱，对学前的儿童并不用严厉的态度或惩罚的方法强求之。有些家长甚且用一些孩童平日所喜欢的食物来诱引他做智力活动。夏敬渠（1705—1787）四岁时，常坐在父亲膝上玩弄父亲的胡须，父亲却利用盘中青豆，戏而诱之识字。疼爱孩子又欲诱之向学的夏父，借着敬渠爱吃青豆的心理，摆上一盘数百粒的豆子，拿出箱中的书籍，邀儿吃一粒识一字，须臾盘空，大人也在笑乐中达到了带孩子识字的目的。①牛运震（1706—1758）据说自幼心智发育并不出色，"孩提不喜弄，语言塞滞，以为不慧也"。待其稍长，家人教以句读，渐能上口，且不忘，这中间的进步，与疼爱他的祖父的特殊奖赏很有关系。原来钟爱他的祖父每天晚上夜饮，总要稚龄的运震侍立，习间反复讲论经书，一遇到运震表示略能解悟的地方，祖父立即大声疾呼，或手舞足蹈，祖父一边乐不可支，一边立刻"劳以蜜"，"以其酷嗜蜜如性命也"。有祖父狂喜的激励，加上自己嗜之如命的蜂蜜的引诱下，难怪运震要逐日开窍而学业渐进。而家中长辈，以孩子酷爱的甜食为饵，亦见其爱儿上进之心切。牛运震的祖父不惜夜夜以蜂蜜诱其向学，似乎丝毫不顾运震三四岁时常为剧烈齿痛为苦的记录。②以幼儿贪爱的食物或玩具，引诱及酬赏孩童平时的学习，显示士人家长既疼爱子弟又能了解掌握儿童心理以促之向学。

　　因为这些学前启智活动均在一般家居环境下进行，子弟的年龄又小，故亲长常取生活中素材，就近取喻，以不拘形式的方法施行。方苞（1668—1749）四岁时，一日"父尝鸡鸣起，值大雾，以'鸡声隔雾'命对，苞即应曰，龙气成云"③。利用晨起活动或平日身边的景致，训练幼儿即景作对，是过去家长常做的启蒙活动，既可锻炼儿童的机智反应，又可很自然而有趣味地加强孩子对语文的掌握，对未来传统的学习，尤其是未来的八股文写作都是有用的基础。借着日常散步走动之间，教之辨识门联额匾上的字汇语义，是另一种士人长辈常用以启迪儿童的方式。清季以举人而任教地方的赵天锡（1855—1905）四岁的时候，祖父除了授以古文诗词（朱柏庐《治家格言》，《滕王阁序》等）之外，平日随到祠宇，即指楹联及名人联额等字教之，发觉他记性不差，返家退而叩

---

① 夏敬渠，七岁即丧父，日后忆起幼时父亲抱之怀中，以青豆逗他认字的往事，曾写下《孤儿行》一诗，以"悲伤儿父惜儿心，天匪高兮渊匪深，儿读为儿加餐饭，儿嬉为儿罢饮醇。记得孤儿四岁时，坐父膝上把父须，盘中青豆数百粒，儿口流涎心欲食，父启经笥共儿戏。一粒入口识一字，须臾案上盘已空，将儿横抱向怀中，抱儿入房语儿母，此儿不愧吾家风"，深深地刻画出父亲待之慈祥亲爱而懂得寓教于乐的情景。赵景深：《夏二铭先生年谱》，页13。

② 蒋致中：《牛空山先生年谱》，页3—4。

③ 苏惇元：《方望溪先生年谱》（台北：广文书局，1971），页41。

之，均能一一记忆，再进一步讲解对联的意义给他听，异日复之亦无遗忘者。天锡祖父带着他认门联、讲对语等，其实是近世士人父执暇时常与身边幼龄子弟一块做的事。赵氏祖父的成果，在两年后的冬天，天锡开始正式从师授经书句读时，明显可见，六岁的天锡自始即爱诵读，学习起来似亦顺利而不费事。①

士族长辈利用生活中似乎十分自然而平常的场合，开始教导年幼的孩子做最简单的辨物识字等智力活动，以为其一生学问事业之启端，用心不谓不深。清代朴学大师崔述（1740—1816）幼年时的境遇很可见此等父母心思之一斑。崔述的父亲是一位屡试不中的失意儒生，自述一诞生，即一心期望儿子成名，未来能使自己也有机会被供入祠堂。述生未弥月，即抱之怀中，谓其母曰："愿儿他日为理学足矣。"崔述二三岁，稍能解语后，即教之识字，"遇门联匾额之属，必指示之，或携至药肆，令识药题"。这位热衷于幼子教育的父亲，不但带孩子看邻坊的门联楹额、药店的药名，还借机会教导孩子每个字的字声字义，"务使分别四声，字义浅显者，即略为诠释"。待述四岁左右，识字稍多，则令读《三字训》《神童诗》等，并随读随为讲说。这番启蒙功夫的结果，使不久崔述真正开始授书时"已识之字多，未识之字少"，对书上出现的字，亦颇略解其义，"不以诵读为苦"。崔述是五岁在家里开始读《论语》的，父亲在每一字旁，以朱笔书平上去入四声，恐怕孩子误于方言而读音不正确。而且每授若干，"必限读百遍"，父亲规定了一种严格的执行办法，"以百钱置书左，而递传之右，无论若干遍能成诵，非足百遍不得止也。既足则令少憩，然后再授如前"②。了解了这一番二三岁到四五岁就开始的苦功和父母投注的心力，类崔述者日后在学问事业上的成就更非比寻常，也非属偶然。

当时士人家庭中的幼年启智活动，最常进行的内容有三：一是识字；二是作对；三是口授诵读简单的韵语和经书。

1. 识字

士人家庭幼蒙的目的，在助其子弟及早读书诵经，教其识字的重要性不言而喻。明清传记资料中常见有心的父母亲长在孩童入学前，利用家居的时间教以识字。若逢父亲不在，母亲和祖父母等赋闲在家的长辈均可负起此一责任。前述例证外，如乾隆进士，后任职户部、吏部的董恂（1807—1892）在四岁时，即有祖父"剪纸为书，逐字指授"，同时并口授壁上所悬的朱柏庐治家格言，使

---

① 赵天锡：《赵鲁庵先生年谱》（台北：广文书局，1971），页1。

② 姚绍华：《崔东壁（述）年谱》（香港：崇文书店，1973），页1—3。

图3-9　**孟母迁居**　"孟母三迁"的故事，至《列女传》以后就成为流传在民间的中国式教子之典范。此处所示为清代金廷标所绘之《孟母移居图》(显示清代此故事之影响力仍大)，画家心目中孟母执子之手，迁地为良以求其成，苦心诣志之情景。

之略能成诵。恂七岁出外就傅时，祖父已卒，但他识字诵读上已有相当基础。[①]

　　明清士人家庭中，受过教育的妇女较过去更多，由母亲、祖母及女性亲长教导幼儿识字的情况也相当常见。晚清进士，后任礼部侍郎的陆宝忠（1850—1908）五岁时开始识字，即母亲所授，"日可识十余字"，逮夏间随父居住，父亲令其晨起温习母亲所教之字，遇有遗忘者，每挞之，使外祖母见而甚为怜惜。[②]不过，宝忠的识字功夫，也就是幼年在母教父责之下完成的。杨道霖（1856—1932）也是在四岁那年春天，由母亲授之认字，待冬天随兄入塾正式发蒙时，道霖"已识千余字矣"，读起书来自然要轻省许多。[③]殷兆镛（1806—1883）三岁时，其且由祖母负责"课以识字读书"[④]。这些有父亲，或母亲、祖父母在学前即教授认字的三五岁儿童，未来入学当然要较其他子弟基础好，容易随师诵读，了解文意。父母亲长早教识字，也是他们执意早蒙的具体表现。

　　2.作对

　　明清科举均以八股文取士，而八股是一种极端讲求文字对仗工整的体裁。中国旧时诗文，许多亦求对称，故明清士人家长常欲在子弟年幼之时，借着教

---

① 董恂：《还读我书室老人手订年谱》(台北：广文书局，1971)，页10—11。

② 陆宝忠：《陆文慎公年谱》(台北：广文书局，1971)，页14。

③ 杨曾勗：《清杨仁山先生道霖年谱》(台北：商务印书馆，1981)，页1。

④ 殷兆镛：《殷谱经侍郎自订年谱》(台北：广文书局，1971)，页9。

他作对子，从训练识物、押韵等基本知识开始，传授彼等字音字义对称之理。教子作对从一字开始，再逐渐加到二字、三字、四字的语词。前文提及方苞在四岁时，父亲即借鸡鸣晨起之时，就即景出题曰"鸡声隔雾"，方苞亦随应以"龙气成云"。类似这样以作对子教导儿童辨名识物，并掌握物性景况，而能以抑扬相称、意义相对的方式作出一副对子，对孩子的智力和语文都是很好的训练。而且当时家长以为对子弟未来学作时文也有最直接的助益，故教儿属对成为明清士人对幼儿启蒙活动中很普遍而重要的一环，许多父祖，如方苞的父亲一般，在入学前就随时借机会锻炼儿童作对子的能力。这类作对子的功夫，可以由字，而词，而句，从孩子入学之前，一直到入学之后，开始学作文章为止。

3．口授经文

明清士人家长在幼蒙时常带子弟进行的另一种活动，就是以口念的方式，将简单的经书、诗文传授给学前的孩童，口耳相传，令其熟记背诵对未来有用的书籍。汪康年（1860—1911）幼逢战乱，不断逃难移居，一直到八岁才延师课读，但是他三岁时，任教谕的父亲就开始对他"口授《尔雅》，日数十字"，使其琅琅成诵。①有不少幼儿，是从有学识的母亲口中学得最初的经书的。与曾国藩共练湘勇，后战死疆场的王鑫（1825—1857）三岁就有母授以经，鑫亦颇能背诵领悟。有此准备，他两年后，以五岁之龄，乃随从父入塾读书。②清季名幕王闿运（1833—1916），据谓自幼颖悟，三岁时，母即教以古歌谣及唐五言诸诗，闿运随母诵诗歌，亦能识得些字，四年以后，七岁才入塾授《论语》《孟子》。③

当时父母亲长最常以口授的方式教给幼儿的东西，包括《尔雅》、古歌谣、唐诗等韵文和"四书"，均取其文句简明或有韵，易于口传诵读④，对未来读经科考当然也有用处。传统中国子弟，即使入塾以后，幼学的第一阶段多半从诵读记背开始，并不论识字解义的功夫，所以这些父母早已开始在家中口授，把简单的诗书传授给子弟，算是为他们做了最好的学前准备。

识字、作对、口授经典既为当时常采的幼蒙准备，看重子弟教育的家长不

① 汪康年：《汪穰卿先生传记》，页9—11。

② 罗正钧：《王壮武公年谱》（台北：广文书局，1971），页3—4。

③ 王代功：《湘绮府君年谱》（台北：广文书局，1971），页6—7。

④ 整个中国的幼蒙活动，与短句韵文的工具最有关系。自古中国的识字书，如三、百、千等，及以儿童为对象的文字作品，多不脱三、四、五、七字韵文对句的体裁。可参见蒋风：《中国儿童文学大系》（太原：希望出版社，1988）；及 Hsiung Ping-chen, "Erh-tung wen-hsüeh", *The Indiana Companion to Traditional Chinese Literature* Vol.2（Bloomington : Indiana University Press, 1998），pp.73—79。

一定择一而为，常有二三样并重而同时进行者。方苞的父亲在苞四五岁未入学前经常找机会训练他作对子，同时并"口授经文章句"①。黄叔琳五岁时，就一边识字一边念书。当时叔琳的舅舅解政归里，见叔琳颖异而钟爱之，遂口授之"四子书"，叔琳亦皆能成诵。同时，制成五只锦函，装贮当时叔琳认识的字，旬日间，贮函已满，其舅色喜，乃题之曰"五车书"②。

（三）自课

1.理由

明清士人家庭对子弟的幼年教育中很值得注意的一个现象，就是"亲长自课"的传统，也就是由家中的长辈自己指导幼儿早期的学习活动。当时家长选择自己教导家里的子弟读书，有几重不同的考虑。有些家长是因为不信任他人，宁愿自己引领儿童智育活动的第一段路。鹿善继（1575—1636）年幼时，祖父和父亲都不愿令之就塾师，决定"庭训焉"③。这基本上反映的仍是士人家庭亲长对子弟幼教的一种高度重视，他们多半受过相当教育，认为子弟的初期教育不必假手外人，自己在家进行更易于掌握进度、监督作息，有较好的成效。邵行中（1648—1711）幼时，祖父讲学于皇少翁氏庄，行中随往就学。晨夕祖孙二人同出散步时，祖父即训以孝悌忠信道理，夜则同卧，祖父自觉如此可控其教育，使宽严得中，诵说有法，而收良效。④

当然，即如前述，许多子弟开始学习活动的时候很早，学童年龄相当幼小，面对三五岁的孩童，外人可能不易与之沟通，或不好插手管教，实际上难收指导之功。家中父执兄长，本处一室，关系亲密，往来方便，随时耳提面命，成了当时习以为常的一种幼教安排。王船山四岁至七岁间，即在长兄的教授下，读完"十三经"，之后，并由父亲授其经义。⑤

也有一些士人家庭，决定亲长自课幼儿的一个实际考虑，是为省下一份聘请塾师的束脩，这层经济因素，遇家境不裕之时，尤其重要。赵光（1797—1865）幼时祖父逝世，家境趋贫，无力延请塾师，至八岁方由三叔父口授《三

① 苏惇元：《方望溪先生年谱》，页41。
② 顾镇：《黄昆圃先生年谱》，页2。
③ 陈铉：《鹿忠节公年谱》（台北：广文书局，1971），页2。
④ 姚名达：《清邵念鲁先生廷采年谱》（台北：商务印书馆，1982），页18—19。
⑤ 张西堂：《王船山先生年表》，见《湖南文献》第六、七期合刊，页193。

字经》，以为启蒙。[1]咸丰年间封孝廉的罗泽南也因为幼时家贫，六岁后就先随从父、族父等族中长辈就读，十岁后方就外傅。[2]王闿运也有类似境遇，闿运本来七岁后即已入塾，但祖父、父亲相继去世，一度家贫无力延师，十岁的时候，祖母乃命之从伯父读书，并授作文之法。[3]

因为父亲和祖父常须亲自教育幼童，遇到父祖任职在外，明清时期的士人子弟多有随往任所，以便仍能维持自课之实。黄宗羲（1610—1695）少年时即随父赴任所，继续授读。[4]唐甄（1630—1704）八岁时亦因之从四川达县随父亲到江南（江苏的吴江）任职。[5]黄叔琳六岁的时候，从河北大兴跟父亲一同到曲阳去任训导。[6]王念孙三岁丧母，父亲补授礼部尚书，即携之入都，当时念孙"在襁褓中，已识二十余字"。四岁起父亲把他带在身边，授以《尚书》，并口授《尔雅》。父子二人同居京城，生活上关系也十分亲密，父亲每上早朝，均偕念孙同往，路上自己入铺早餐，也买饼饵数枚给念孙在舆中充饥，如此边照顾孩子的生活，边指导其学业，持续数年之久。[7]许瀚（1797—1866）也是六七岁以后，为了得到父亲亲自课读的好处，一直随父课馆于外，年年迁徙，习以为常。[8]梁鼎芬（1859—1919）四岁即随父至任所为西席，开始识字学书。[9]

因为士人家庭中父亲常负直接指导幼儿读书的责任，幼年丧失父祖的子弟，自然认为这是对自己学业上进莫大的打击。朱舜水八岁丧父，自觉从此人生失利，求学路上失去了最主要的助力，尝谓："不佞每见典籍，窃自伤心，不幸幼齿丧父，不知为学之道，遂昧昧至此。"[10]

2.课读的长辈

士人家庭中实际上负责亲自指导幼儿学业的亲长，一般以父亲的角色最为重要，其次是祖父和母亲，再其次才是父系其他长辈及家中其他的男性长辈，甚或适有能力又有闲暇的年长家人。

---

① 赵光：《赵文恪公自订年谱》，页33。

② 郭嵩焘：《罗忠节公年谱》，页3—5。

③ 王代功：《湘绮府君年谱》，页6—8。

④ 辛冠洁：《中国古代著名哲学家评传》第三卷（济南：齐鲁书社，1982），页6。

⑤ 唐甄：《潜书》（台北：河洛出版社，1974），页278。

⑥ 顾镇：《黄昆圃先生年谱》，页1—2。

⑦ 刘盼遂：《中国近三百年学术史》，页5。

⑧ 袁行云：《许瀚年谱》（济南：齐鲁书社，1983），页6。

⑨ 吴天任：《梁节庵先生年谱》（台北：艺文印书馆，1979），页3。

⑩ 梁启超：《明末朱舜水先生之瑜年谱》（台北：商务印书馆，1981），页2—3。

整体而言，父亲自课幼龄之子，被视为最是理所当然，父亲只要在家，或能携子弟于身侧，多择亲自指引督促幼儿学习。除前文中提到的方苞、夏敬渠、汪康年等的例子外，张履祥（1611—1674）五岁时，父亲亲授之《孝经》，其时彼已能"端坐朗朗"，且能辨音切，据称父甚喜之。[①]王船山四岁起从长兄读"十三经"后，即自父受经义。[②]全祖望（1705—1755）是父母殷切盼望之下诞生的一个男孩，幼时虽健康不佳，"少多羸疾"，父母仍迫不及待地要教他认字读书。四岁时，父"亲课之，粗解章句"，父亲忙于他事时，母亲亦参与亲自课儿的工作，他在《太孺人行述》中自谓："不肖虽多病，而稍间则先公课之甚严，先君有事，则太孺人摄讲席焉。"[③]王昶（1725—1806）是另一个幼时身体欠佳的孩子，少羸而善病，但是同样地，四岁开始，父亲即授以三体诗，二月而毕。五岁以后乃使之能读二十一史弹词，粗知历朝事，及古今名贤崖略。父亲先亲自指导了他两年以后，昶七岁，才正式就傅。[④]

这些亲自启蒙课读的孩子，当时年龄尚幼，许多父亲或者自然倾向用一些比较亲密而慈爱的方式开始指导孩子的学习。包世臣（1775—1855）五岁的时候，"父抱世臣于膝上，授以句读，七岁以后，且从父读四书，并渐学文"[⑤]。林则徐的父亲因目疾，科考不成，以课徒为生。则徐四岁时，父即"怀之入塾，抱之膝上，自之无以至章句，皆口授之"[⑥]。

十八世纪以后，科举不第被迫授馆为生的父亲人数大增，课徒之时兼而教子的情形也更为普遍。曾国藩（1811—1872）幼时父即屡试不售，落得在塾授徒，国藩因而"学于庭训者凡八年"[⑦]。马新贻（1821—1870）出生时，父已在家乡授徒，故新贻六岁即入塾，由父亲授以《毛诗》、《小学》、"四书"诸经三年，到九岁方就外傅。[⑧]

父亲亲自教导孩子，用意之一本在易于就近督促监视，俗谓"养不教，父之过，教不严，师之惰"，如今父而兼任为师者的角色，有些父亲理所当然地

---

① 苏惇元：《张杨园先生年谱》（台北：广文书局，1971），页1。

② 张西堂：《王船山先生年表》，见《湖南文献》第六、七期合刊，页193。

③ 全祖望前有一兄，生而甚慧，然幼即殇，父母极悲痛，故望另得佳儿取代之心甚切。蒋天枢：《全谢山先生年谱》（上海：商务印书馆，1932），页8。

④ 严荣：《述庵先生年谱》（台北：广文书局，1971），页4—5。

⑤ 胡韫玉：《包慎伯先生年谱》，页11—12。

⑥ 魏应麒：《林文忠公年谱》，页6。

⑦ 黎庶昌：《曾文正公年谱》，卷1，页6。

⑧ 马新贻：《马端敏公年谱》（台北：广文书局，1971），页11—12。

执行起严教的责任。左宗棠（1812—1885）五岁起与兄随从授馆中的父亲读书，据言父教之极严，大约即是欲经严师而出高徒无数个例中的一个。①陈衍幼时父亲对他的严格指导，是另一个实例。衍早自三岁起，直到他十岁父亲逝世前，都由父亲亲自讲授，从三岁教他读《三字经》《千字文》开始，四岁读《孝经》《千家诗》，五岁读"四子书"、《毛诗》、《春秋左传》等。积学未仕的父亲"烂熟经史，晨寝未兴，令衍立床前，背诵昨日所授书，一字错落，必呵正之"。当他六岁继续跟着父亲读《左传》《尚书》时，"父授书，动数千言……皆起讫限一日背诵。衍则临睡熟读，倦极乃寝，诘旦迟明起，奔立案头，一手披衣，一手翻书朗诵，俟时厨下晨餐熟，则成诵矣"②。为了应付父亲严厉的要求，一位五六岁的幼童，清早必须站在父亲床前背书，晚上倦极入睡后，次晨还得匆匆地一边披衣一边朗诵，赶在早餐前把前一天的功课背完，如此日夜不懈，其压力和辛苦，固有不足为外人道者，然而其就近督责的效果，正是这些父亲坚持亲自课儿的理由。明清士人家长亲课子弟成风，对孟子所言"父子责善，贼恩之大者"的旧时鉴戒，似毫不为阻，儿童稚龄之际，似乎亦未尝考虑"易子而教"的益处。

若因某种原因，父亲不能亲自指导，家中祖父或母亲通常会循序挑起责任，维系家长自课的原则。祖父课儿的例子，在明清士人家庭中相当常见。除前曾提及的董恂、赵天锡幼时有祖父教之认字授书之例外，鹿善继也是一个七岁起就从祖父受章句的儿童。③龚鼎孳六岁里居，亦随祖父玄鉴公攻读经书，不午夜不就寝。④乾隆史学家邵晋涵（1743—1796）据载生有异禀，虽左目微眚，而独善读书，为祖父所钟爱，亲自课读于镇海学署。⑤清季中兴名臣胡林翼自幼父亲不在，祖孙情深，祖父于林翼六岁时教之识字、学书，并授之《论语》。⑥左宗棠出身湘阴大族，四岁后祖父即携之读书梧塘，见其表现颖异而特爱之。五岁后，父亲开馆授徒，方与二兄同向父学。⑦李用清（1829—1898）七岁时也由祖父启蒙读"四书"。据称用清幼时"举止特严重，不为童子戏"，勤于读书，在家塾中唯恐每月读书之日不够多。⑧李鸿章的幕僚周馥（1837—1921）生于世业

---

① 罗正钧：《左文襄公年谱》（台北：广文书局，1971），页8。

② 陈声暨：《侯官陈石遗年谱》，页13—15。

③ 陈铉：《明末鹿忠节公善继年谱》，页2。

④ 董迁：《龚芝麓年谱》，页5。

⑤ 黄云眉：《邵二云先生年谱》（台北：广文书局，1971），页12。

⑥ 梅英杰：《胡文忠公年谱》，页12—13。

⑦ 罗正钧：《左文襄公年谱》，页4—6。

⑧ 李玉玺：《李菊圃先生年谱》（台北：商务印书馆，1985），页2—3。

农家的中上家庭，欲求子弟上进，教子之法亦多仿士家之习，馥四五岁时，由祖父启蒙，篝灯课读，凡"四书"中易解之义，皆能通晓；六七岁时，乡塾中书皆读遍矣；八岁后正式入塾受业，祖父仍于晚间课读，为之讲孝悌数事。[①]此种由家长亲课幼年子弟的作风，清中叶后为农工商家庭中家道中上者所模仿，连满蒙亲贵也习染了汉人士家的教子之方。文祥（1818—1876）五岁起，也是由祖父教之识字，授以课业；六岁后，祖父且教文祥及其兄读《三字经》。经过这段启蒙教育的准备，文祥虽自谓"予质较钝，而性褊急"，但两三年后八岁入塾，其课业基础确已粗立。[②]

和祖父一样经常取代父亲扮演启蒙者角色的，是家中的母亲。尤其遇到父亲不在或早逝，幼子已达适学年龄时，接触过部分文字教育的母亲常理所当然地担负起亲自课儿的责任。前所述及的朱次琦、王鑫、王闿运、缪荃孙、陆宝忠、杨道霖等人的例子外，近世思想家顾炎武（1613—1682）三岁时也是由嗣母授其《小学》，六岁后，母授《大学》，至七岁入塾为止。当然，顾炎武的母亲才学识见在一般士人妇女之上，亭林记她"昼纺绩，夜观书，好《史记》《通鉴》、本朝政纪"，并举以教子，其学识思想对亭林先生一生的方向影响很大。[③]雍正进士尹会一（1691—1748）三岁而孤，五岁起，母即口授《论语》，据说会一幼时性情严肃，"读书俨若成人，不与群儿嬉戏"。四年之间，母亲授完"四书"、《诗经》以后，九岁起，外祖父接手教授，算是正式进入学程。[④]

类似诸例幼儿早年丧父，母随自摄课儿之责的例子很多。黄景仁（1749—1783）四岁丧父，母督之学，景仁虽然"性不耽读，而所业倍常童"，背后主要的动力即来自母亲。他后来自述勉强学之，也是"读勤母颜喜，读倦母必悲"的缘故。[⑤]刘宝楠五岁父亲逝世以后，母亲亲自课读，授之《诗》《礼》，且督课甚严。[⑥]梁济（1858—1918）生为独子，幼时父曾教之背书，后来父亲早逝，其母既通书史，能学问，遂以母作父，一生节概悉出母训，所读之书皆母亲亲手

---

① 周馥：《周悫慎公自订年谱》（台北：广文书局，1971），页1—3。

② 文祥：《文文忠公年谱》（台北：广文书局，1971），页2—4。

③ 张穆：《顾亭林先生年谱》（台北：广文书局，1971），页4—6。

④ 吕炽：《尹健余先生年谱》（台北：广文书局，1971），页23。

⑤ 黄景仁：《两当轩集》，"自魁"及"题洪稚存机声灯影图"（上海：上海古籍出版社，1983），页1及页376。

⑥ 刘文兴：《宝应刘楚桢先生年谱》，页5—6。

所抄之大楷，母并亲授其《大学》《中庸》《论语》，使能熟诵。①

遇母早逝，继母同样可以担负起课儿之责，视之为彼所取代母职之一部分。岑毓英未满周岁即丧生母，四岁达适学之龄时，父入郡庠不在身边，继母乃开始教之识字，每日识数十字，传记称因其表现颖异，甚得祖父欢心，五岁之后，乃入家塾。②

母亲课儿，如前例所示，目的与父亲一般无二，在亲自提供一周详的学前教育，以为日后正式入学之准备。清代地理学者徐继畲（1795—1873），六岁即有母亲教之读书识字，八岁后才入私塾。③经学大师俞樾（1821—1907），六岁起由母亲启蒙，口授《论语》《孟子》《大学》《中庸》，到九岁毕"四书"，乃就外傅。④皮锡瑞（1850—1908）为江右望族之独生子，幼时母亲"极为慈爱，四五岁时，亲自课读"，六岁后方出就外傅。其实据言锡瑞的母亲虽亦出身士家，自己未尝从师习读，只是幼时耳闻兄弟读书时窃听，遂通"四子书"，婚后并据之教儿。⑤明清时期士人家庭中，不少母亲受过正式教育，但连没有受过多少正式教育的妇女，国学基础，仍可能在类似皮母一般耳濡目染，加上自己努力，好学而成。她们熟悉经书的程度，有些可能只及诵读，而未必识字，更不见得识得深义，懂得讲解。⑥但是即便如此有限程度的古典学问，已足使她们在日后孩儿居家启蒙之时，能朝暮口耳相传，课子识字诵读，扮演家庭教育和传递文字上一个关键性角色。

即使子弟启蒙，有父祖为之，或者在男孩上学后，已有塾师之指导，许多母亲在自己有限学识和无限责任的鼓动下还是毫不松懈地日夜督促孩子，以配合父执师长之教导，或者利用晚间额外闲暇，再做补充。母亲在近世子弟幼年

---

① 梁济：《侍疾日记》，见《桂林梁先生遗书》册3，页3；《别竹辞花记》，见《桂林梁先生遗书》册4，页6（京华印书局，梁焕鼎等排印本，1925）。

② 赵藩：《岑襄勤公年谱》，页8。

③ 方闻：《清徐松龛先生继畲年谱》（台北：商务印书馆，1982），页9—10。

④ 郑振模：《清俞曲园先生年谱》（台北：商务印书馆，1982），页6—7。

⑤ 皮名振：《清皮鹿门先生锡瑞年谱》（台北：商务印书馆，1981），页6。

⑥ 关于清代女子自幼受教育的机会，及士人妇女的文学世界经验，请参见Susan Mann, *Precious Records : Women in China's long 18th Century*（Stanford : Stanford University Press, 1997）；K'ang-i Sun and Ellen Widmer（eds.）, *Writing Women in Late Imperial China*（Stanford : Stanford University Press, 1997）；Dorothy Ko, *Teachers of the Inner Chambers : Women and Culture in Seventeenth-century China*（Stanford : Stanford University Press, 1994）；Hsiung Ping-chen, "Girlhood in Late Imperial China : Notion and Facts" in Harriet Zurndorfer（ed.）, *Chinese Women in the Imperial Past : New Perspectives*（Boston : Brill, 1999）。

教育中所发挥的监督、催促、辅助之功能，后人不察，实不容忽视。[①]前文提到的全祖望，幼时启蒙多在父亲的指导下进行，但遇到父亲有事，母亲立即代摄讲席，使孩子的教育不致受扰遭挫。[②]这种父母密切联合、共同教导幼儿的例子并非罕见。前述崔述二三岁后识字读书，多由父亲所授，五岁时，一边仍有父亲白天教他读《论语》，《论语》读完接着《孟子》《小学》，每天一生书、一温书，循序而进；另外一边，崔母唯恐孩子所得不够充实，进步不够快速，再给他添上些加强补充教材，在述五六岁时，利用黄昏，口授之《大学》《中庸》，"使能成诵"。[③]

不少母亲在孩子入学以后，仍然继续扮演此一幼教上加强者和辅助者的角色。姚莹（1785—1853）生时，所属桐城望族已略有衰势，莹仍依习六岁入学，至八岁均在家塾中就读，当时他的母亲主理一切家事，夜间还抽空课其读《诗》及《周官》，严督加强苦读。[④]陆宝忠五岁起是在母课父挞之下开始认字的。待六岁入塾从师以后，有一两年，母亲发现塾师生徒较多，认为学校督课不严，决心夜间仍旧篝灯自课，令宝忠复诵所授之书，生书必须熟背，始准就寝。宝忠日后回忆，自称性钝，常至深夜，倦极不支，但母亲毫不放松，厉言痛责，软硬兼施，谕以："汝父远出，倘失学，归必挞汝。且幼稚不立志，何以对外祖母钟爱之意耶？"父亲鞭子的威胁、外祖母疼爱的安慰，在日常的生活中，在母亲这个居中掌舵人的揉造下，成为策使困倦孩子向学、驱迫幼年子弟泣下请过的利器。[⑤]清季曾任职于刘坤一、张之洞幕下的沈瑜庆（1858—1918），五岁起即从师课读，母亲仍不断示以临摹碑文，或口授《通鉴》等，以为其辅。[⑥]日后无数的传记和道德论述中坚称这些母亲用力之勤，居心之苦，是许多子弟幼时规矩学习，不致出轨脱序的重要原因。

如遇父母、祖父均不在家或不能指导子弟幼蒙，其他长辈亦可能就近代扮

① 近世母亲课读督学，是紧密母子关系营建中切要的一环，亦为日后许多男子世戴母恩中关键性因素。其间所涉伦常及心理层面牵涉，请见 Hsiung Ping-chen，"Constructed Emotions：The Bonds Between Mothers and Sons in Late Imperial China"，*Late Imperial China* vol.15，No1.1，June 1994，pp.87—177；"Sons and Mothers：Demographic Realities and the Chinese Culture of Hsiao"，Annual Meeting of the Association for Asian Studies，Hawaii：April 11—14，1996，p.33。
② 蒋天枢：《全谢山先生年谱》，页9—10。
③ 姚绍华：《崔东壁（述）年谱》，页4。
④ 叶英：《姚石甫传》（台北：台南文化，1977），页105。
⑤ 陆宝忠：《陆文慎公年谱》，页16—17。
⑥ 沈成式：《沈敬裕公年谱》（台北：广文书局，1971），页2—3。

类似角色，用意仍在维持长辈亲自课儿的传统。一般常代父教子的男性亲长，如同居的伯叔或家中的长兄，乃至母系的外祖父及舅父，均屡见插手幼蒙。王船山四岁时即与次兄同入塾，从长兄受读。[①]王先谦（1842—1918）的父亲虽以授徒养家，但先谦自己四岁到十岁的启蒙教育，均随其大兄为之，到十一岁以后，方从外傅。[②]魏象枢（1617—1687）因幼时身弱，母不准其早读，由外祖父亲自到家授以章句。[③]邵行中出生六月丧母，父又长年在外，幼时均由祖父及外祖父负责教养。[④]伯父、叔父、伯祖、叔祖是族人中关系较近的男性长辈，常视情况兼代父职，执行子弟幼教。郑兼才幼入家塾，即从五叔父读，且谓因有六叔父之子（堂弟）与之竞争，而刺激其向学。[⑤]嘉庆进士钱宝琛（1785—1859）六岁就塾时，附读伯父家中。[⑥]光绪时曾任庶吉士的王懿荣（1845—1900），六岁时开始就学，受业于当时仍为邑庠生的外叔祖谢学庵。[⑦]亲族中能有长辈代父执教，一则方便经济，二则仍可保有亲人自课易于督导的效果。舅父在母系长辈中，身份仅次于外祖父，常取代父亲地位，负起教育幼儿的责任。李颙的父亲在他幼时战死疆场，舅即曾授之《大学》《中庸》，以启其智。[⑧]黄叔琳丧父后，亦由舅父承当起教养之责。[⑨]

男性长辈之外，家中的女性亲长亦可替代母职，担负起教导幼儿之责。受过教育的祖母，甚至年长的姐姐，都是常见参与幼蒙的女性亲属，而且不少儿童是由多位亲长交替共同指导完成各个阶段的启蒙教育。殷兆镛三岁起，即由祖母课以识字读书。[⑩]黎培敬（1826—1882）七月丧父后，母亲主持家务，六岁本应开始上学，因逢盛暑，患头疡，未能入塾，遂由祖母严督课之。后一度入塾受《论语》，仍有祖父在家自授汉魏、唐诗，据言成诵。八岁后，方从舅读《诗》《书》《易经》。十岁起，又由长其五岁的姐姐授以《礼记》。[⑪]

① 张西堂：《王船山先生年表》，见《湖南文献》第六、七期合刊，页193。
② 王先谦：《葵园自订年谱》（台北：广文书局，1971），页5—7。
③ 魏学瀹：《魏敏果公自述年谱》（台北：广文书局，1971），页1。
④ 姚名达：《清邵念鲁先生廷采年谱》，页12—14。
⑤ 郑喜夫：《清郑六亭先生兼才年谱》，页16。
⑥ 钱宝琛：《颐寿老人年谱》（台北：广文书局，1971），页23。
⑦ 王崇焕：《王文敏公年谱》（台北：广文书局，1971），页3。
⑧ 吴开流：《中国古代著名哲学家评传》续编四（济南：齐鲁书社，1982），页2。
⑨ 顾镇：《黄昆圃先生年谱》，页3。
⑩ 殷兆镛：《殷谱经侍郎自订年谱》，页9。
⑪ 黎承礼：《竹闲道人自述年谱》（台北：广文书局，1971），页2—5。

　　乾隆进士而以人口论名世的洪亮吉（1746—1809），六岁父亲即逝，此前他四岁时，父即命其伯姐课之识字，亮吉好学，每字必询其义，早晚且须为母述之，一年之内识了七八百字。次年，才开始在家塾从季父读《大学》《中庸》。[1]母亲和祖母、姐姐有能力接手或插手指导子弟的学习活动，可见近世士人家庭中，妇女受古典教育者已非罕见，更重要的，士人家庭对子弟教育之普遍重视的程度，及当时观念中认为家人自负启蒙的重要性，使得父祖之外，叔舅兄长，祖母、母、姐，都自然联手，投入了这项亲长集体教蒙的工作。

　　这种奠基于士人家族对幼教的重视，及坚持亲自启蒙的风范，形成家中多位长辈轮流或联合负责指导幼儿，共同栽培子弟的习惯，例证尚多。前述黎培敬，前后即有祖母、祖父、舅父及姐姐指导其学业。李光地（1642—1718）也是七岁起，先从母就学于外祖父，教之以《诗》；八岁再由季父指导，教之作对；九岁季父于塾课之余，又夜授以《离骚》成诵。[2]邵行中幼年丧母，父又在外，其幼年启蒙即由祖父与外祖父交相完成。[3]段玉裁六岁时，先从祖父发蒙，七岁读《论语》，至南面章而祖父逝，八岁改从四祖父读《春秋》。一年后，再从父读。次年，改随叔祖父读，再次年，才又从父读《左传》。[4]这些父祖长辈交相轮手，在不同时期教导幼儿不同的课业，一方面可能视各亲长当时居家就近之便，另一方面亦可能有各就所长而传之子弟的考虑。

　　戊戌领袖康有为（1858—1927）的启蒙教育，始自四岁时伯祖对他的教导。五岁后，家人见其性敏，诸父多愿提携，常教之诵唐人诗，当时身任教谕的一位从伯父，尤爱而教之，有为不久，遂能诵唐诗数百首，祖父见而喜之，外祖父亦甚钟爱，以未来将成大器相期。六岁后，有为开始正式从师读《大学》《中庸》《论语》《孝经》等书，诸父仍继续课以属对，并常嘉其所成之对而赏以纸笔。八岁以后，祖父自己授徒，有为亦从之受经，并始学为文。此时父亲和叔父均还家中，常与祖父纵横议论，有为在旁耳濡目染，成其日常庭训的一部分。平时心智初开的有为常从祖父及诸父出游，诸父一边借机授以诗文，教以道义，其谈吐所及，亦使有为知识日开。[5]如此多位父执长辈共同提携教导幼儿的情况，一方面反映出亲长对子弟向学的一股共同殷切的期望，另一方面也代表诸位长

① 吕培：《洪北江先生年谱》（台北：广文书局，1971），页2—3。
② 李清植：《李文贞公年谱》（台北：广文书局，1971），页3—5。
③ 姚名达：《清邵念鲁先生廷采年谱》，页8—14。
④ 刘盼遂：《段玉裁先生年谱》，见《中国近三百年学术史》，页3—4。
⑤ 杨克己：《民国康长素先生有为、梁任公先生启超师生合谱》（台北：商务印书馆，1982），页19—23。

辈对族中聪敏幼儿所投注的心血，这种期望和投资，对个别幼儿的心智成长可能是额外的鼓励和协助，也未尝不是一种心理压力和社会约束。

不过整体来说，当时的社会价值观中，一位稚龄儿童得有多位长辈共同栽培，总以为是一种难得的机遇。梁鼎芬四岁时父为西席，鼎芬随之至任所，并开始学书，"日识经字二十余"，同时也受业于七叔父。他五岁到七岁的三年里，母亲且亲自日授《毛诗》数章，即值母亲病中，也丝毫不辍。鼎芬七岁那年，母亲过世，他再遇到不认识的字，只好由叔父为他解释。这段时间，梁家定居在乐昌，家中大人社交往来频繁，宾客往来间，闲论诗品武术等，依偎在旁的孩子即便不能全懂，传记落笔之意涵总觉他多少会受到一些启发。[1]而从上古孔孟高揭"人皆乐有贤父兄"的名言，可知这种全家长辈共同用心栽培熏陶子弟的文化传衍，不论对家中幼儿心智活动起步之形成，或者家族期许之有效传递，甚至集体价值、社会高压之实际化约与执行，都让人看到在个别与群体的生活中抽象的概念、文化的势力如何变成真实。

四、多方的配合与塑造

也就是说，明清士人家庭整个幼教的大前提，即多在训练子弟出人头地，成为科举仕宦途上的优胜者，及早识字向学，遂为基本要件，但平日生活中如何借亲人师长耳提面命，激励或推动着男孩自幼选择并步上科考入仕之途，另一方面又如何注意约束其行动与兴趣的发展，使其精力心思集中在读书仕进的单一目标上，是当时多少士人家长处心积虑共同努力的标的。在这群成人不约而同的期许与鞭策下，许多配合此幼教理想的相关活动和努力应运而生。这些主流幼教原则下的外围或心理与行为面的辅助环境，对策励子弟力学入仕的影响一如其师长和教材一样主旨鲜明，是近世士人子弟幼年成长背景中值得注意的另一面。

这些为了辅导幼儿步步踏上读书仕进之道的社会性因素日积月累，时间上持续不堕，手法上各施其技，事迹上林林总总，但大致而言，有三方面的特征值得一提：一是利用种种管道，设法说服、诱导或胁迫子弟自幼择定读书仕进的人生目标；二是极力奖励并训练子弟养成好静而不好动的固定性格；三是尽

---

[1] 《述哀》篇曾有"是时家在乐昌县，大人宾客无时无，闲论诗品说剑术，小子未解心欢娱"。见吴天任：《梁节庵先生年谱》，页3—5。

量禁止儿童发展出广泛的好奇心或多样的兴趣倾向。此三方面的塑造力，对明清士人子弟幼时身心发展关涉极大，不能不连带述及。

（一）读书仕进的人生抉择

士人家长期望子弟能顺利迈向读书仕进之途，及早启蒙、亲自督课固然是实务的准备，更重要的是在心理上如何灌输孩子以通经科考、中举入仕为其人生唯一职志。为了自幼塑造子弟形成一种登科入仕的人生观，家中父母长辈多半利用平日相处之间，耳提面命，循循善诱，以期求学仕宦之志早植童心。张履祥九岁丧父，靠开小店的外祖父供养其母子，外祖父和母亲均常训谕，以读书向上相勉，认为求学是未来前途发展的基本条件。母亲尝痛切陈言："孔子孟子亦是两家无父之子，只因有志向上，便做到大圣大贤，汝若不肯学好，便流落无底。"[①]

此外，中国过去的历史载记，充满了朝廷政治之种种变幻，对将走上君君臣臣之道的年幼孩童，最视为潜移默化的活教材，明清士人家长因常喜对子弟引述史事掌故，点滴培养他走向事君任仕之习性。昆山世族子弟顾炎武的母亲自他年幼时，即常举历史人物为晓谕，主要正在勉励儿子未来通经致世，自勉以经略天下之志。[②]沈兆霖（1801—1862）出身浙江士族，虽自幼多病，患有痰疾、厥逆等症，耳亦不聪，父母仍不改对其未来读书致仕的期望，五岁就送他入塾读书。入塾后，父亲督之益严，于"家庭间一言一动，均不使之苟且，谓管教他过于诸兄弟，正是期其成材"。甚至连他平时往来的朋友，都要经过父亲的核可。在这样积极的培育计划中，重要的一环是每晚寝前，父亲必为之讲述《通鉴》故事，目的在借"论古人事实数则，谕以立身行己当如某某，事君行政当如某某"[③]。对幼儿论史事人物，正以这些士人家长要子弟不觉中兴仿真效法之意，视未来事君行政为人生当然之选择。

不少家长，本身深涉官途，处理政务之际亦喜借机对子弟论析时事，希望耳濡目染间亦引发其对经世之道的关心，因对政事多一层的熟悉了解，心理上早有一些未来自处和问政的准备。蒋攸铦在五岁到七岁间，父亲出任山东平广知州，每逢州民纳粮投柜的时候，父亲即携攸铦同往观察，并指以示之曰："间

---

① 苏惇元：《张杨园先生年谱》，页2。

② 张穆：《顾亭林先生年谱》，页7。

③ 沈兆霖：《沈文忠公自订年谱》（台北：广文书局，1971），页6。

阎疾苦，不可不知也。"[1]要儿童认识民间疾苦，似乎是可取的社会教育，然当时习予如此般熏陶，未尝不在隐约中认定子弟未来入仕之途，自期早日传予此官宦文化。

当然，最普遍而直接的促儿立志登科入仕的办法，是借着坊间俚言俗语、民间故事，点滴灌输，加强塑造一种读书中举、高官厚禄的人生观，如：

> 斗大黄金印，天高白玉堂；不读万卷书，安得见君王。学成文武艺，货与帝王家。[2]
>
> 读得书好胜百丘，要做大事宜立志。[3]

这些充满功名利禄思想的谚语童谣，一如人人顺口溜出的"书中自有黄金屋"之类的铭言，幼时随着大人朗朗上口，一生可能真正刻骨铭心。类似历程，明清传记和文学资料中比比可见，士人家庭读书登科的主流价值观靠之传递，子弟读经中举，任高官以享福禄的强势而单向的人生规划向亦在无乎无意而天真的生活点滴中，默默成形。

（二）好静而不好动

幼年儿童，倾向好动，本属自然，呼朋引伴，雪中蹴雄[4]，棚上摘瓜[5]，春天群捉柳花[6]，秋天摘枣为乐[7]，乃至斗蛐踢球，扮仙观剧，都是旧时儿童引以为乐的活动。但是明清士人家庭为了寄望子弟专心向学，早登科考，极欲规范孩子日常的活动范畴，希望塑造成一个个沉静好读的儿童，终日端坐案前，不与群儿相嬉，不受外务引诱，一心背书诵经。这种好静而不好动的模范儿童，最为当时士人家长所称许。鹿善继据说就是这样一个"生而凝重，少不嬉戏"

---

① 蒋攸铦：《绳枻斋年谱》，页5。
② 齐如山：《齐如山回忆录》（台北：文物供应社，1956），页3—4。
③ 赵玉明：《菩萨心肠的革命家——居正传》（台北：近代中国出版社，1982），页4—5。
④ "此顷，颇活泼，矫挚，饶英分，尝雪中蹴城雄，疾驰，纵远眺"。梁家勉：《徐光启年谱》（上海：上海古籍出版社，1981），页37。
⑤ 先生自幼即爱好古器物之搜藏。"细腰小葫芦，在予蒙馆豆棚上，予儿时踏童子肩摘得，长仅盈寸，圆正瘦细，堪作耳珰，今五十年矣。"陈万鼐：《清孔东塘先生尚任年谱》（台北：商务印书馆，1980），页16。
⑥ 见台北故宫博物院所藏明人作《闲看儿童捉柳花图》，可为参考。
⑦ 见台北故宫博物院所藏宋人作《扑枣图》。

图 3-10　**外出看戏**　节日、市集、逛摊、看戏是从前老幼咸至，一周活动的场合，清代丁观鹏《太平春市图》中，画老小出门、共临挑担、围观傀儡戏的样子。类似市井场景，后附民国时期照片仍可窥见。

的男孩。[①]

　　而这种性格沉静、不好活动、不与同伴嬉戏的男孩，明清传记中颇不少见。像黄道周（1585—1646）也是"自幼雅不乐于流俗，性颇湛静，童稚时，喜挟书游，铜山岛上有小溪曰渔鼓，子日避烦杂，振衣于渔鼓溪上，怡然自得"[②]。清初文士魏禧（1624—1681）据传儿时亦不乐嬉戏，同学生或出外游闲，他一人独勤业不辍。[③]

　　传记资料提到这些好静的男孩，均谓他们十分喜欢读书。前述的黄道周、魏禧如此。雍正进士位居高津的尹会一五岁时，母亲授以《论语》，据称他亦表现出"读书俨若成人，不与群儿嬉戏"的气概。[④]郑兼才也是一个幼时常常静坐念书，不喜欢活动的男孩，所谓"生而诚重，刻励读书，不好外事"[⑤]。王鑫幼时读书家塾，也不肯跟同伴游戏，"诸童于哺时嬉游，鑫独不出"，细看之下，原来他正手执纲目，私下用功。[⑥]类似载记，当然也是文献反映主流价值观的一

---

① 陈铉：《鹿忠节公年谱》，页2。
② 叶英：《黄道周传》，见《台南文化》，卷6，期1，页29—30。
③ 温聚民：《魏季子文集》（台北：商务印书馆，1980），页3。
④ 吕炽：《尹健余先生年谱》，页22。
⑤ 郑喜夫：《清郑六亭先生兼才年谱》，页16。
⑥ 罗正钧：《王壮武公年谱》，页6。

种表现，社会及家长之所以嘉许这些男孩好静不好动，正因希望表达鼓励孩子收心案前，自童年起就习于静态的倾向，摒除好玩好动的天性，因为当时家长及社会大众都认为只有及早加强孩子好静的性格，才能忍耐未来十年寒窗苦读，及早登科，出人头地。与友伴嬉戏的快乐，及一切踢球跑跳等户外活动，可能益身心，但被视为有碍读书入仕的兴趣，只好被牺牲了。

言者指士人子弟好耽静，似意指为其本性。儿童天生好静不好动者固非绝无，但一般幼儿贪玩爱动，更近天性。而明清传记资料中每见家长费力遏抑孩童好动之倾向，约束其户外活动和与友伴往来的兴趣，目的固在迫其加强向学之心，亦可见这许多"静而好读"的乖巧男孩身后，有多少人为的雕凿。乾嘉经学大师崔述，自能走路以后，父母就随时跟随，"不使与群儿戏"[①]。汪辉祖自幼在祖父、父亲、嫡母、生母的严厉管教下，要求他不做无益之事，辉祖曾好踢球，也在家长的严斥禁止下，不得不放弃。[②]邵行中原来是个生性活泼的男孩，八岁访外祖父家时，在家庭祭礼中还"争啖枣栗"，家人即斥而令知其不是，据说使之垂泣念母氏为止。[③]事实上念祖出生六个月，母亲就弃他而逝，七八年后，行中根本不可能留下什么印象，但在同遭人们的提醒下，孩童在勉强加速长大，成为一个懂事、安静，知收敛而不乱动的孩子。清季经学家陈澧（1810—1882）五岁时，还常在出嫁的长姐家中嬉戏不停，观鱼弄鸟，看百戏竞作。但七岁一入塾，母即督之甚严，一闻塾中无读书声，则呼入问曰："先生在否？"曰："不在。"则骂曰："先生带尔口去耶？"并密切监督与其往来的亲表兄弟，遇"听其言或不止，则斥挞之"。[④]不少日后表面传诵成看来沉静好读的儿童，如确属实，或者也是在如此的监管斥责下，塑造成形。

在读书求功名的单一目标前导下，明清士人家庭对其子弟人格之成长，不但不顾现代所谓"五育"均衡，群育美育与德智兼重，连古代儒家讲求"六艺"中的射御书数，或者文人文化中的诗书琴棋画等修养，多搁置一旁。他们所训练出来的理想男孩，是一位安静异常，不好嬉戏，少有友伴，也几不涉足任何户外及体力活动的"标准小书生"。这些书生年龄虽小，据文献上的理想塑型，性格早熟，举止完全不类儿童。而出入行动"有若成人"，也正是他们备受当时

---

① 姚绍华：《崔东壁（述）年谱》，页2。

② 汪辉祖：《病榻梦痕录》，页8。

③ 姚名达：《清邵念鲁先生廷采年谱》，页13—14。

④ 汪宗衍：《陈东塾先生年谱》（台北：文海出版社，1972），页3—5。

主流价值赞誉之处。①

因之，当十八、十九世纪，士人家庭在科考思想笼罩下的幼教文化达其巅峰时，也产生了许多当时人艳羡不已，后世或竟不免为之叹息的神童。清季经世大家魏源（1794—1857），据说"幼寡言笑"，五六岁即"常独坐"，却甚得长辈的器重，"祖父爱而异之，常抚谓家人曰，此子性貌并不恒，勿以常儿育之"。孩子就算原本有些好静的倾向，经家长一赞扬鼓励，少有不变本加厉，益走偏锋发展。魏源七岁入塾读书的时候，已成了一个终日静坐案前，大门不出，二门不迈的小书呆子。传记中说他"性极嗜学，尝自局于一室，偶出，犬不识，群围之吠"②。七八岁的孩子日夜勤读，毫不走动，偶然出门，连院落中自家的狗都要群起而攻之，这是何等令人悚然而惊的景象。

然而当时这种自幼静好读的男孩，才是众人赞许模仿的榜样，理由无他，只因为这种性格与行为的典范，在当时士人的心目中，是走向科举仕宦成功的模子。马新贻日后是中了进士，但他自幼年起，即号称"性沉默，不好嬉戏"，平日与兄弟仆役相处，神色温婉，绝无疾言厉色。而且他很能静下心来看书，不受外面事物活动的干扰引诱。幼年在塾中读书的时候，遇有达官贵人经过，一干同学均争往观之，他却独自一个人危坐自若，有人问起他，得到的回答是"旷功而仰面观人，何若用功，令他日众人观我耶"③。稚龄儿童，而有如此清晰的志向与人生目标，不好动，不贪玩，甚至不合群，不接世事，只要专心读书，立意在科考中一举成名，任官而出人头地，成为众人艳羡尊敬的对象，这样沉静孤寂、心思单纯的男孩，正是近世士人子弟中最受标榜的模范儿童。

（三）单一的兴趣导向

即使好不容易使子弟收回玩心，专心看书，明清的士人家庭，在科考文化和理学思想的双重影响下，从不敢纵容孩子任意浏览群籍，随其兴之所在，在

---

① 于成龙，七岁叔父丧，"哀慕如成人"。见宋荦：《如山于公年谱》（台北：广文书局，1971），页7。

李光地，五岁入学，读书倍文，颖悟过人。七岁，初学外祖，（其友）先达闻其奇颖，邀与相见，器度俨若成人。见李清植：《李文贞公年谱》，页3—4。

刘长佑，性凝重有度，数岁即言笑不苟，如成人。见邓辅纶、王政慈：《清刘武慎公长佑年谱》，页1—3。

王闿运，六岁父卒，哭泣如礼，有若成人。见王代功：《湘绮府君年谱》，页6—7。

康有为，十一岁父以肺疾卒，有为侍疾弥留，跪聆遗训，谕以立志勉学，教以孝亲，友爱姊弟，当时执丧如成人，里邻颇异。见杨克己：《民国康长素先生有为、梁任公先生启超师生合谱》，页23—24。

② 王家俭：《魏源年谱》，页2—3。

③ 马新贻：《马端敏公年谱》，页12。

心智活动的范围内，发展各方面兴趣，满足其多方面的好奇。幼童一旦识字之后，家长多期望他将所有时间精力集中在诵读经书与学习作文等科考相关的活动上。其他的兴趣，不但如上述体力和户外活动，一律在排斥之列，就是同样是看书阅读，家长也不许子弟浪费功夫在浏览经书之外与科考无关的"杂书"上面。当时所谓的正经书籍，以科举所试的"四书五经"为主，其他的书籍：文艺性作品，如传奇戏曲、小说歌赋固在禁观之列，有的师长连子弟翻阅史籍诗词都不准许。张煌言九岁时"好为诗歌"，父亲"虑废经史，每以为戒"，煌言遂辍笔不谈，但私下"犹时时窃为之"。①邵行中到八九岁，"四子书"渐已卒业，祖父平时教导时仍持续"详经略史"的原则，坚持"非儒者之书勿使见"。②

子弟在家长的高压和束缚之下，单以背诵经书度日，自然十分单调无味，常欲窃观史籍演义。方苞七岁的时候，明知祖上藏有旧版《史记》一书，但为父亲固藏箧中，禁止孩童翻阅，当时苞有一兄百川，年已十岁，与苞相约，一日，候父外出，"辄启箧而潜观之"③。连正史中的经典之作如《史记》者均须偷阅，可见当时士人子弟的心智活动范围之褊狭与受制，其平日的生活之枯燥单调。

殷兆镛是另一个备受家人呵护和关爱的男孩，自幼祖母照顾周到，"出入起居必偕，疾病则抚摩噢咻"，三岁起课以识字读书，有过则答挞不少假，显然期望备至，鞭策着他力履科考之途。所以当兆镛五岁窃观《三国演义》，并妄为议论时，父见即痛责之，立与宣讲小学诸书，以为替代。④

这一切约束斥责，背后的原因主要是家长一心催促子弟走向科考之一途，十分明显，虽则传统中国父母亲长的待儿态度，以及明清家庭的权威性格、个人意志与地位之不受重视，也都是相关的因素。王闿运幼丧父、祖，家中贫困，无力延师，只能不定期从伯父就读。当时一般家庭中并无藏书，王家亦不例外，要到省城求书，也相当不易。闿运识得字后，想找书读，往往辗转假借，回家择要抄读。但是师长期望子弟抄读的是科考必读的经书，而闿运当时却已对诗文发生兴趣，尤爱楚辞。正如其传记资料中所述："当时天下方骛于科举，宣宗尤重翰林，以一童生，不数年可跻二品，故父老以科甲督责子弟，甘心不悔。"闿运不喜科举之业，尝假得楚辞，读之惊喜，然师长目为杂学，闿运虽于作文

---

① 赵之谦：《张忠烈公年谱》，页8。
② 姚名达：《清邵念鲁先生廷采年谱》，页14。
③ 苏惇元：《方望溪先生年谱》，页42。
④ 殷兆镛：《殷谱经侍郎自订年谱》，页9—10。

时窃诵之，师长则常出其不意从背后掣其卷而收藏之。闿运在当时科考弥漫的风气下，虽自恨孤陋，欲多阅古之作者，"多读未见之书"，却不可得。[①]

五、结论

明清时期士人家庭对其幼年子弟的教导方式，专执于识字诵经等智育活动，不但与中古士子重诗文、两宋家庭重德育训练的传统相较，是一大转变，与近世西方基督教伦理文化主导下，欧美中上家庭家长之侧重宗教教育与行为人格之塑造，也相当不同。[②]在相当程度上，这是当时特殊政治文化下所形成的一种特殊幼教风范。

近世欧美中上家庭之家长，看重子弟之宗教修养，对其幼年教导着重于诵习《圣经》经文，经常祈祷，以养成虔敬畏天之习性，对家长须谦卑顺从，重在其基督徒人格行为之塑造，而未必在心智上超龄发展，或学业上的优异表现。[③]倒是在执行幼教的方法上，西方之师长常不吝采用严酷之体罚，以遂其折毁子弟与生俱来的罪恶本性之目的。[④]而中国近世士人家庭，虽重其智力表现，但方法上多用奖励诱导，所施之压力亦以心理胁迫为主，在幼年的阶段，尚少用严重体罚。

任何一个社会，其家庭对幼年子弟的教养方式和教导内容，本属私人生活范畴，少涉公共事务活动，但明清国家取士用人的管道兼具开放和单元化之双重特征，一方面以科考为社会流动之主要途径，而科考方式固定，内容褊狭；另一方面开科取士对社会一般家庭亲长构成莫大吸引，然而其竞争又因人口增加、员额有限，日益激烈。影响所及，久而久之，使欲训练子弟晋升官宦之阶的士人家庭自然而然地随调整其幼教方式，演成一套单调但竞争性愈演愈烈的育儿文化。

从大量的传记资料中，我们看到此时期中国的士人家庭逐渐将智育变成了

① 王代功：《湘绮府君年谱》，页9—10。

② 参见 Lawrence Stone, "The Reinforcement of Patriarchy", *The Family*, *Sex*, *and Marriage in England*, *1500—1800*（New York：Harper and Row，1979），chapter 5，pp.109—127; Edmund S.Morgan, "Parents and Children", *The Puritan Family*, *Religion and Domestic Relattions in Seventeenth Century New England*（New York：Harper and Row，1966），chapter 3，pp.65—86。

③ John Demos, "Parents and Children", "Infancy and Childhood", *A Little Commonwealth*, *Family Life in Plymouth Colony*（Oxford：Oxford University Press，1970），chapter 5、9，pp.82—100，131—145.

④ 参见 Lawrence Stone, *The Family*, *Sex*, *and Marriage in England*, *1500—1800*, pp.115—127。

一切幼教活动的焦点，父母家长均极尽一切办法，想使子弟及早开始学习活动，在家中也利用所有随遇性机会，进行种种识字、作对、口授经文等智育性的学前幼蒙工作。另则为考虑经济方便，更为了随时随地严格督促之效，此时士家形成一种家长亲自课儿之习，父亲、祖父、母亲及其他近亲长辈，均常联合涉手，视此幼教工程为攸关家族前途的共同投资而孜孜不倦。这一切提早自课的努力，主要固在期望子弟能在学业上超迈同侪，未来在科举之业中能提早出人头地。但在商品经济活络、社会职业繁兴的情况下，欲谋商、工、医、艺各行各业之发展者，亦莫不仿而效之，以早启儿智、早授其技为一日趋开放竞争社会中求存求进的无二法门。同时，为了配合此主流幼教模式，也为了塑造一种特别适合仕宦求利求禄的人生，家长更是利用各种机会，灌输子弟读书仕进的价值观，尽早形成其好静而不爱动的个性，甚至禁止他追求经书作文之外其他嗜好兴趣，发展宽阔生活活力与技能之可能。

类之努力，固然不一定成功，因为我们确实知道许多琢磨挫败的例子，或者转择他途的士人子弟。但是其蔚为风气，甚至影响了近代中国社会其他阶层的育幼文化，则为不争之事实。在此主流文化的影响之下，一代又一代的稚龄儿童，在强大的社会和心理压力下，有时抱着病弱的身体，多半委屈扭曲个人的性向勉强上进，说是为应付亲长期子登科入仕的盼望[1]，整体而言，也可以说是家族上下整个向环境低头，只求顺迎时势而得利，少做反省以批判之事实。这种政治制度影响家族价值与幼教方针，而幼教方针又转而形成社会强势文化与特定的心理人格，的确是近世社会史上一个不容轻视的问题，亦非独明清中国而然。翻转言之，如果说中国近世官僚阶层，其文化习性、心理特质、性格的成长背景多为此一个特定而褊狭的幼教模式训练出的成果，一代又一代、一群又一群的儿童，自小被教以专执经书，摒弃体力和户外活动，约束一切文艺嗜好和其他兴趣，长大成人，其影响所及的一元化价值观倾向，其流风所及之知与不知之知识上的褊狭，能与不能的技能面局限，又是私人生活形态转而塑成政治文化特质的一个实例。此类广义的考虑，虽非本文范围所及，但确是一个值得深思细究的问题。

---

[1] 岑毓英，见赵藩：《岑襄勤公年谱》，页11；唐文治，见唐文治：《茹经自订年谱》（台北：广文书局，1971），页6。

图 4-1

第四章　社会与文化脉络

对儿童的一番特殊重视与关怀，是现代社会潮流及道德文化中重要的一环。①此关注之发展过程颇长，内容亦多变化，但在西方基本上与启蒙思潮之蔚然成风有很深的关系。中国的社会与文化对儿童的关注，自有其长远之渊源，在与西方接触交汇之前，不论在"儿童文化""童年经验"还是"儿童论述"上均有其曲折演变。到了近代，重新营构种种关系儿童的价值、规矩，乃至法律、制度，旧有的脉络与新成的趋势相逢交织，可以看到种种不同的组合与神貌，而且也是家庭人伦与社会议题中至今兴而未艾的关键议题之一。

从逻辑概念和文化演变上说，古今中外对儿童议题的讨论，甚至实际日常生活中予儿童之对待，也就是该社会预设中的儿童定位问题，往往与该社会中一向以为儿童的属性（儿童本性上是什么，或儿童属于谁）问题密不可分。而儿童属性之展现又容易归究于儿童生命之本源所自（儿童从何而来，如何养成）。本章即援此类考虑出发，欲以近世中国之实况为例，综合各方文献与多源信息，重新检视当时社会文化脉络中，不只从生命源起、权力控有，尤其在责任归属上言，在当时各样的价值观念和风俗实践中，一位幼龄儿童究竟属谁管辖，归谁所有，从而思索任何对初生生命归属问题的认定，对儿童日常生活之影响，及对层层相涉习俗、文化、制度之互动，于近世历史脉络中的变化。此一推衍过程，近世欧洲与中国的状况有神似之处，亦有迥然之别。尤其晚近对此类文化演变之讲说，其实也代表汹涌波浪中之部分激扬，值得将学问之思辨与世事之回转，并观思量。

---

① 许多西方儿童之童年史之作，起初均在以之为例评明西方社会价值及民众心态上之由野蛮、无知、粗暴而于近代逐渐步向文明、谅解与同情。最明显的例子，像 Philippe Ariés, *Centuries of Childhood, A Social History of Family Life*（New York：Vintage Books，1962）；Lloyd de Mause（ed.），*The History of Childhood*（New York：Harper and Row，1974）；C.John Somnerville, *The Rise and Fall of Childhood*（New York：Vintage Books，1990）。不少家庭史及社会文化史的作者，亦带类似之假设，Lawrence Stone, *The Family, Sex and Marriage in England 1500—1800*（New York：Harper & Row，1979）是大家熟悉的例子。

一、概念之假设与历史之实际

从早期简单的"原始社会"到组织复杂的晚近"现代社会",一婴儿之诞生,众虽皆见出自母腹,多半亦知与男女交合有某种渊源,但几乎没有任何社会将其生命纯粹归属于孕生之妇女或生养之父母。或在起初,就赋予生命起源之多重意义,多者不断赋予孩童层层之社会文化上的归属。中国之例待有文献可考,对生命起源及子之从属已呈相当复杂局面。因之,要尝试就近世之状况做一详细考察分析,须汇总多方素材,做一综合讨论。

中国文化上长久以来对孩童或任何个人生命之成立,基本归之于生养长成,父母的生育养育,加上师者的诲教,即是一般人心中口里的生育、养育、教育之恩。细究之,从生命起源观点而言,生物面理解或医学文献中对生命孕成的理解,与礼书或道德哲学上对人身或人生本源的讨论,并置而互观,方得佐证其各自表达意涵及相互关涉。

再者,生育之后养育一面,虽则一般多由母亲担负,但旧时家庭社群中育儿过程常有多种亲长涉手,加上多偶婚中生母之外的"嗣母""嫡母",佣雇自外但关系亲密的"乳母""奶妈",甚至亲戚邻人,都可能实际上直接参与"养育"工作,使得一位儿童的养育之恩,内情错综。[1]加上起居衣食,育儿过程中总有倚重"专家"意见或他人忠告的时候。遇疾遭难更是求医问卜,因之或医或巫、村老姬妇,在当时的社会习俗和行为规范中,也常涉养育之责,且均视"孕人之幼"为不可卸之责任。在某种意涵上,此专家(医者)、亲长与父母共同养育而成的幼儿,遂一直带有若干"众人之子"的身份。[2]至少,在重新拼凑思索此问题时,家族、个人传记上的载记和医籍、宗教素材上的论述,不能不兼顾而会同考虑。

三则由生、养而至教养,关涉面更广,问题也更加复杂。本来家中幼年男女,父母为之提携教养,似最为自然。但近世士人商工,男孩略长即求师就傅,中上家庭中女孩延请教师助习文字书画女红者亦非仅见。农家男孩拾薪牧放,习

---

[1] 历史上的儿童经验中与近代最大的差异之一,是在核心家庭及近代都市生活出现以前,育幼工作常由父母之外其他许多人之参与而共同完成。此人事环境之改变,可参考熊秉真:《试窥明清幼儿的人事环境与情感世界》,《本土心理学研究》卷10,期1,1992,页253—267。

[2] 教育家之外,幼科医生是传统中国社会中最重要的儿童专家。关于中国幼医发展的历史,请见熊秉真:《幼幼:传统中国的襁褓之道》,第二章至第三章。

图 4-2

图 4-3

清寒母子　近世中国儿童之童年处境与其阶级背景的关系，是另一个重要而待深思的问题。图中所见民初的农家母子或渔民长幼，与书前所附《麟趾图》所显示的成人孩童，其世界显然有霄壤之别。对此其社会阶级所造成的差距，绝不逊于时代上的差异。

作农事，也常受村中父亲之外他人之指点。仔细说来，涉及近世幼儿教育指导、具造之功之人士不少。彼等教儿之时，且不以其训导指示为一己之责，往往视眼前他人幼子"犹如己出"。若推而及之书面幼教道理、幼教教材，则从教养、教育、教化的角度，以儿童之管教为自身不可推卸责任人士正多，任何人之子或多或少、早早晚晚都成了大家共同的"负担"。幼蒙、理学等哲学思想和幼教方面文献与家庭材料交会，乃为教育面上儿童归属问题思索之开端。

最后，抽象的社会整体和最高上或最遥远的政府国家，不论透过艺术描绘，或者法律规章、强制执行，固然说在有形无形地企盼、保护着某种共属于集体社会与国家的儿童，其实艺术作品上的图像，法律案件中的处置，正须与哲思论辩中的儿童属性与定位问题对质，以追究在抽象与概念的层次。天地间之儿童，在近世中国安归何属。最直接的是社会改革或文化推动者的力量，当然不断加强其对人生童幼时期的重视，或论其哲理（童心为何，儿童有何属性，应获如何之对待），或插手参与其塑造（生产或改良幼蒙素材），或评断而欲左右幼儿之管教方式（教导父母师长如管理儿童、训练子弟、进行幼蒙）。种种的现象及努力，过去常视为推展教化、开启文明之功，若转以社会变迁及公私新旧界域之调整重划的角度视之，未尝不是对儿童归属权的一再重新定义，及对童年内容的另一番了解与认定。

二、父母之生养与家庭之教养

人生之起源，在生物或身体面上，中国文化一向的认定是来自父母，不论是道德哲学上说的"身体发肤，受之父母"[1]，以之为终身致孝之基础，还是医学文献上讲的"男精女血"[2]，交合成孕，落地成子，都在建立生命源于父母的主张。如之，为人子女者固有报生报养之需，儒家一向教孝教忠，连佛教都要流传"父母恩难报"之经，为人父母者亦有抚育教导之责。虽则文化习惯上自古并未特别强调育儿教儿之细则（父母犯过或不知如何育儿，乃至怠忽职守，在传统哲理上是一个未受重视也未尝深究的假设），但是一位孩童由出生而长成，生养教育是其必经。中国的孝道文化亦强调，为人子女者一生不能不铭记生育之恩、

① 《孝经》开宗明义第一，见《孝经注疏》（台北：中华书局，1965年影印清院阮元用文选楼藏本十三经注疏八），页11。
② 关于"男精女血"的源流，见万全《广嗣纪要》中的《择配篇》《寡欲篇》。转引自汪茂和编著《中国养生宝典》（北京：中国医药科技出版社，1991），上卷，页820—821。

养育之恩与教育之恩。

生育之事，始自交合，而劳在生母。[①] 养育之事，一般仍为母氏之责，虽可能有其他女性亲属或家中佣仆相助。[②] 教育之事，则不论女孩男孩，在幼儿时期主要都由父亲统管决定，家中其他亲长，如母、兄、祖父、叔伯则为适当之奥援。[③] 对士、工、商子弟，直到孩童渐长而入塾或出就外傅。对于多半农村子弟及士族之外的女孩，他们的教导训练则完全是在家庭之内完成。

到了近世，此育儿文化的外在环境发生了重要变化，在思想或抽象层面，纯粹理学与人性论上的论辩衍生引发了对代表人之初的儿童与童心的关怀与争议。[④] 从市场方面看，出版业的勃兴与教育不断普及的趋势，催促出日益大量的重刻及新著的幼教素材。另外，在社会文化面，明清对推动新教化有兴趣的人士也在一波波地投注于家庭教育与学塾教育的改善或者改良。这种种因素交汇之下，原本多属于家庭的幼教事务，第一步先有移向学塾的发展，第二步更迅速地变成了"社会议题"，外人均得公而论之，表达意见，甚至希望插手干涉。牵连所致，原本纯粹是一家一族之私的儿童，正逐渐变成一个介于家中父兄、塾中师长与社会公众共同关注的焦点及争相管辖的对象。此现象发生的背景相当多元，意涵也相当广泛而深远。本章仅择要以文献资料显现此一现象在近世中国发展之过程，并略及其历史走向之影响。

---

① 因是，中国社会及文化习惯中特重母子关系，传统文献中缅怀母氏生养之恩者尤多。本人过去曾为文析述此母子情长的文化背景及母恩难偿的社会心理，见 Hsiung Ping-chen, "Constructed Emotions : The Bond Between Mothers and Sons in Late Imperial China", *Late Imperial China*, Vol.15, no.1.1（1994），pp.87—177 ; 及 "The Limits of Debt : Aging Mothers and Their Grown Sons", 1996 Annual Meeting of the Association for Asian Studies, Hawaii, April 11—14, 1996.

② 熊秉真：《试窥明清幼儿的人事环境与情感世界》，《本土心理学研究》卷10，期1，1992，页253—267。

③ 家中女孩受教育等重大事件均由父亲或男性家长决定。智识教育之传递亦常由父亲或男性亲长为之。男孩女孩在幼儿期的启蒙教育则常由母亲或其他女性亲属为之。参考熊秉真：《好的开始——中国近世士人子弟的幼年教育》，《近世家族与政治比较历史论文集》（台北："中研院"近代史研究所，1992），页201—238 ; 及 "Fathers and Daughters in Late Imperial China : Culture, Cultivation and Gender in the Family Setting"（Paper Presented to the 35th International Congress of Asian and North African Studies, ICANAS, In Budapest, July 6—12, 1997）。

④ 中国思想界对儿童论辩之展开，常因对幼教之关怀及对人性论之议论而起，宋明儒对此两方面之论述是近世重要之关键。见熊秉真：《历史上的幼教与童年》，《本土心理学研究》期6，1998 ; 及《中国近世儿童论述之浮现》，见魏秀梅、郝延平编：《近世中国之传统与蜕变：刘广京院士七十五岁祝寿论文集》（台北："中研院"近代史研究所，1998），页139—170。

三、近世幼教文化的滋长与转折

宋代以后，抚幼与训蒙日益成为社会及文化关注之新焦点。宋、元、明、清，幼教文化曾经过数波的成长和复兴，背后众人在价值观念方面的转化及活动经验方面的成长，都是事实。反映于此时期文献之篇章与字里行间，最明显的有三个突出的现象：一是思想对育幼训蒙在哲理层次的论辩；二是市面上形形色色训蒙教材的大量涌现；三是流传于社会上与时俱增的幼教议论，及为指导塾馆蒙师而写的教导幼教作品。三方面的发展，都将近世以前原本属于家庭照管范围之内的幼年儿童，逐渐转化为一个公众的议题及社会上大家关怀的对象。此一伴随着幼教文化成长而来的转折，意涵不只一端，其三方面的展现均值一探。

（一）幼蒙之道

程朱理学与陆王心学，毫无疑问是近世幼教文化上的两大路线之争。前者之主澹静、恶嬉戏、重管束，与后者从良知良能说出发，强调自由、自然，鼓励舒畅、活动，反对拘束、体罚，在理学与心学许多有关理气二元及人性论的争辩中，都隐约可见。朱熹《童蒙须知》和王阳明《训蒙大意》之映照，将此带到又一顶点。

到了明清时期，幼蒙论述显然承袭了朱、王二派的争辩，而有进一层的演绎。此时之倡幼学者，尤其对训蒙时究应宽纵学童之活动，或者尽量训练其静止；平日指导之方针应讲求自然放任或严加管束；体罚拘禁之适用与否等三方面问题讨论最多，也最能看到近世幼学文化一方面上承宋明遗绪，另一方面亦因现实社会之变而演生自身之风貌。清初崔又尚所著《幼训》[①]、唐翼修辑著《父师善诱法》[②]，及清中叶王筠（1784—1854）所书《教童子法》[③]三者之内容，可为此幼教文化走向之代表。

1.《幼训》

关于儿童趋止动静，崔氏《幼训》专有"习揖""习立""习坐"三项，可

---

① 崔又尚：《幼训》，清康熙三十四年（1695）新安张氏霞举堂刊本。
② 唐彪：《父师善诱法》（台北：伟文图书公司，1976）。
③ 王筠：《教童子法》（上海：商务印书馆，1937）。

见其原则上重视幼童动作起立之训练，不赞成完全的放任自由。[1]尤其《幼训》篇中还有"习饮食"及"幼戒"两项，前者细言日常饮食之道，"幼者令先食粥""饭时先淡食数口，然后用腐。添碗然后食荤""毋先后、毋择毋翻""毋以箸入口，毋以舌接食""毋他顾，毋含食与人语，毋遗粒，箸毋过肩""嚼无声，咽无疾"等[2]，颇让人不由忆起朱熹讲童蒙时对儿童饮食规矩的要求。后者则严戒幼童对神明师长"唾溺""及裸露仰卧""打骂家人""骂乳母及老仆"，置袜履下衣案上，置冠帽椅座床边，戏弄禅堂道院法物，"翻弄人书籍文具""讲闲话"也都不许。尤戒"擒拍蝴蝶蜻蜓诸虫，践踏虫蚁，折花枝"[3]，与《童蒙须知》最后要求子弟不可为"无益之事，谓如……笼养打球，踢球，放风禽等事"[4]，原则如出一辙，仅平添更多对昆虫花木戏耍细节，而且增加了一些对宗教文物的敬重。

但若举前示内容，而指崔又尚及其《幼训》一文全为依从程朱精神之作，则又不全尽然。因在"幼戒""习饮食"及"习揖""习立""习坐"等段落之前，崔氏《幼训》专有"鼓舞"一篇，要求师长特别注意，对幼童之"极钝者，必举其长以扬之，则不退，倦者必加以礼貌，则不鄙"[5]。无论在名目上及内容上都甚贴合阳明先生《训蒙大意》中所强调的"诱之歌诗""导之习礼"之倡议。[6]

---

[1]《习揖》曰："生徒习揖，如北向揖师，二生则长者居左，幼者居右；三生则长者居中，次者居左，幼者居右。毋以背向人，凡揖，足跟紧并，足头少开，头仰仰，亦毋大俯，眼视鞋尖为准，耸大臂，先起翼如（所谓圆如抱斗）。次以小臂，及双手拱上，与大臂及肩齐，然后鞠躬而下，头垂过膝，膝毋曲，致成蹲势，徐兴，肩与大臂先起，手与小臂垂下缓起，齐肩而止，倘揖如簸箕，双手垂胸，成何体统。"《习立》则曰："凡立，必袖手翼如在尊长前，毋南面，毋倚，毋垂头，毋敲肩，毋先尊长，毋正对尊长。"《习坐》则曰："凡坐，必先拭座，毋靠椅背，毋欠伸，毋支颐，毋交颈，毋横肱。师友临座，则起，有问则起，有答则起。"见崔又尚：《幼训》，页4—5。

[2]《习饮食》原文为："饭时，先淡食数口，然后用腐，添碗然后食荤，晚食用酒，诸生长成者陪之，幼者令先食粥。食必告，或间数日与之饮，饮必告。假如两人对食，则一箸中分为两面，居左箸入右，居右箸毋入左。三人则三面，四人则四面，箸毋妄入，皆然。毋先，毋后，毋择，毋翻，毋数，毋邻（谓取邻箸食也）。毋以箸入口，毋以舌接食，毋归余（谓以食余再入箸中），毋他顾，毋含食与人语，毋遗粒，箸毋过肩（肩谓箸肩也），毋桥（以箸高置箸上也）。嚼无声，咽无疾，啜无流，食毕，敛齐两箸，乃起。"崔又尚：《幼训》，页5—6。

[3]《幼戒》原文为："对北，及日月神圣师长前，唾溺，及裸露仰卧。不禀亲命，打骂家人，若骂乳母及老仆，尤宜戒。擒拍蝴蝶蜻蜓诸虫，践踏虫蚁，折花枝。作顽。置袜履下衣在案上，置冠帽在椅座床边。入禅堂道院戏弄法物。秽手翻动经卷。出位。讲闲话。翻弄人书籍文具。"崔又尚：《幼训》，页4。

[4]朱熹：《童蒙须知》全文，见陈梦雷编：《古今图书集成》（台北：鼎文书局，1976），册324，卷39，页12。

[5]崔又尚：《幼训》，页3。

[6]王阳明：《训蒙大意》，见《传习录》（济南：山东友谊出版社，1994），页220。

尤其若观《幼训》中对赏罚及体罚的讨论，则可见清初如崔又尚等幼教改革者实有折中朱、王二氏之说，而另申己见者。盖《幼训》"赏罚"一篇中，固主张学堂应记诸生之功过，"逢十会察"，行赏罚（以纸、笔、扇等为赏，以立、跪、责三等为罚）。①但《幼训》首篇题为"爱养"，却一再反复斟酌教训童子之时，关爱重于苛责的原则，谓：

> 教训童子，在六七岁时，不问知愚，皆当用"好言劝谕……勤于教导，使不惮读书之苦。若徒事呵斥而扑责，不惟无益，且有损也。至八九岁时，年方稍长，或可用威……若久用不止，则彼习以为常，必致耻心丧尽，顽钝不悛矣。至十四五岁，尤为邪正关头，正养中养才之候，循循诱掖，自当水到渠成。②

其中除认为对学童应依其年岁有宽严互济教导之方外，在在表示，呵斥之有损而无益，善于诱掖之关键性价值，在立场上又极近王阳明之高倡诱导，反对训蒙者"不知导之以礼""习之以善"，而以"鞭挞绳缚，若待拘囚"。③"爱养"一篇随后细言不得已责教幼童时必须注意的技术问题，最后则以"缓缓约束，三令五申，俟其心服乃责，切不可性急"作终。④

2.《父师善诱法》

唐彪的《父师善诱法》⑤是近世幼教文化上另一个有力的例证，其间颇可见

---

① 《赏罚》原文为："学堂设一册，记诸生功过。逢十会察，除功过相折，外行赏罚例。赏则纸笔扇之类，罚则立跪责三等。责亦分轻重三等。先是定赏罚例，悬之座隅，务期信赏必罚。"见崔又尚：《幼训》，页3—4。

② 崔又尚：《幼训》，页1—2。

③ 王阳明：《训蒙大意》，见《传习录》，页221。

④ 《爱养》后半段曰："故先辈教子弟，遇聪颖者，单用善言警悟，往往不苦而自成，即遇愚顽，亦加扑责，扑后，仍用好言劝谕，亦每知悔而能新。不然者，则下愚不移，虽扑责之无益也。愿为父师者，教子弟，只费自己口舌之烦，讲贯之详，督课之勤，兼以自己持身之庄，出话之正，子弟见之，自然知悚，断不在恐吓责扑问也。若不得已而用责，数则不威，轻亦致玩，故不责则已，责则须威，或预约人劝解以留余地。又必有其候，空心毋责，方饭毋责，毋乱责，毋出不意，从背后掩责。凡此皆足致疾，慎之慎之。又生徒从前懈弛者，初至时，须缓缓约束，三令五申，俟其心服乃责，切不可性急。"见崔又尚：《幼训》，页1—3。

⑤ 唐彪，字翼修，浙江兰溪人，曾任会稽、长兴、仁和训导，关心教育，有《父师善诱法》及《读书作文谱》问世。《父师善诱法》分上、下两卷，前有"古越唐彪翼修辑著""潋水唐彪翼修辑著"及"弟之獬、瓖、之凤、晨，男正心、正志仝校"字样（台北：伟文图书公司，1976年曾重印流传）。韩锡铎重编之《中华蒙学集成》（沈阳：辽宁教育出版社，1993）亦曾收入部分内容，并加注释，见该书页826—832。

程朱、陆王幼教路线之争在近代的曲折变化。《善诱法》书中，先以自课传统，指出教子弟为父兄不可轻御之责任，从而引出延师送塾以求多方陶淑之说。《善诱法》一书，也就在借着对父兄家长的建言，促其重视塾学蒙师乃至其子弟所交游的朋友，与世上父兄及当时社会重新商榷教子之道。

从此立场出发，《善诱法》的上、下两卷之内容却呈现出交错对照、宽严互见，及传统保守与改良温和两方面不同的气质，此两方面精神之并陈而对立，相异而交合，在近世幼教文献中绝非仅见，值得援为例证而申其意涵。《善诱法》上卷分十二短篇①，考其对幼蒙之态度，其实相当严谨，始即要求父兄"不可姑息子弟"，因而必须为之虚心延访名师，尤须着重一般人所轻忽的"蒙师"。②其后"劝学"一篇，更引前人铭言，促父母"养子必教，教则必严，严则必勤，勤则必成"③。论蒙师训幼之方，亦一再强调，"学优而又严且勤者"方为良师，且"蒙师贵勤与严"为时下常人之共识。④在论"教法要务"时，再言"先生欲求称职，则必以严为先务"。以"教法过于宽恕"之师，学问虽优，常使弟子学习上有缺失，"终非师道之至也"。⑤尤其唐氏提到家长须重视子弟平日交游，并为之择友，"必不使亲近狡仆损友，导之以色声，并诱其嬉游博弈"⑥。一方面感叹"今之世家子弟……（多逐）狗马声妓，饮博交游之好"，而远书籍⑦；另一方面又呼吁家长见学堂之中"博弈纵饮""暗坏书籍""离间同堂""己不肯读书而更多方阻人致功"的"不肖子弟"，应极力设法辞之远之，以免子弟受污染干扰。⑧综合其对家长、塾师、蒙学，及日常交游方面的看法，唐彪对幼学及学童的道德行为都有极严格的要求，观念及论述上都表现得相当严肃，甚至保守。字里行间，依循程朱之学理念者正多。

---

① 《父师善诱法》上卷之细目包括"父兄教子弟之法。尊师择师之法。学问成就全赖师传。明师指点之益（附书文请教高明数则）。师不宜轻换。学生少则训诲周详。教法要务（附尽心训迪善应二则）。读书分年月先后功夫分多寡法。父师当为子弟择友。损友宜远。劝学。字画毫厘之辨"。见目录，页1。

② 见唐彪：《父兄教子弟之法》《尊师择师之法》，见《父师善诱法》，上卷，页1—3。

③ 所引柳屯田"劝学"之全文为："父母爱其子而不教，是不爱其子也。虽教而不严，是亦不爱其子也。父母教而不学，是子不爱其身也……是故养子必教，教则必严，严则必勤，勤则必成。学则庶人之子为公卿，不学则公卿之子为庶人。"见唐彪：《父师善诱法》，上卷，页8—9。

④ 唐彪：《父师善诱法》，上卷，页2—3。

⑤ 唐彪：《教法要务》，见《父师善诱法》，上卷，页5。

⑥ 唐彪：《父师善诱法》，上卷，页1。

⑦ 唐彪：《劝学》，《父师善诱法》，上卷，页9。

⑧ 唐彪：《损友宜远》，《父师善诱法》，上卷，页8。

可是续睹《善诱法》的下卷①，其重温和同情的风貌逐见，书名上取循而善诱之精神立现。在下卷谈蒙幼之实际步骤及其执行原则时，唐彪在在表明他理想中的幼教，应采各种理解幼儿心身状态，温和缓进，及注重效果的方法，不可一意强势孤行。或征引旁人之说，说六岁幼童"且勿令终日在馆，以苦其心志，而困其精神"，"书易记，字易识者，乃令读之，其难者，慎勿用也"。②自言"凡教童蒙，清晨不可即上书"，须知"童蒙幼稚无知，但畏书之难读，疾书如仇"③，"为人父师者，须用心教之认字"④，重视讲解⑤。而且认字讲解都要讲求方法，"教童蒙泛然令之认字，不能记也。凡相似而难辨者，宜拆开分别教之"。复认之时，"将认过之字，难记者以厚纸钻小隙露其字令认之"⑥。论及讲书，唐彪主张："童蒙七八岁时，父师即当与之解释其书中字义。但解释宜有法，须极粗浅，不当文雅深晦。"一再强调，"子弟年虽幼，读过书宜及时与之讲解，以开其智慧"，"年虽幼稚，讲解日久，胸中亦能渐渐开明矣"。⑦

将上述对童蒙教育在细节上的讲求与《善诱法》上、下卷其他部分内容检核，可以发现：作者唐彪对于儿童颇欲持一理解、渐近而鼓励的态度。他欣赏一些塾师站在学习者的立场解决问题，尽量尝试揣测年幼学童的心理感受。像他说起次子正心（六位后来协助校对《善诱法》的男孩之一）在六岁入学后，书不成诵，"三岁易三师"，到第四岁已无师可换，学业仍然困顿，"无可如何"。但当全家因兵乱避居山中，遇到一位朱师设帐，令从之学，不及数月，读新书，熟旧书，三数载间的阻隔迎刃而解。问其故，师答仅在教之"认字清切"，而排除了孩子过去"不敢放心去读"，少数生字阻碍了文句，"因一二句不熟，通体皆不成诵矣"⑧。基于类似的经验和主张，他要求塾师采取一种比较宽怀舒解的态

① 下卷共有十六篇，题目分别是："童子初入学。童子最重认字并认字法。教授童子书法。童子读书温书法。读书讹别改正有法。童子读注法。觅书宜请教高明。背书宜用心细听。童子学字法。童子宜歌诗习礼。童子讲书复书法。童子读古文法。童子读文课文法。改文有法。童子宜学切音。教学杂条。"见《父师善诱法》，目录，页2—3。

② 唐彪：《童子初入学》《父师善诱法》，下卷，页18。

③ 唐彪：《童子最重认字并认字法》，《父师善诱法》，下卷，页18—19。

④ 同上注。

⑤ 唐彪：《童子讲书复书法》，《父师善诱法》，下卷，页29—30。

⑥ 唐彪：《父师善诱法》，下卷，页19—20。

⑦ 唐彪：《童子讲书复书法》，《父师善诱法》，下卷，页29。

⑧ 唐彪：《父师善诱法》，下卷，页19。

度带领学童上路，读书时不必尽读注①，习字时握其笔②，用谦怀和温暖，贴近学童的处境，用心关注学生的一变一化。当学生背书时，仔细聆听。③他认为老师的爱心、耐心和关注，可以引动学生的学习动机，开启求知的乐趣。"常使精神有余，则无厌苦之患，而有自得之美。"④

其实唐彪将学习的效果及责任完全由子弟移到父兄（之抉择判断）与师长（之教法引导）身上，在中国教育史上是一个革命性的转变。他对着家长说"学问成就全赖师傅"⑤，要他们慎请良师，重视"明师指点之益"⑥，在各个求学的步骤关节上向师长建言，要求其改善方法，更尽其责。依他之见，倒具有用学生受益的程度来衡量"教法之善与不善"，评价"先生优劣"。⑦他在许多地方明言"童蒙幼稚无知"⑧，一切在"先生须用心"⑨，审听、慎思、细辨、改正。然而"先生更不深思，但咎学生之顽拙，骂詈仆责交加，而不知由于己不教……之故"，常令忧心幼教者深为感叹（唐氏以"噫"一字作上段之结）。⑩

同情学童、责求父师之外，他还看重某种"实证精神"，在幼童实行中，总要求父兄师长视实际情况而决定适当的方法和策略，随时准备商榷、斟酌而改进，切勿墨守成规，或妄听众言俗见。他一再提到试验，不但自己对听来想到的新主意勇于试验（《善诱法》中充满了他的以观察核对理论预设之举，及"又尝试验之"的记录⑪），而且生平最痛恨的就是大家仿效旧习，接受成见，或言或行"皆未试验，而臆断"⑫。以试验挑战世俗习惯，斥无实际证据者为"臆断者之言"，所掀动的文化肌理，不只在幼教幼学之一义。

对其思路和理念的承启而言，唐彪在《善诱法》下卷抄录征引了王阳明《训蒙大意》中的精华，名之曰"童子宜歌诗习礼"⑬，算是一个自我的剖析与表白。

---

① 唐彪：《童子读注法》，《父师善诱法》，下卷，页23—24。
② 唐彪：《童子学字法》，《父师善诱法》，下卷，页26—29。
③ 唐彪：《背书宜用心细听》，《父师善诱法》，下卷，页25—26。
④ 唐彪：《童子读书温书法》，《父师善诱法》，下卷，页21。
⑤ 唐彪：《父师善诱法》，上卷，页3。
⑥ 同上注，页3—4。
⑦ 唐彪：《童子学字法》，《父师善诱法》，下卷，页27。
⑧ 唐彪：《父师善诱法》，下卷，页18。
⑨ 同上注，页22—23。
⑩ 同上注，页18—19。
⑪ 同上注，页19。
⑫ 唐彪：《童子读文课文法》，《父师善诱法》，下卷，页31。
⑬ 唐彪：《童子宜歌诗习礼》，《父师善诱法》，下卷，页29。

3.《教童子法》

王筠的《教童子法》[①]，在内容和精神上都可说是唐彪《父师善诱法》的进一步发展，在诉求对象上已完全摆脱对家长的建言，专对塾师立言，父师中的父已不见，只以师为焦点，而且所谈细节莫不以塾学教课为范围。所谓教童子针对的是教弟子，不再是教子弟，或将二者混为一谈。在路线与内容方面，《教童子法》所呈现的远较《幼训》及《父师善诱法》中要一致或者单纯。一方面略去了所有对儿童日常生活和行为的管束，专以塾学中对学童智力活动和学识成长为关心对象；另一方面亦摒除了程朱式的严教苛责的原则，明显地转向阳明式对儿童之同情鼓舞方针，对学习上重自由开放的主张。

全文中对提升学童之地位（相对于师长），强调对幼龄儿童之了解与重视，较前此改革者或同时期保守者之意见，要突出得多。他像明清所有提议幼教改革者一般，竭力要求塾师对幼童讲解一切学习内容，但他所用的是指谪性话语，痛陈：“学生是人，不是猪狗，读书而不讲，是念藏经也，嚼木札也。”[②]他还对师长说明：“小儿无长精神，必须使有空闲。”[③]应付小儿注意力持续时间较短，不单要制造“空闲”、分段学习，而且在较长的空间时间须做些不同的活动，以为调剂。他的建议是可以考虑在读书课闲的空间、时间，给学童讲些有趣的、故事性的“典故”，而且不能单说些刻板的、资料性的“死典故”（如“十三经何名，某经作注者谁，作疏者谁，二十四史何名，作之者姓名”等），必须“先以活典故”与学童做一些灵活、机智的脑力活动（譬如取南史材料，问之“两邻争一鸡，尔能知确是某家物否”）。[④]

王筠在《教童子法》文中，曾很羡慕地提起父执李荆原先生对他自己的教师沂州张先生教学法的一段追忆：

　　尝言从学时，每日早饭后，辄曰：各自理会去，弟子皆出，各就陇畔畦间。比反，各道其所理者何经何文，有何疑义，张先生即

---

① 王筠，清代文字学家，山东安丘人。除《教童子法》《文字蒙求》及《弟子职正音》三项有关幼学的著作外，还有《说文释例》《说文句读》《说文系传校录》《毛诗重言》《毛诗双声叠韵说》《夏小正正义》《四书说略》等著作。见韩锡铎：《中华蒙学集成》，页1266—1267。《教童子法》据江标叙即旧附《四书说略》四卷之后，后校而刻入灵鹣阁丛书之中。此处所用，为商务印书馆据该版所集丛书集成本，初编，名《教童子法及其它三种》（上海：商务印书馆，1937），页1—10。

② 王筠：《教童子法》，页1。

③ 同上注，页2。

④ 同上注。

解说之。①

这种任由学生主动的学习方式，以及一日之初就放开学生、任其游走于陇畔畦间的自在与信任，是他所崇尚与追求的教育哲理。

其实王筠心目中所赞成的一种比较舒展而开放式的教育方式，不只拘限于幼教活动的安排或者儿童行为的管理，连在习文作诗等学习内容上，他都认为"奔放"是一个值得追求的正面价值。他曾经说：

> 作诗文必须放，放之如野马，踶跳咆哮，不受羁绊，久之必自厌而收束矣。此时加以衔辔，其俯首乐从。②

连跑跳咆哮如野马般的精神，都是王筠等清代幼教改革者所能欣赏艳羡的神态。他在《教童子法》的另一处曾引述桐城人传告给他的乡先辈之言，谓："学生二十岁不狂，没出息，三十岁犹狂，没出息。"③《论语》中的狂狷之论，至此见一新的诠释，转折之间，对人生阶段及周期的考虑，以及对幼者特殊气质的肯定，有重要的体会。适时的约束管理，对他们而言已经不再如程朱般是幼教的目标，而是启蒙引导儿童时偶或交错使用的技巧之一，使用得合宜，管束可以丝毫不露痕迹，连被约束的野马（幼儿）都服帖自然，乐于接受。他接着又说：

> 且弟子将脱换时，其文必变而不佳，此时必不可督责之。但涵养诱掖，待其自化，则文境必大进。④

此处表达了两个看法：一是任何一个年轻的学习者，其由幼稚而茁壮，都要经过各个不同的阶段，在阶段与阶段的转换之间，还可能呈现一些特别尴尬拙劣的时候（他随后即举蚕自卵而身，由蛹化蛾的过程，为此生命待"化"而"成"之喻），特别需要周遭有力者的谅解、关怀与保护；另外，作为助成幼童生命茁长的师傅或者成人而言，如何避免以强硬的办法"督责之"，而用"涵养

---

① 王筠:《教童子法》，页5。
② 同上注，页3。
③ 同上注，页7。
④ 同上注，页3。

诱掖"之道，待其自化，更是他要强调的主张。两方面的意见，阳明学的人生哲学及教育理念均跃然纸上。

在谈幼教的其他关节，《教童子法》的作者也一再重申他对善教之术与讲求诱导鼓舞的方法之间不可分的关系，并坚持：

> 孔子善诱，孟子曰教亦多术。故遇笨拙执拗之弟子，必多方以诱之。既得其机之所在，即从此鼓舞之，蔑不欢欣而惟命是从矣。[1]

这中间除了诱导，还特别念及学生的智愚不一，以及好的教育与欢欣快乐的学习经验的关系。二者亦为明清幼教文化的重要特征，后将再及。对于奖掖诱导的教学方法，王筠如王阳明一样，选择用培植树木的比喻来说它的关键所系，以：

> 教弟子如植木，但培养浇灌之，令其参天蔽日，其大本可为栋梁，即其小枝亦可为小器具。今之教者，欲其为几也，即曲折其木以为几。不知器是做成的，不是生成底。迨其生机不遂而夭阏以至枯槁，乃犹执夏楚而命之曰：是弃材也，非教之罪也。呜呼，其果无罪耶？[2]

以孩童均有自然之生机，教导者不应摧折扭曲以得欲成之器，而应顺应浇灌，听其成材，是王筠此处宣示的主旨。同时，他还说明了儿童一如树木，可成栋梁亦可为小枝，本是师长们均应体认而接受的事实，不必勉强。这种对儿童分智愚高下及进程不一、材质目标各异的认识，以至对学童做许多细部的分类、分级、分等的功夫，在明清倡议幼教者之间是一个常见的主张，其实与背后近世中国教育日益普及，塾学学童之人数大增，年龄不断下降，塾师所接触学生之量增与分化的社会实情很有关系。

在这个学童人数与种类都不断增长的大环境之下，对儿童及幼教持温和与宽谅态度者，不断提醒师长切勿急进。他们一方面一再提到愚者笨者，要大家不要放弃智力表现较差的学童，而且在在呼吁塾师尽早对学生讲解学习内容。王筠还多次反对各种赶进度的做法，不论早学、早读、早学作文、早备科考，

---

① 王筠:《教童子法》，页7。
② 同上注，页4。

都是他不赞成的躁进之举。①在建设面上，他和其他幼教改革者都提到要求塾师亲自扶持幼童之手握笔习字，自己剪制方块字帮助带领幼龄蒙童认字，其实他们在细节技术面也是费尽心机，想带这批量增质异的幼童踏上求学求知之路，同时他们极为忧虑社会大众对学童们的压迫催赶、强逼强求。

从这个立场上，他们大半对体罚持质疑保留态度。王筠本人则是全然不能苟同。前引段落以执夏楚而夭人生机而痛指教者之罪外，他还有一段论学习之苦乐与教导之高下的说法，曰：

> 若日以夏楚为事，则其弟固苦，其师庸乐乎？故观其弟子欢欣鼓舞，侈谈学问者，即知是良师也。若疾首蹙頞，奄奄如死人者，则笨牛也。其师将无同。②

这一段文字除了从效用的角度反对塾师滥用体罚的习惯，还连带表达了一个重要的意见，就是学习与苦乐的关系。其实明清以前，传统中国论学者少有将智识上的学习与经验上的苦乐并谈，阳明学出现前，更未尝有人明言学习应该是一个完全自然而愉悦的过程。但是十六世纪以后，明代社会经验方面所发生的变化，以及文化生态的发展都让阳明式的主张一如空谷足音，日渐收到思想界愈来愈多的回响。王筠对儿童性格心态的揣摩，故教童子方法上之讲求，很明显地倾向阳明学的价值观，将学习效果的责任多推属师长（若学童"奄奄如死人"，成了"笨牛"，全是教师的问题），而且强调学习对老师和学童都应是一种快乐的活动。《教童子法》一篇曾婉转地提出了读书不应全无乐趣的看法：

> 人皆寻乐，谁肯寻苦。读书虽不如嬉戏乐，然书中得有乐趣，亦相从矣。③

读书与嬉戏的关系，是学习苦乐说常易牵出的另一个重要议题，也是明清论幼学者辩解不断的新焦点之一。

---

① 王筠：《教童子法》，页6。
② 同上注，页7。
③ 同上注，页1。

（二）幼教素材之增产

宋代以后，有关幼蒙的书籍逐步量增，目前仍能看到的相关书刊，明清时期所著成、刊刻者在数量上较前朝均见倍增。尤其是有清一代，蒙学书籍暴涨，其间反映的不只是近世作品易于保存的事实，还代表此段期间幼学发展成为出版文化上的一个新宠。此现象与背后印刷事业发展与书籍流通市场等社会经济因素固然有密切关系，与同时期幼学之成长，制造并推动了此一社会与文化面需求更直接相关。实质上，上述两种力量的交汇正是明清幼教文化滋长的两股重要趋势。关系幼教的书刊中，除了有议论启蒙教育的作品，如前略及之外，最主要的，是大量直接为学童所准备的幼学教材。这些教材中，固然包括旧时已有著作的翻印再版，更多明清时期的新作，有对旧作的批注、修正、增补，有沿旧有体例所成的新编，有专为新增读者群所创制的新教材（如专以女童为对象所写素材），也有考虑使用者年龄群降低、人数量增后所做的种种普及性努力（如倍增的歌诀、图绘本）。最后，当清季知识世界随着文化接触发生一些新变化时，幼教素材也立时出现了一些前所未有的新项目、新内容。前述各种不同类别幼教素材的增产，共同为近世中国的幼学文化开辟了一个广阔的空间，同时也在社会与家庭之间，为幼龄儿童制造出一个前所未有的心智与情感活动世界。对这批新近涌现的幼教作品的进一步辨识，可以引导后人重新了解此崭新的幼学文化空间与童年情感心智世界的一段关键性变化。

1. 旧教材之重刊与加工

幼蒙教材在中国有一个相当长的传统[1]，不论是简单的"字书"（教导成人或儿童认字的工具书），或者是各样的初学教材，至少在公元前后已知有成形作品，汉代史游的《急就章》[2]，以及敦煌发现的六朝时期通用的《开蒙要训》[3]，是早期字书中具体的例子，在许多方面也是后来《千字文》《百家姓》《三字经》之类家喻户晓的幼蒙素材的前身[4]。字书之外，各种蒙学教材，不论是论行为规矩，

---

① 韩锡铎在《中华蒙学集成》一书最后，附所辑《知见存蒙学书目》，其所收录526项中，春秋至隋唐，共有19种，宋代37，元代14，明代57，清代则有343种之多，页2083—2098。

② 史游：《急就章》（上海：商务印书馆，1936）。

③ 作者不详，《开蒙要训》（台北：新文丰出版公司，1986）。

④ 周兴嗣：《千字文》（济南：山东友谊出版社，1989）。
　　作者不详，《百家姓》（济南：山东友谊出版社，1989）。
　　王应麟：《三字经》（济南：山东友谊出版社，1989）。

介绍日用须知，摘述历史故事，或者诗选文选等提供韵律文字基础训练的[1]，早在明清以前，已有相当作品传世。

因之，明清幼教素材量产，第一个值得注意与了解的现象，是这些旧有素材的大量刊刻、翻印与流传。最有名的，像《管子》中摘出的《弟子职》，唐代李翰所写的《蒙求》，宋代朱熹所写的《童蒙须知》及《小学》[2]，都有相当多单行本流传，或被收入各种幼教相关选集。前所提的《三字经》《百家姓》《千字文》，只是众所周知近世幼学流行排名榜上长红不下的畅销品，《老残游记》中就提到一位山东小书肆的老板，说他一年单是《三字经》《百家姓》《千字文》就要售出万本以上。[3]《三字经》《百字姓》《千字文》之外，其他同登荣榜的幼学读本还有不少，由明代程登吉的《幼学须知》所转变而来的《幼学故事琼林》[4]，及萧良有《蒙养故事》所改编而成的《龙文鞭影》[5]，以及各种训蒙诗选（如《训蒙诗百首》《唐诗三百首》[6]），都是市面上畅销热卖、出版者刊刻不断、各家庭塾学中师长津津乐道、明清传记中屡屡提及的幼学用书。这个不断翻印重版的幼教书肆，明代以后的作品名目颇繁，认字书、训幼、说史、故事习韵、颂诗，无所不包，洋洋洒洒，在百种以上。[7]

除了已存教材的不断刊刻流布外，明清幼蒙相关书籍量产的第二个特征，是对旧有教材的"加工"处理。把上古至宋元时期原有的幼教材料加以集解、

---

[1] 参考张圣瑜：《中国儿童文学研究》（上海：商务印书馆，1970）；雷侨云，《中国儿童文学研究》（台北：学生书局，1988）；及 Hsiung Ping-chen, "Children's Literature", in William Nienhauser（ed.），*The Indiana Companion to Traditional Chinese Literature*，vol.2（Bloomington：Indiana University Press，1998），pp.31–38。

[2] 管仲：《弟子职》（台北：新文丰出版公司，1978）。
李翰：《蒙求》（台北：商务印书馆，1983）。
朱熹：《童蒙须知》，有《西京清麓丛书》本。
朱熹：《小学》（台北：艺文印书馆，1971）。

[3] 刘鹗：《第七回：借箸代筹一县策，纳楹闲访百城书》，《老残游记》（台北：广雅出版公司，1984），页72。书中描述此东昌府"一家小小书店，三间门面，半边卖纸张笔墨，半边卖书"，书肆主人谓所售许多书都是"本店里自雕板"，供应附近"十县用的书"，并称"所有方圆二三百里，学堂里用的《三（字经）》《百（家姓）》《千（字文）》《千（家诗）》，都是在小号里贩得去的，一年要销上万本呢"。其中《千家诗》还算一半是冷货，一年不过销百把部，其余《三》《百》《千》，就销得广了"。很可见清代地方书肆幼学蒙书的销售梗概。

[4] 程允升编，邹圣脉增补：《幼学故事琼林》，清光绪三十年（1904）云南官书局刊本。

[5] 萧良有撰，杨臣诤增订：《龙文鞭影》（台北：德志出版社，1967）。

[6] 朱熹：《训蒙诗百首》，有《西京清麓丛书》本。
蘅塘退士：《唐诗三百首》（成都：巴蜀书社，1990）。

[7] 韩锡铎：《中华蒙学集成》，书后附有《知见存本蒙学书目》，其中不包括娱乐性的儿童故事集及其他儿童文学类产品，但已有536项之多，见该书，页2083—2098。

注释，此一现象，固与明清书肆大兴，尤其清代考据学风大有关系，但对直接参与此等作品的作者与业者而言，希借其进一步考订说明，增强原素材之可读、可理解性，从而更近民众需求，适得家长塾师采纳，流通市面，乃至名利兼收，是相当真实的考虑。譬如说，相传为秦代李斯所著的《仓颉篇》，在汉代已有扬雄作《仓颉训纂》，任大椿、黄奭等人除有《仓颉篇》之辑本，更见黄奭、马国翰等《仓颉训纂》之作，然清代陈其荣仍需更上层楼，另作增订，而有《增订仓颉篇》问世。[①]《仓颉篇》虽非真正浅白的幼蒙教材，但是流传已久的重要字书，明清使用者大有人在。其他以增订为名的旧素材之增补重整，还有不少，《增订蒙学三字经》和《增广千字文》是较知名的例子。[②]清代王相所作《百家姓考略》[③]，也属此类。至于万斛泉所作《童蒙须知韵语》[④]，明在借韵文口传之功，为朱熹《童蒙须知》做进一步之推广，意图尤为明显。

各种旧有体例之仿作与赓续，在明清时期蓬勃发展，例证不胜枚举。最普通的，《三字经》有《增补注释三字经》《节增三字经》《广三字经》[⑤]，《百家姓》有《重编百家姓》《御制百家姓》《新编百家姓》[⑥]，《千字文》有《续千字文》《再续千字文》《三续千字文》《别本续千字文》《增广千字文》[⑦]等。《蒙求》之后，

---

① 李斯著，任大椿、黄奭辑：《仓颉篇》，清同治辛未十年（1871）济南皇华馆书局补刻本。
　　扬雄撰，黄奭、马国翰辑：《仓颉训纂》（台北：艺文印书馆，1971）。
　　陈其荣：《增订仓颉篇》，有《观自得斋丛书》本。
② 赵保静：《增订蒙学三字经》，有光绪二十六年刻本（上海）。
　　沈筠：《增广千字文》，有光绪二十七年沈守经堂刻本（上海）。
③ 王相：《百家姓考略》，有《徐氏三种》本（边宁）。
④ 万斛泉：《童蒙须知韵语》，清光绪七年津河广仁堂刊本。
⑤ 王应麟：《三字经》。
　　连恒：《增补注释三字经》，有道光二十二年刻本。
　　周保璋：《节增三字经》，有《蒙学歌诗》本。
　　蕉轩氏：《广三字经》，有《津河广仁堂所刻书》本。
⑥ 作者不详，《百家姓》（济南：山东友谊出版社，1989）。
　　黄周星：《重编百家姓》，有抄本。
　　玄烨：《御制百家姓》，有《藜照庐丛书》本。
　　丁晏：《新编百家姓》，清道光咸丰间山阳丁氏六艺堂刊本。
⑦ 周兴嗣：《千字文》。
　　侍其玮：《续千字文》（上海：上海书店，1994）。亦有黄祖颙：《续千字文》（上海：博古斋，1920）。
　　黄祖颙：《再续千字文》（上海：博古斋，1920）。
　　葛刚正：《三续千字文》（上海：上海书店，1994）。
　　陈鏊：《别本续千字文》（上海：博古斋，1920）。亦有黄祖颙：《别本续千字文》（上海：博古斋，1920）。
　　沈筠：《增广千字文》，有光绪二十七年沈守经堂刻本（上海）。

有《蒙求增辑》《名物蒙求》《纯正蒙求》《历代蒙求》《十七史蒙求》，又有《十七史蒙求补编》。[①]宋代的《神童诗》，清代有《续神童诗》。[②]这些旧有蒙学教材的删节、增订、增补、增广、增辑、补编，文体上固非创新，经、史、子、集等古籍早各有增、订、补、辑的传统，但是就像其他书籍文类上的类似发展，这些赓续之作，本身仍是一个重要的现象。一则表示这些作品受到知识界、出版界的重视，使用者不断增长，市面上的需要在继续成长，乃至吸引一批批知识人力为增续之作；再则《千字文》续而再续、三续，《续千字文》又有别本，《蒙求》衍出《十七史蒙求》，《十七史蒙求》再有《补编》，也表示当时知识与出版信息的流布畅通，连带所及使蒙书发展上也发生了彼此催促而推动再生的连锁效应。所有层层相叠的努力，波波相连的活动，是在彼此互知，甚至相互竞争、刺激的环境下发生。至于音讯相通，刊者传抄的情况下，时有一书二著的情况（例如《续千字文》就有侍其玮和黄祖颛著作的两种不同版本，其他的例子还有一些），不过更显示了近世童蒙书刊在供、需双面的热络。

续补之中，不少是同一类别或文体的仿作，这些后代的仿作，一则希袭旧名而争得读者与市场兴趣之先，再则旧瓶新酒的努力也代表近世关心蒙学者不断设法扩大丰富幼教文化的内涵，总在将新内容增入旧领域，把过去幼教文化世界之外的事物借着增作、新作注入幼儿的心智世界。这方面的例证相当多，不能尽举。"蒙求"一个体例在明清的发展可做一个突出的范例。唐代李翰《蒙求》出后，明清刻本不绝，增辑之外，各种经史蒙求不断涌现，像《六经蒙求》《左氏蒙求》，以及《历代蒙求》《十七史蒙求》《鉴撮蒙求》，助解文字的《说文蒙求》《文字蒙求》《字体蒙求》，此外，说道德伦常的《纯正蒙求》，介绍物品的《名物蒙求》，论塾学的《家塾蒙求》，欲自立一格的《唐氏蒙求》，甚至介绍

---

① 李翰：《蒙求》。

　　唐仲冕：《蒙求增辑》，有同治二年善化刘氏刻本（边宁）。

　　方逢辰：《名物蒙求》，明嘉靖元年（1522）重刊本。

　　胡炳文：《纯正蒙求》（台北：商务印书馆，1983）。

　　王芮：《历代蒙求》（南京：江苏古籍出版社，1988）。

　　王令：《十七史蒙求》（台北：新兴书局，1960）。

　　高铖：《十七史蒙求补编》，有嘉庆二十五年刻本（湖北）。

② 汪洙：《神童诗》，版本极多。

　　作者不详，《续神童诗》，有光绪十八年刻本（北京图书馆）。

天文学基本入门的《日食蒙求》《月食蒙求》[①]，都是沿用"蒙求"名目体裁，一脉相承。仿作与续作一样，是近世幼学教材量产现象的特征，也是近世幼学教材量产的重要现象与直接证据。

2.故事、歌诀、图本与幼教的普及化

为幼龄儿童而准备的故事书，在传统中国应从简化、改写的历史说起。唐代李翰所写的《蒙求》就是一部以四字韵语的方式为启蒙者所撰成的历代史事。元代陈栎（1252—1334）仿其体作《历代蒙求》，同样用四字韵文，把中国历史从远古神话时期的夏朝，一直介绍到作者生存当时的元朝，遍数历代的立国与亡国之君，以及各朝各代之兴衰成败、英雄佞臣、要典大事。明代李廷机作的《鉴略》（后称为《五字鉴》）是又一部为初学者而写的通史，改以五字成韵。[②]

这个将历史简化成四字、五字韵语，以便幼学者传诵的传统，到了明清时期，发生了两个有趣的转折。一是沿袭唐宋至元不断为儿童写史，以及力求用语浅白、用字简单的趋势，明清士人继续为蒙童编写历史，并附以讲解说明，而名之为"故事"。这些明清儿童的历史故事集中，最有名的，像是程登吉三十三卷的《幼学须知》，经过邹圣脉的增补注解，变成清代深受民间幼儿欢迎的四卷本《幼学故事琼林》。[③]万历年间，萧良有以四字韵语把中国历史改写成《蒙养故事》，到了清代，经过安徽塾师杨臣诤之手，改写成一千多韵的《龙文鞭影》。[④]由《幼学须知》而成《幼学故事琼林》，由《蒙养故事》而改成《龙文鞭影》，一则可发现幼蒙日益倚重历史的发展轨迹，二则亦可窥见家长师傅热切寄望化成韵文的历史故事能化为便捷的社会阶梯，助其子弟、弟子一日千里，速登青云。

第二个饶富意义的转折，是纯粹为儿童准备的故事书集，在明代中叶以后

① 作者不详，《六经蒙求》，有光绪八年刻本。
　吴化龙：《左氏蒙求》（北京：中华书局，1985）。
　曹维藩：《鉴撮蒙求》，有同治二年刻本。
　刘庠：《说文蒙求》（上海：上海书店，1994）。
　王筠：《文字蒙求》（台北：鼎文书局，1972）。
　易本烺：《字体蒙求》，有《三余书屋丛书》本。
　康基渊：《家塾蒙求》，有同治汗青刻本。
　唐仲冕：《唐氏蒙求》，有嘉庆九年成都刻本。
　梅文鼎：《日食蒙求》（台北：艺文印书馆，1971）。
　梅文鼎：《月食蒙求》（台北：艺文印书馆，1971）。
② 李廷机：《五字鉴》（长沙：岳麓书社，1988）。
③ 程允升编，邹圣脉增补：《幼学故事琼林》，清光绪三十年云南官书局刊本。
④ 萧良有撰，杨臣诤增订：《龙文鞭影》。

的出现。如今仍能看到，出现于十六世纪下半叶以后，署名吴道明所辑的《新刻联对便蒙七宝故事大全》，总共有二十卷，包括一千六百二十三个故事项目，是一个百科全书式对天文、地理、动物、植物、数字、色彩、饮食、衣物等无所不包的介绍。每项以一四字韵抬头引介，后接一段"故事"说明。序言说明此故事大全乃仿《戒子通书》之例，为"初学之童"而备。[1]题中"便蒙""联对"之称，明指学童启蒙之中对此类典故的需要，以及初学作对之时师生均期各种现成韵文之便的事实。两种现象，明清七人家庭记录及个人传说中都屡屡可见。近世科考不第，委身乡镇，"隐于教授"各塾馆者日增，其中部分有心者积其经验，拾掇教材，为蒙童所作"故事之说"逐亦数见。过去之传说，《史》《鉴》传记，经书典故，文学名言，无一不可入其故事之辑。江南士子许贯日所成《新镌注释故事白眉》是另一个有名的例子。十卷中含二千三百六十六个故事，卷目分属二十六项，亦以四字提纲，再以故事为续说明。许氏序称内容仅在取日常"闻闻见见"之说，为未识字者启蒙之用。[2]邓百拙随有十卷三十三目一千八百二十六只的《精选黄眉故事》为续，谓在"曲尽古今事迹"，为"青矜子塾读之用"。[3]《白眉》《黄眉》故事集的作者明言坊间类似的儿童故事书仍有不少，市场需要活络，竞争也很激烈。《故事白眉》是其中之佼佼者，邓百拙自称希望其续作能如许贯日的辑子一般畅销。这些故事集除了家中塾馆便蒙之用，也为近世说书卖艺者提供简易素材。宋代市镇生活中已提到有专门吸引儿童的走江湖讲故事艺人，神话、传说与以青少年为对象的故事集中，既可助其生计，其内容拣选、描说方式很可能也已融有他们代代相传的经验结晶。更重要的，是自此以后"故事"两字逐渐脱离历史掌故之说旧义，而衍为大家日后所熟知的撰说趣闻之意。

明末至清代，幼蒙故事之作增出不减，《金璧故事大全》《书言故事大全》《训蒙故事金丹》《历朝故事统宗》，以及各种日记故事、书言故事层出不穷。[4]蒙学及幼儿消费群（不论是直接阅读或间接听讲）的需要显然在增加之中。狭义的

---

[1] 吴道明编集，周子材校正，周载道补遗：《新刻联对便蒙七宝故事大全》，万历甲辰（1604）岁孟春月书林黄次百重刊行本，共二十卷。

[2] 许贯日纂释：《新镌注释故事白眉》，共十卷。

[3] 邓百拙汇编：《精选黄眉故事》，经济堂藏版，共十卷。

[4] 作者不详，《金璧故事大全》，有中华书局影印《永乐大典》本。
胡继宗：《书言故事大全》（上海：上海古籍出版社，1990）。
李璇：《训蒙故事金丹》，有台湾图书馆藏本。
李廷机：《新镌翰林考正历朝故事统宗》，有北京图书馆藏本。

幼教读本已不能满足日常学习生活之需，各种教养并娱乐儿童的故事书应运而生。至少由明而清，对编写幼儿故事书有兴趣，且有时间精力投入的人数显然有增而无减。

这些为儿童编写故事的人，众口一词，均强调意在推广教化。而要推广蒙学，引人的故事之外，各种歌诀与图本是另两种有力的传播工具。严格说来，歌诀和图本形式的书刊，明清时期以前早已出现，此等蒙书制作，并非出版史上之创举。两者一便口耳相传，诵习记忆，一引眼目注视，加强兴趣，其对幼教普及推广之功，显而易见。尤其中国蒙学一向重文字成韵，联对诗词的学习在幼儿生活中已有一个很长的传统，明清所见各种为蒙童及初学者所辑的诗选，或旧或新，种类极多，《千家诗》一类，就有宋代刘克庄编的《分门纂类唐宋时贤千家诗选》，有《重编千家诗读本》《增刻千家诗选》《国朝千家诗选》等。[①]有的直名为《训蒙诗》（另有《诗蒙诗解》），或《幼学诗》《训蒙诗百首》《训蒙绝句》等。[②]至于清代署名蘅塘退士所编的《唐诗三百首》，版本更多。[③]

然而为幼教而准备的各种韵语、口诀、歌括类素材，在体裁和功能上都有与幼学诗选不同的地方。譬如前所提的《童蒙须知韵语》《小学韵语》《小学弦歌》，或者《十三经源流口诀》《廿三史评口诀》[④]，显然是把幼学过程中原本即须接触的材料，化为韵语、口诀形式，以便记忆流传。类似的素材还有不少，像《幼学平仄易纪略》《历代帝王歌诀》《诸史蒙求歌略》《蒙学历史舆地歌括》《二十四

---

① 刘克庄：《分门纂类唐宋时贤千家诗选》（南京：江苏古籍出版社，1988）。
　宗廷辅：《重编千家诗读本》，有光绪二年刻本。
　游光鼎：《增刻千家诗选》，有清峻德堂刻本。
　作者不详，《国朝千家诗选》，有乾隆三十七年金陵眠云堂刻本。
② 作者不详，《训蒙诗》，有同治十二年刻《养蒙书十种》本（上海）。
　朱熹：《诗蒙诗解》，有北京大学藏本。
　作者不详，《幼学诗》（台北：中华丛书委员会，1956）。
　朱熹：《训蒙诗百首》，有《西京清麓丛书》本。
　朱熹：《训蒙绝句》，有《碧琳琅馆丛书》本。
③ 蘅塘退士：《唐诗三百首》。
④ 万斛泉：《童蒙须知韵语》，清光绪七年津河广仁堂刊本。
　罗泽南：《小学韵语》（济南：山东友谊出版社，1989）。
　李元度：《小学弦歌》，清光绪五年序刊本。
　鲍东里：《十三经源流口诀》，有《酿斋训蒙杂编》本。
　鲍东里：《廿三史评口诀》，有《酿斋训蒙杂编》本。

史卷数撰人歌》《十三经卷数撰人歌》等[①]，其题旨及用意所在，清楚明白。

近世各种插图、图说、图解本的幼学材料，数量也在增加之中。像《小学图》《养蒙图说》《增订绘像日记故事》《绘像注释魁字登云日记故事二卷》《圣门事业图》及《前后二十四孝图说》[②]等，均在借图文之并茂，吸引读者兴趣，并益流传。插图之绘者，固有知名之士如丁云鹏者，一般坊间籍籍无名之匠人杆工亦多，各适雅俗不同读者之市场需要。

更有歌诀、图本、故事、注解多种功夫交集而成的教材，如《绘图蒙学歌》《绘图农庄杂字》[③]，及前所及之《绘像注释日记故事》。诸般多重心血汇集的作品，尤可见明清时期，社会上对幼学教材在供需两方都力求变化、活泼，以及涉手生产者（包括编写者及出版者）亟于重用多种普及化工具、交叠运用，以新趣味之产品投合教者、习者之殷切需要。

3.新对象与新内容的加入

明清中国识字人口之增加，教育之普及与成长，迹象多见，学者从各方检视此现象者亦多及之。从幼教文化发展之角度观之，此识字率与教育成长连带所及，是不单有愈来愈庞大数目的初学人口，愈来愈低龄的蒙幼学童出现，而且新人口群在不断被吸收纳入原有以士人子弟为主的蒙学对象之中，最明显的，包括农工商、中下阶层子弟，乡间村童，以及幼龄女童。这些新增幼学人口之性向和兴趣，也反映在此时期所刊刻上市的幼学用书上。像《日用俗字》《农庄杂字》，明白表示是为了农庄子弟、工商匠徒启蒙之用，《农庄杂字》后来还有《绘图农庄杂字》[④]本之问世。各种《幼学字表》《字学举隅》，四言、六言、七言

① 苏云从：《幼学平仄易记略》，有光绪二年忠兴堂刻本。
　黄焱秋：《诸史蒙求歌略》，有光绪二十四年刻本（湖北）。
　周保璋：《蒙学历史舆地歌括》，有光绪二十九年铅印本（上海）。
　许家惺：《二十四史卷数撰人歌》，有光绪二十四年刻本（湖北）。
　许家惺：《十三经卷数撰人歌》，有光绪二十四年刻本（湖北）。
② 作者不详，《小学图》，北京图书馆藏明万历刻本。
　涂时相：《养蒙图说》（云南：云南丛书处排印本，1914）。
　四明大文堂主人订：《增订绘像日记故事》，有光绪二十三年宁波大文堂铅印本（上海）。
　作者不详，《绘像注释魁字登云日记故事二卷》，北京图书馆藏明刻本。
　李元纲：《圣门事业图》（台北：中国子学名著集成编印基金会，1978）。
　施善昌：《前后二十四孝图说》，有光绪十九年仁济堂石印本（边宁）。
③ 无锡三等公学堂编：《绘图蒙学歌》，有光绪二十八年上海文澜书局石印本。
　作者不详，《绘图农庄杂字》，有上海锦章书局石印本。
④ 蒲松龄：《日用俗字》（北京：中华书局，1962）。
　《农庄杂字》，有老二酉堂本。
　《绘图农庄杂字》，有上海锦章书局石印本。

等的杂字用书①，编写及内容上都在不断扩增添加，主要在顾虑到士人阶级之外庶民之子的需求。

　　女学在近世以前多属贵宦上层家庭妇女专利，为不争事实。《女诫》《女论语》，乃至"女四书""女孝经"之出，未见得会触及一般家庭中的妇女教育活动，其用词遣语，亦看不出有专为幼龄女童设计之意。传记资料所见近世以前女儿幼教并未成为重要的社会现象。明清两代，专为女性使用而备的幼教书籍逐生。有集前人之作而汇成者，有用旧材料而撰成新编者，更有专为女性小儿而作者。《女小儿语》《闺范》《四言闺鉴》《女三字经》《闺训千字文》②等书名都指出作者之用意所在，也表示读者（父母、师长、女儿）及业者（邀约著作或同意出资刊行者）均共同注意到此一需要之存在。后来《训女千字文》《女子新读本》《女儿经》《闺门女儿经》《改良女儿经》等一系列之作③，表明了此推动或满足女性蒙学教育的力量，持续未断。明代吕得胜、吕坤父子在《小儿语》《续小儿语》《演小儿语》之外，必为《女小儿语》之作，表示的是同一个潮流的先驱之见。

　　明清幼教文化除了在社会层面上扩张不已之外，在时代脉动与社会变迁的交相作用下，也不断在增广并丰富化其知识之内涵。此趋向于接触西学及清中叶以后致世新学等之立即浮见于蒙学教本，最为清楚。盖原本传统蒙学教材中即有部分以专门性知识为内容的书刊，史书、诗词之外，声律（如《声律发蒙》《声律启蒙》《声律启蒙撮要》④）、天文（如《天文歌括》⑤）、舆地（如《天文地学歌括》《蒙学历史舆地歌括》⑥）、算学（如《筹算蒙课》《算学启蒙总括》⑦）、

① 孔令伟：《幼学字表》，有光绪二十九年石印本（湖北）。
　　韵桐馆主人：《字学举隅》，有光绪九年梅华书屋刻本（上海）。
② 吕坤：《闺范》（上海：上海古籍出版社，1994）。
　　冯树森：《四言闺鉴》，有《西京清麓丛书》本。
　　朱浩文：《女三字经》，有《东听雨堂刊书》本。
　　《闺训千字文》，有山西教育出版社1991年《蒙学便读》本。
③ 贺瑞麟：《训女千字文》，有《西京清麓丛书》本。
　　杨千里：《女子新读本》，光绪三十二年上海文明书局铅印本。
④ 祝明、潘瑛：《声律发蒙》（台南：庄严出版社，1995）。另有兰茂：《声律发蒙》（台北：新文丰出版公司，1989）。
　　崔铣：《声律启蒙》（成都：成都古籍书店，1981）。
　　车万育：《声律启蒙撮要》（长沙：岳麓书社，1987）。
⑤ 叶澜：《天文歌括》，沔阳据卢氏刊本汇印本，1923。
⑥ 叶瀚：《天文地学歌括》，民国间广州宝经堂藏版。
　　沈恩孚：《蒙学历史舆地歌括》，有光绪二十九年一新书局铅印本（上海）。
⑦ 劳乃宣：《筹算蒙课》，有矩斋筹算六种本（徐目）。
　　朱世杰：《算学启蒙总括》（济南：山东人民出版社，1994）。

医学（如《医门法律》《医学三字经》①），是过去已有的项目，明清继续有新的蒙书加入。这些专门知识的启蒙书籍，意在引人入门，对象包括成人之初学者及一般幼童。清代以后，《地理歌略》《植物学歌略》《动物学歌略》《西学三字经》《地球韵言》，乃至《时务三字经》《小学时务三字经》《增读浅说时务三字经》《普通学歌诀》②，书如其名，正在一波波以旧瓶新酒的方式，为初学学童引进最新的知识领域和基本概念。到了清季，《直省分省属境歌》③、《小学新唱歌》④、《外史蒙求》⑤、《蒙学地文教科书》⑥、《蒙学植物教科书》⑦等新教材，正与《幼学分年课程》《普通小学义塾章程》及《奏定学堂章程》等教育制度的改良变革互为表里，彼此助澜而推波，逐渐为近代中国的蒙学与幼教文化营造起一个迥然异于过去的新界域。

四、营建与开辟中的幼教空间

明清时期，无论是士人对幼教蒙学的议论，还是坊间流行的大量幼教素材，除了不断在重新商榷界定幼教的理念与内容之外，还有另层意涵，就是逐步在社会上为儿童与童年，开拓出一片介于家庭与社会之间的另一空间。这一连串籍籍无名、默默进行的文化运动，其实是在相当清楚而"有意识"的状态下进行。由宋元而明清，论幼教之书文与供蒙学之教材，其编者作者，为序跋之友朋，集资或热衷于梓行的刊刻者，在在表达了这个把儿童由家庭父兄辖管下（或有人可称之为"私"的领域）慢慢疏离解脱出来，为之营建起一个新创造的属

---

① 喻嘉言：《医门法律》（台北：新文丰出版公司，1978），光绪乙巳季经元书室刊。
  陈修园原著《医学三字经》，今有新出《医学三字经的活解》（北京：人民卫生出版社，1982）。
② 叶澜：《地理歌略》，有李光明庄《便蒙丛书》本。
  叶澜：《植物学歌略》，有李光明庄《便蒙丛书》本。
  叶澜：《动物学歌略》，有李光明庄《便蒙丛书》本。
  作者不详，《西学三字经》，有光绪二十七年刻本。
  张士瀛：《地球韵言》，有光绪二十四年刻本（上海）。
  江瀚：《时务三字经》，有光绪二十八年自刻本。
  私塾改良社辑：《小学时务三字经》，有光绪三十年上海越社刻本。
  汪恩绶：《增读浅说时务三字经》，有光绪三十一年醉六堂石印本。
  张一鹏：《普通学歌诀》，有光绪二十六年成都知新书局刻本（四川）。
③ 作者不详，《直省分省属境歌》，有《蒙学丛编六种》本（湖北）。
④ 作者不详，《小学新唱歌》，有光绪三十一年泸州开智书局铅印本（四川）。
⑤ 刘法曾、潘维汉：《外史蒙求》，有光绪二十八年石印本。
⑥ 钱承驹：《蒙学地文教科书》，有光绪二十九年铅印本（上海）。
⑦ 华循：《蒙学植物教科书》，有光绪三十年上海文明书局铅印本（上海）。

于幼学与社会（或可视之为某种公共势力）的活动空间。清代中叶以后此一发展更与急剧成长中的经世关怀及国家论述合流，幼学与其他的学校、社会教育一般，有走向国家化与特殊政治化之倾向。这整个由家庭而社会、由父兄而师长、由塾学而制度、由制度而入国家的发展过程，所涉意涵非一。但明清时期幼儿训练与启蒙教育一段蓬勃成长，所代表及制造的社会与知识文化方面空间，曾经扮演过一个关键性的领导与引渡性角色，值得注意。

就议论幼学者而言，其欲将子弟之训练、教育问题，自一个纯粹的家庭功能，变成一个全社会的责任，在明清文献中比比可见。迨清初崔又尚出《幼训》时，明言与父、师双方共商教子弟之事，但仍一再强调尊重塾师之角色与权威的重要性。先则厘定塾师与家长各有其在管教子弟时的领域范围，前者在塾馆，后者在家庭，应井河不犯，各司其职。"馆以内，师傅制之；馆以外，父兄制之。"①要把六七岁的幼童教好，家庭和社会必须共同承认并付与师傅以"严"教之"权"。不但尽量配合，使私下的家教与公开的学校原则一致，互为加强，且家人绝不可因宠溺孩童而干涉塾师。"使父兄欲操师傅之权，固令先生短气。即师傅严于馆而父兄狎于家，亦为暴寒相间。"②当社会舆论将塾学之重要视为当然，与家学并举，并要求家长以尊重、配合塾师之权威为完成子弟启蒙之关键条件，幼学自然已非单属家庭。明清幼教论者中直言意在将过去"教子弟"之私人范畴问题，化而变为"教弟子"的社会公论，所在多有。

十七世纪末刊刻的《高氏塾铎》中所透露的内容，是另一个典型而突出的例证。作者是清代无数科考失意、"归田教家"的幼师之一。其欲举家训相参照，与父兄磋商塾学的正道所在，言辞上虽仍反复谦称在"示子孙""丁宁子侄""举以勉儿辈""以免祸于乱世"③，但无论内容或精旨所在，都在将其对蒙学的理念与心得方法公之于世，就教于天下父兄师长，使大家对幼教议题各举所知所见，人皆可论而相互为言。当"训子"问题变成一个更广泛的"训俗"需要，幼学的社会与文化意涵已完全转化，新的象征性及实质性活动空间亦应运而生。近世不少士人将其课子与就馆的经验笔之成书，刊刻问世。私下的自课渐被公认为一个普遍的社会需要，如何教塾变成了一个引起关注的公众问题。《课子随笔》

---

① 崔又尚：《幼训》，清康熙三十四年（1695）新安张氏霞举堂刊本，页3a。
② 同上注。
③ 高拱京：《高氏塾铎》，清康熙三十四年新安张氏霞举堂刊本。

《诲儿编》《教儿经》《曲园课孙草》《家塾蒙求》《黄氏塾课》《家塾琐语》^①等，代表的是与《高氏塾铎》类似的以一己之经验见解造成公开性论述，相与朋比以求铎音的证据。至于《塾中琐言》《养蒙针度》《养蒙金鉴》《训蒙捷径》《重订训学良规》《乡塾正误》等^②，则书如其名，直以训蒙幼学为一独立于个别需要与家庭活动的社会现象，因抒其意，并为议论。

当同治八年（1869）李江为其所著《乡塾正误》立序之时，此明清议论者长期所关心的幼学问题，已与清季风气丕变中勃兴的国家培养人才之需混而成一，蒙学正式成为一个与社会政治文化合流的公众议题。先则仍就父师教子弟时不应单以举业为务揭其幕，随即称幼学既在植基广业，则养性情、端学术之根底，其实也正在借养成"长幼如一"，践履诵习之绩学之士子，期"国家收得人之效"^③。自称同乡受业的于弼清为之作跋时，亦应和作者之意，以一乡学术之发扬，在为国家培养"学为有用"的人才。^④幼学启蒙不但已经不是一家一户之私事，甚至也不单是一乡一社之需求，传统的"国家化民成俗"旧说，此时顿然展现了一种新的生命活力。原来以父兄教导为主的识字作对、习书诵文的幼教，正迅速与近代国家养成国民、社会整体重建的概念与动向，搏而为一。同治十二年，王炳谨再为重刊《乡塾正误》作跋，此幼教之与晚清国家国民论述融汇益为明显，他由"天下治乱，本于人心，人心邪正内于学术"起首，而谓朱子辑《小学》等中国所有"惓惓于蒙养之道"的文化传统，均在为"收化民成俗之功"，实与国家取士之计为一事。今下之所以必须再正乡塾之误，亦在"使凡教子弟者，皆知其误而有所循以归于正"，借"初入塾时"，即将"天下人才

---

① 张师载：《课子随笔》（台北：文史哲出版社，1987）。
　贺瑞麟：《诲儿编》，有《西京清麓丛书》本。
　作者不详，《教儿经》，有上海天宝书局石印本。
　俞樾：《曲园课孙草》，有光绪二十一年刻本。
　康基渊：《家塾蒙求》，有同治汗青刻本（上海）。
　黄式三：《黄氏塾课》，有同治刻本（湖北）。
　汪之昌：《家塾琐语》，有《青学斋五种》本。
② 张行简：《塾中琐言》，有《啸孙轩制艺文稿》本。
　潘子声：《养蒙针度》，有雍正十三年刻本。
　林之望：《养蒙金鉴》，有光绪元年湖北刻本（四川）。
　黄庆澄：《训蒙捷径》，有北京大学藏本。
　李新庵撰，陈彝重订：《重订训学良规》，有《蒙学要义》本。
　李江：《乡塾正误》，清光绪七年津河广仁堂刊本。
③ 李江：《乡塾正误序》，《乡塾正误》，清光绪七年津河广仁堂刊本，页1b。
④ 于弼清：《乡塾正误跋》，李江《乡塾正误》，页1a。

一皆浸淫乎圣贤之遗训，不为利禄所诱，不求速化之术""以后生小子有用之精神，而皆使之习有用之学，成有用之才，以副国家作人之化""庶几将来家有其书，人守其教……是则世道之幸也"。① 所以世道人心之变化，仍仗幼学之倡明，而幼教之倡明最后仍须靠各"家"各"人"手持正确之塾学"正误"以为指引。

由上古《礼记·曲礼·内则》的幼教构想②，到宋儒如司马光《居家杂仪》、朱子《小学》的析论，莫不以幼教蒙养为"教子"之同义词，而为家长父兄之职责，各在家族庭院中进行。司马光说十岁以后男儿才出就外傅③，朱熹则执意以《小学》在为天下欲"善养子者，当其婴孩鞠之，使得所养"者立言。表面上由宋元而明清而近现代，中国之重幼教蒙学精神一脉相传，然详审其内在肌理，在领域之公私广狭间，与权力理念之威逼与开放间，实已经过多次的变化转折。

这近世幼教文化细部的变化与转折，从备幼教素材之意向所致，亦可见重要端倪。明清许多增补或新编的蒙学教材，其编辑或著作者在序言中不约而同表达了一种欲借一己之力，将过去各家教子课女的私自需要，转而化为一种公共资源的需求与责任，视其作为在为人群社会提供此必需的资源与协助。《韵史》作者谓其素材原为私下课女而编，成帙乃思亦可"有功后学"，因在有益"世道人心""不忘后学"的考虑下，将之付梓刊行。④《廿一史约编》亦称说书之刊布，乃将为"课子所需"而编成之材料，公之于世，本过去士人对修齐治平步步相成之念，期此"为学津筏"可助而渡引其他方才启步之学子。⑤《养正学规》和《课子随笔钞》的作者张伯行以及许多关心并积极推动幼教的清代学者，莫不一再以"蒙以养正"之古义勉人自勉。⑥实质上，此"蒙以养正"的需要过去从未引起如此这般广大的重视，与实质上人力、财力、物力的投入，乃至蔚然成风，俨成明清（目前尚鲜人知）的一个重要的社会运动。《姓氏急就篇》的序言说该篇之作，乃考虑到在中国人数千年来处于一姓氏宗族传统下构成的社会文化，幼童未来不论就士农或工商，总脱离不了认姓识氏之需要，以及由姓氏了解、建立纲络的一层关系，故作该篇，以为"教小学之资"。⑦总之，"传播（各

---

① 王炳谨：《重刊乡塾正误跋》，李江《乡塾正误》，页1a—1b。

② 郑玄注：《曲礼·内则》，《礼记》（台北：中华书局，1965）。

③ 司马光：《居家杂仪》，见《古今图书集成》，卷39，页11b。

④ 吴镇：《韵史》（台北：新文丰出版公司，1989）。

⑤ 郑元庆：《廿一史约编》，崇文堂原刊本。

⑥ 张伯行：《养正学规》（上海：商务印书馆，1936）；《课子随笔钞》（台北：文史哲出版社，1987）。

⑦ 王应麟：《姓氏急就篇》，清光绪九年浙江书局重刊本。

种有用之知）以补世教"①，"付梓以惠来者"②，重新编排印刷，"用效赓扬，裨助黄小拾编"③，一时之间成了众声之的，士人绅商共同的关怀，从供给方面看，幼教文化在明清社会觅得了一股强大的推动力。

但从另一方面看，幼教由家庭疏解出来，成为近世的一项重要社会现象，也是因为在需求方面，幼教之需日巨日殷，绝不单是士人与道德家单方情愿之下的努力所成。供需会合，乃有近世幼教之新面象之呈现。除了论幼学与著蒙书的作者表述中，每每提及一个日益普及和扩大中的幼教人口外，明清留下大量的家庭与传记资料，亦直接描绘着一个幼学人口不断增加，童蒙年龄不断下降，以及城乡四民日重识字，关注启蒙教育的景象。④在这个文化环境中，婴童之"早慧"迹象，家长之"自课"活动，都是大众聚焦于儿童知性发展，家庭聚资于幼儿教育经营的部分表象。在社会资源及个别努力的多重管道推动之下，当出版文化与落第士子适时为幼儿提供了前所未有的教材与师资之时，不但幼教的供需两面得到巧妙的配合，而且许多家长与家族个别的意愿（亟于让愈来愈多、愈来愈小的孩子入塾就学），与外在环境之条件之成熟（蒙书日益便宜而易得，蒙师四下可见，均期就业），内应外合之下，一个快速且蓬勃成长中的近世幼教领域于是应运而生。士人子弟出就外傅的年龄趋降，宋代名儒司马光等期之于九到十岁童子者，明清家庭中的六七岁，乃至四五岁幼儿已在学习。这些传记中赞赏不已的"早读"子弟，虽未见得是推展幼教文化下的直接产品，其中亦未必没有夸张过誉的成分，至少，他们是这波涛逐壮的幼学运动中若干引人注目的浪花，号称少有"奇慧"的王鸣盛，"四五岁，日识数百字"，连地方县令均"以神童目之"。⑤传记中说晏安澜四岁起每天"课识数字"。⑥邢孟

---

① 蒋元：《人范》，民国九年（1920）番禺徐绍棨汇编重印本。

② 陈庭学：《蛾述集》，清嘉庆二十年六君子斋藏板本。

③ 张海鹏：《千字文萃小引》原文为："《援历》《滂喜》《凡将》《急就》，汉时童子习之，此即《千字文》之权舆也。宋元学者犹书《急就》，自《千文》盛行，《急就》始晦，兴嗣所次韵叶义该百名书方，一成不易，其于黄小拾诵实多裨助。"本朝儒臣重加排纂用效赓扬。词必生新，字惟由旧范汉铸以为炉，织蕃屬而成锦，抒写任手，变化从心，真燕许之巨制，而翰墨之奇珍也。暇为汇刻，用广厥传，因搜故簏中得前人翻本，及于原文外广之，续者并剞劂之，总凡七篇。嘉庆戊辰春二月张海鹏识。"《千字文萃》（上海：博古斋，1920），书前页。

④ 熊秉真：《好的开始——中国近世士人子弟的幼年教育》，《近世家族与政治比较历史论文集》，页201—238。

⑤ 钱大昕：《西沚先生墓志铭》，《潜研堂文集》，卷48，页5—7。

⑥ 金兆丰：《晏海澄先生年谱》，页75。

贞①、倪元璐②、张溥③、金铉④、张煌言⑤，都是六岁就入塾就学的幼儿。清代及早入塾者更比比可见。方士淦⑥、骆秉章⑦、刘长佑⑧、吴子光⑨、韩国钧⑩的传记资料都说他们六岁已入塾读书。同时，四岁、五岁入塾读书的子弟也不再少见。黄道周⑪、黄叔琳⑫、李兆洛⑬、王庆云⑭，据说都是五岁即从塾师就学的男孩。朱次琦⑮、曾国荃⑯、岑毓英⑰、张之洞⑱亦然。至于王船山⑲、蒋攸铦⑳、劳乃宣㉑则载曰四岁即入塾就读。这些稚龄而早学的幼童，出身士族者多，但亦未尽然，城镇商人及富农亦有鼓励子弟向学者。稚龄早读，当有弱不能胜，及其他种种往返、衣食等多方面的困难，家长多愿额外出力协助解决。这个趋向，固有地域阶级之偏重（是以江南士家子弟为主的一个现象），但在中国境内四域，到清代已化为一个跨地域超阶级的运动。士人之外，工、商、富家士子大量涌进塾学。女童受教育的人数也在不断增长之中，而且均在幼龄阶段进行。幼学的发展，在市场方面有年龄因素重于性别因素的发展。㉒幼慧而早学的企望，非近世方生，是早存中国社会上层之价值，近世中国幼教文化将之化为运动，质变顿成量产，质

---

① 汤之孙：《明末邢石臼先生孟贞年谱》，页11。
② 倪会鼎：《倪文正公年谱》，页2。
③ 蒋逸雪：《张溥年谱》，页4。
④ 金镜：《金忠洁年谱》，页2。
⑤ 赵之谦：《张忠烈公年谱》，页7。
⑥ 方士淦：《啖蔗轩自订年谱》，页5。
⑦ 骆秉章：《骆秉章先生自叙年谱》（台北：商务印书馆，1978），页3。
⑧ 邓辅纶、王政慈：《清刘武慎公长佑年谱》，页4。
⑨ 陈炎正：《吴子光先生年谱》，见《台湾风物》，卷29，期2，页15。
⑩ 韩国钧：《止叟年谱》，页2。
⑪ 叶英：《黄道周传》，见《台南文化》，卷6，期1，页29。
⑫ 顾镇：《黄昆圃先生年谱》，页1。
⑬ 蒋彤：《李申耆年谱》，页10。
⑭ 王传璨：《王文勤公年谱》，页6。
⑮ 简朝亮：《朱九江先生年谱》，页3。
⑯ 王定安：《清曾忠襄公国荃年谱》，页3。
⑰ 赵藩：《岑襄勤公年谱》，页8。
⑱ 胡钧：《张文襄公年谱》，页11。
⑲ 张西堂：《王船山先生年表》，见《湖南文献》季刊第六、七期合刊，页193。
⑳ 蒋攸铦：《绳枻斋年谱》，页3—4。
㉑ 劳乃宣：《韧叟自订年谱》，页8。
㉒ 关于幼龄女童受教育的背景与效益所在，及其进行场所、方式与教学内容，请参见 Hsiung Ping-chen, "Girlhood in Late Imperial China : The Notion and Some Facts", *Workshop on New Directions in the Studies of Chinese Women*，1000—1800（Holland : E.J.Brill，1997）。

与量双方的改变才是值得关注的新现象。而此幼教大量而快速发展的附带现象或成果之一，是将儿童自家庭私属的辖管之下脱离出来，为未来属于学校、社会、国家之公器的幼儿与童年，制成一个关键性滥觞。

五、儿童归属问题的再省思

儿童从来或者应该属于谁（不论是某些个人、某个团体或者某种势力，也不管是其照顾保护之责或代表管理之权），许多文化和社会多举之为"天经地义"。诸般伦常的认定和习俗上活动，应运而生。但任何深入、长时期的考察都会发现，像许多其他"一以贯之"的假设一般，儿童的归属其实一直是一个随时、空、环境流动，未尝固定的现象，更难以之代表或绳诸什么普遍真理。历史上各个地区、各个人群可以一再重新规范任何人、事、物的归属，儿童不过是最容易入手也最理所当然的"规划对象"之一。这些反复的规划活动，可以借"议论"的形成发生，也可以用重新调整"处置"的方式进行。前者所留下的素材，是我们通常思想史和哲学史上讨论的素材，后者的痕迹，则是通常用以重建社会史或日常生活演变的基本资料。本章所举明清时期幼教文化之例证，不论在议论之形成、教材之准备，还是对象之增置上，都可看到在狭义的近代之前，许多方面的力量已经一步步把家庭中重要而一向最固定的成员——幼龄

图 4-4　**拾荒拾纸**　中国人爱惜字纸，物资匮乏，是此处二十世纪小儿拾纸的部分背景，但不是此情景出现的主要原因或全部故事。儿童加入拾荒拾纸的行列，显示幼龄人口之童年，与其周围世界之情态，从来是休戚与共，喘息一同。而近代文明之莅临人群，是当任何一个国家社会能累集群情与制度之力量，将拾荒拾纸的浪儿收纳接管入教育体系之时。

儿童——从私人的领域逐渐脱离出来，成为家庭之外的团体（众人或社会）或制度（学校或教育）关怀用力的对象，希望用些新办法对待之，以将其塑造成个个不同于往常的个人。这个过程，对儿童而言，固代表一类新鲜的生活经验，

图 4-5

图 4-6

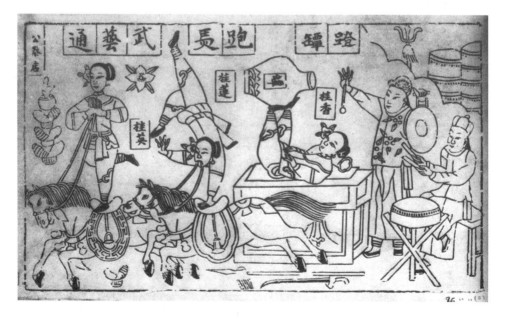

图 4-7　**习武卖艺**　近世中国有关儿童的书面资料，虽以载记书香门第者为多，但偶然仍可见各种拜师学艺、做学徒、谋生计儿童的身影。清代版画中可习见为刀马旦女孩的身手，清季民初幼教丕变之时市面上亦有卖艺儿童的踪迹，他们也正是改革者想努力收纳的对象。

一些变化中的遭遇和处境。面对新的因素，将愈来愈多的孩子，愈来愈早地送到塾学之中、师傅面前，原来留在家中的儿童，也开始听着长辈讲起些不同的故事，大人（至少有些大人）在用不同的办法对待他们，也正在用新的教材塑造下一代，从而营建起一个新社会，一个未来的社会。希望借着儿童接受新价值和规矩，不但建立起一个新的理想儿童形象，其实更在以行动夹杂想象，规划建筑着个人的希冀与群体之前途。

从社会的角度来看，过程和现象，意味着一个新空间和新领域的诞生，一个为近世中国幼龄人口新近规划出来的介于家庭与政府之间的地位，属于私人和公众社会共有共管的属性，正不知不觉地被簇拥而起。这个为儿童划出新地位与新地带之举，并非孤立现象，与明清中国许多其他私下与公众秩序之一再调整重建彼此牵动，相互环生。在这个波涛运转中，儿童也不是完全被动地被调整重塑。该世代儿童对此环境之反应与参与，以及该世代儿童苗壮成人，变成社会的主人翁后，如何以前人之道还诸当世社会以及后人之身，应是中国家庭与历史脉络中儿童定位后续中该做的演绎说明。

六、西方见解与中国例证

西方研究社会史及文化思想史者，长久以来对近代儿童或童年的历史，常执一复杂矛盾的两端之词。一则本于近代启蒙为人性与文明之新发现，以及此后人类经验呈直线前进的假设，力图建立近代早期为西欧社会发现儿童概念之始，以之为人伦社会进步之重要指针。二则又持自由解放之价值观，哀叹儿童一旦为人们发现以后，新的重视与教育措施，常为近代童年步步制度化、物质化与牢笼化之开始。若从新的"文化研究"角度设法"解构"此一儿童史、家庭史、社会史之成形过程，可以发现，此研究上之成果及原研究议题之出发，其实也是二十世纪后半期某些特定思潮下的产物。儿童史或者历史（人群过去的经验）之所以显得如此矛盾互见、莫衷一是，是因为观察者和发问者所据以为了解分析基础的二战后西方某些价值观点和文化立场原挟之矛盾复杂属性，一方面认为过去两百年来人类之由蒙昧（"主观"的思想文化、政治行为）、窘迫（"客观"的经济、物质、环境）走向文明理性、繁荣富足是一个值得肯定的"进步"过程，另一方面又对个人及集体在所谓"近代化"过程中变得（精神上）机制化、单调化，而且（物质上、生态上）放纵浪费、恣意妄为、损耗破坏，不能苟同。直接反映到儿童史的研究和解释上，就演成了前述暧昧的两造之词。认为近代社会是一种进步，人类整体文明正在不断"变好"之中的主张，导引着学者"看到"近世而近代，社会人群终于"发现"了儿童，对于童年时期别于成人的特异气质总算由野蛮无知渐渐有了概念。菲利普·阿里埃斯[1]、劳埃德·德莫斯（Lloyd de Mause）[2]、萨默维尔（C.Sommerville）[3]、菲利普·格雷文（Philip Greven）[4] 等二十世纪六七十年代开始从概念史、心态史、家庭史方面挖掘历史上的儿童问题者，均怀此意。他们或惊叹于近代以前人们单溺爱而不认识儿童，或感喟童年史是人类经验中晚近方才惊醒过来的一场噩梦。总之，到了近代，整体的人群才刚由野蛮步入文明，由落后走向进步，由空白的无知接近明智，而对社会成员中最稚弱无辜的一群——幼龄儿童——的了解与善意是此转变中的重要指针。可是当学者（包括同一群学者以及其他一些研究教育史和制度史的人）进一步细究过去一两百年的"近代化"过程中，儿童身上发生了哪些具体的变化之时，学校教育之普及，识字率之提早，制度式公民伦常及国家主义等"泛政治文化"的深入家庭，席卷个人，吞噬差异，又让人感伤、遗憾，为之扼腕。从追求人性自由与社会解放的角度看来，近代以来儿童的境遇，像许多其他角色、身份的人群一般，似乎又不自主地"变坏"了。阿里埃斯书之后半，以及其他论童年之失落与堕毁者，即在为此童年走下坡的过程提出其负面之证言。类似相对之两执，不单在谈幼儿之社会经验（动趋、游戏，与成人混处或分别独立）、行为模式、教育学习等问题，成了常识式的两套框架、两道论述，即使在谈政治文化、社会政策（如童工法或儿童福利政策），乃至物质与身体文化（如育幼专用食品与工具的产生，儿科之诞生与不断专业化过程）之时，也常不自觉地透露出此正负两面兼具，终而不知如何解决的辩证关系。

若把问题焦点离开近代之西方，转到前近代之中国，整个景象益显特殊有趣。首先，依中国之例看来，视儿童为一群有别于成人的人物，或者认定婴童之幼年为一特殊之成长初期之阶段，是一早有的概念，绝非近代社会的产物。（其实晚近许多西方学界的进一步研究，也说明了西欧在近代以前并非不知或不爱儿童，只不过过去社会对儿童及童年的看法有别于近现代之态度。）再则，西

---

[1] Philippe Ariés, *Centuries of Childhood*：*A Social History of Family Life*（New York：Vintage Books，1962）.

[2] Lloyd de Mause, *The History of Childhood*（New York：Psychohistory Press，1974）.

[3] C.Sommerville, *The Rise and Fall of Childhood*（New York：Vintage Books，1990）.

[4] Philip Greven, *Spare the Child*：*The Religious Roots of Punishment and the Psychological Impact of Physical Abuse*（New York：Vintage Books，1992）.

方少数儿童史及幼年史之作品中，多集中于"童年概念"（concept of childhood）或"儿童对待"（treatment of children）两主题为之，其背后一个共同的预设正是近代以来确认儿童与成人、童年与成年不但有别，而且呈一种二元对立之特性。此一基本假设，在中国过去并不成立。传统中国文化以儿童或童年确实有别于成人或成年，但两者在人生的历程中呈互为消长而彼此兼有的状态。一方面，人一出生，每位婴童生命中即已有一未来巍然成形的成人在内，儒家伦理所谓的"善端"或"四端"，是日后容许并要求各种教育培养功夫诱之成长、成熟的内在基础；另一方面，当婴童渐长为成人之时，其童子之天真率性并未完全消逝泯灭，故道家言复为婴孩、返老还童，宋儒谈复其本性，阳明求良知良能，一般社会文化艳羡天真烂漫、童心未泯之人。背后观念上的预设代表任何成人成年之心性当中，可能一直长保若干童心童性。童年与成年并不如西方近代文化习惯或心理学概念上所指是截然二分的两个阶段，而较接近互有消长、此起彼落、阴阳互动的两个不断变化中的气质与过程。孩童与成人固可代表社会上两种不同的身份与角色，但更可能是"你泥中有我，我泥中有你"，彼此交融、相互交替，可能始而复周、周而复始的一物之两面，一种永远变幻不拘的过程。这两个不同的起点，使得目前我们所能看见的近世中国的幼儿文化及其演变过程呈现出一个异于近世西方、更多层次、充满流动感的现象。其于明清时期的变化，与近世西方之经验对照之下，颇有一些特别的曲折与异同。

七、入理而入情

近世中国儿童文化或童年经验的一大变化，是宋以后小学的伸展及幼教的一波波强化。对社会上的幼龄人口而言，这个"礼下庶人"且下"竖子"的过程，开始时似乎少人察觉，但是几个世纪下来，却相当全面而彻底地改变了儿童日常生活形态，及童年经验之面貌。

此推展礼教及于幼儿的运动，第一波可说是以程朱理学为主的"制造小学"之举。此处所谓的"小学"，还不是近代以后学校制度成立后所称初等教育式的小学学堂，但是二者在精神上却是相贯的，就是朱熹《小学集解》所举以"小学"教育为士人进入"大学"学程之准备。这整个大运动的背景，当然与宋继唐后，士人所感礼教崩坏危机，与亟欲重振儒家教化的千秋大业有关。此重振儒学的面相之一，是求其普及，而此普及，不只指的是社会阶层、地域人群意义上的推广，更包括人生阶段和人口年龄群上的下移。也就是说，除了希望原来士人能持守其原有之礼教传统外，过去未识字上学、不为礼教所被的地区与庶民今后均应一体同沾教育恩泽，连以前未尝特别留心的稚龄童子如今也成了宋代诸子关心与化育的重要对象。其出发点，对士人阶层而言，是希望其子弟知书达理尽早奠基，对农工商及偏远地域民众而言，则是希望借简化之教育工具，将之不断吸收纳入儒学礼教之基层群众与初等教育文化之中。

在这方面，司马光《涑水记闻》中的倡导，朱熹订《小学》及为童蒙立言之举，是众所熟知的事实。程伊川亦如司马氏引《礼记·曲礼内则》之言，以"古人生子，自能食能言而教之小学之法"，揭示"以豫为先"之理，认为：

> 人之幼也，知思未有所主，便当以格言至论日陈于前，虽未有知且当熏聒，使盈耳充腹，久自安习，若固有之，虽以他说惑之，不能入也。若为之不豫，及乎稍长，私意偏好，生于内众口辩言铄于外，欲其纯完不可得也。①

此说中对"先入为主"的信念与策略十分清楚。任何人若使之自幼接触"格言至论"，"久之安习"，日后长大成人，虽有"他说""众口"均不再能铄，"私意偏好"亦难改动。

程明道先生则说"子弟凡百玩好皆夺志"，不要说外在诱惑繁多，致难规劝子弟向学，就连"经学念书"之外，太早教文章，"令作文字"，都可能让他们不务正业、分心分神，终成逐末之徒。

问题是，当收受智识教育者的年龄由十五、二十而降为十岁、八岁甚至四岁、五岁，连这些满怀教化热诚之宋儒诸子都不能承认"教小儿只说个义理大概，只眼前事或以洒扫应对之类作段子"②。过去古诗三百之类的材料，其实都太"简奥"，"今人未易晓"，而且"教人未见意趣，必不乐学"。真要推广幼教，就必须另出教材，"略言教童子洒扫应对事长之节，令朝夕歌之，似当有助"③。

两宋诸儒在建立小学、拓展幼教之时，在在征引如《礼记》"四书"等经典古训，以其所为不过在恢复一个自古已有的礼教之道。实际上，考察史迹，众人（当时他人及后代追随者）皆知他们正在开创一个新的文化传统和社会习惯。

---

① 朱熹：《近思录》（台北：商务印书馆，1967），卷11。
② 朱子：《小学》，见胡广：《性理大全》，卷43，页687。
③ 朱熹：《二程全书》（台北：中华书局，1965）。

小学与幼教活动正是程朱之道与宋明理学在近世展开的现象之一。宋元而明清，议幼学者不断，编印流传之教材倍增，一代一代的士人反复征引上述程朱之言为其圭臬，也以实践诸子为幼学造新材之呼吁自任。对这些孜孜于建立小学、拓展幼教的近士诸儒而言，彼等既意在为化民成俗之事早奠根基，自然希望将愈来愈多的民众（尤其是童子）纳入其教化网络。从社会史、文化史或儿童史的角度看来，他们这一波的工作，关键在正逐步将儿童或童年"收束"进一个新的感化与管理系统。初意一定，渐入乡梓，深植宗族，终逐蔚成风气。宋元而明清，不觉不察之间，野地放荡的孩子年年减少；多少世代之后，不论在绝对数字上或相对比例上，愈来愈多的孩童已被制度性地纳入某种教育体系。到了明清，幼教天地中的儿童早已不只是上层阶级子弟，还包括工商及中农家庭孩童；性别方面，也有愈来愈多的女孩接受正规塾学。不只在城市，因为中国士绅居乡之习，乡村族人亦使幼塾学堂在中国农村布开。而且这些幼童入学的年龄整体一直在持续下降之中，影响所及不但整体幼学人口大增，对向学者而言，其人生整个受教育年限也在不断增长之中。种种发展，一步步把恣情放荡的儿童与童年，拦进一个"入理"以及"入礼"的藩篱。

八、入情而入理

当明清士人顺应经济社会变迁之大势，鼓动起大兴幼教潮流时，多重历史因素的外合里应之下，我们先看到了一个日益增长的幼蒙趋势的诞生。不论是形式上或数量上，都有愈来愈多的幼童步出家庭堂屋，聚自嬉闹游荡之野地，一个个或三五成群地走到了各样师傅的跟前，踏进了私塾学堂。这个制度和外在形势上的"量变"，同时也不断在催促关心幼教、致力幼学的士人们进一步提供一些新型的教学素材，为已经出现了的幼教"新瓶"注入些新的内容，好以"新酒"取代残存于新空间中的旧液。我们可以再举一二实例，一思此一过程之含义。

关心清季世变与海国异域的魏源，称不上是位幼教专家，其所成之《蒙雅》一卷，原附丛书（"广仓学窘"丛书）之间，序跋全无，初似亦无刊刻之意。在刘咸炘劝得成都志古堂书肆主人重刊（1931）之前，传本极少。但魏源以此《蒙雅》之作所欲承接的，是中国幼学最古老的传统之一。盖过去中国"童蒙初学，必读字书"，是众所周知的事实。史传《仓颉篇》及东汉史游的《急就章》（2016字）是士人公认某种初学者所用"字书"的前身。追及明清，周兴嗣的《千字

图 4-10

图 4-11

工作中的儿童 除少数仕宦人家子弟外，多半中国儿童自幼即参加家庭生产，付出劳力，帮忙琐务。有关儿童劳作的信息仍待搜集。图中幼儿集水草、踩水车，只是两个具体的例子。但画面中所反映的，显然与《扑枣图》所示富裕人家子女采集之乐有不同意义。这些儿童也尚未蒙受"教育""文明"之礼遇。

文》（125韵，1000字），宋代的《百家姓》（568字，509姓），王应麟的《三字经》（1140字），及后代陆续所出仿作是一般最常用的蒙学认字用书。[1]但时代愈晚，社会与塾学变迁，加上大量幼龄学童的涌进，使得不少关注幼学人士觉得前人留下的各种字书已不能满足眼前莘莘学子的需要。他们曾经提纲挈领地指出了几个问题：一是旧时字书多以成文韵语为之，但近世儒者所为童诵韵语多半旨在训诫，故"不避重字"，其实变质成了"格言书"，已经失去字书以教蒙童认字为主的功用及性质。二是字书重点在教给小儿"必备常用字"，但是当时坊间流行的过去所备字书，其所包括的字不少已失去时代上的适用性。譬如，对于盛清以后的社会人群而言，旧的字书显得内容不足，及致引起"古人用字较今为少"的怀疑。其中所列之字，对其产生时代而言，可能确"皆当时通用"之字，但是数百年后"今俗"常见必需字却不在其中，连"乾坤祖考，亦皆阙然"。如果继续拘泥旧则，抄袭旧谱，则太多后世童子及常人需用的日用杂字，"虽显不收"，结果蒙学通用的字书自然"其多遗字"。后来仿作的字书又可能充满虚词冷字，或者像《字课图说》等新作，又"患太俗，不足通于古训"，反正对心中坚持古典高标准之字书，又想符合某种时代性的父兄师长、自觉士人而言，书塾幼学中须授字书又常觉"苦无其本"。魏源的《蒙雅》即应此感怀而出："悉取通行正字，仿《尔雅》而次之。作四字韵言，字既周备，类又明白，无古字书之病，止识常字，固此已足。"后来遇见者亦有指为"诏幼之良书"，承认他的尝试在教幼童识字一事上更新了时代的需要，为学塾中涌进的新对象提供了一套与他们所处社会世代需求配合度较高的改良教材。意觉到百千年前"当时通用"的字可能与"今俗"有异，发现古代字书对晚近眼前的稚龄学子之需可能有"病"，而现今的幼儿心智活动所涉，旧作"多遗字"，又不适用，这一层层的质疑和重新商榷，代表程朱时代将竖子纳入礼教（人理）的立意也许仍然未变，但是时过而境迁，真能满足此项任务、达成此类功能的过程变了，而且这个量的过程正催促着质变的发生，真正面对识字稚儿的父兄，明清无数如魏源般教子心切的士人，或者责在教导初学者的塾师，有些人不得不卷起衣袖，自己动手编写起他们以为更合时下儿童实际心智需要、更为"入情"的启蒙教材。

安徽合肥王氏父子所编《童蒙养正诗选》是另一个为旧习惯注入新血液之

---

[1] Hsiung Ping-chen, "Children's Literature", in William Nienhauser (ed.), *The Indiana Companion to Traditional Chinese Literature*, vol.2 (Bloomington : Indiana University Press, 1998), pp.31—38.

举。据后来王揖唐杜刊刻序言（1924）中说，此诗选之起，与近世许多幼蒙书籍一样，初均源于士人家长为自家子弟所备"庭训"教材。揖唐自称年方四龄时，其父王锡元应聘馆于远地天津郑氏军门，念及家中幼子幼女诗教之需，"乃选古近体诗"，命随侍长子（揖唐之兄）"楷缮成帙"，颜曰《养正诗选》，与《小学韵诗》一同邮寄回村，嘱其妻（揖唐之母）督促子女（揖唐及其"诸姐"）"朝夕诵之"，以为"作圣之基也"。三十年后，揖唐之父据此家庭读物为基础选定三百首之数，分一、二、三集，付梓刊行，由简入繁，"以次进焉"，要皆"以足以陶淑性情，启发德智"为选录标准。

然待其应"海内朋旧……一再以公诸世为请"，决定将此三集为童蒙诗教所备诗选流传坊间之时，情况已不只是将先人为"子姓传习""家塾课蒙"之作，公布成为众人启蒙之资，而是数十年间，世变之下，清季终而民国立，科举废而新学起，甚至有了语文上的白话运动。所以王氏序言的后半段，口气内容丕然一变，亦从而谈起其诗选可为"吾国""小学修身之读本"，由朝廷万代而成国家新民，是大变；更言其所辑录其实谓为"固有之白话诗亦无不可"。原来为"儿童诵读之便"，取其浅显，去其古奥，至此竟成了"沟通旧新"之举，时过境迁，《童蒙养正诗选》俨然成了一注恰待装入新瓶的新酒。

更妙的是，书后所附以弟子自称的陈宝琛为王父锡元（号"泽斋老人"）所写的小传中，指以岁贡生应聘授徒四十年的王氏，"博极群书，旁通医卜，尤嗜宋儒程朱理学"。但其子揖唐终其序言，却高揭阳明《训蒙大意》中力倡诗歌之诱为栽培涵养童子要方。韵文诗教一向是中国数千年来训童启蒙之经，然近世程朱与陆王学者对其功能、意义与方法始终持不同之认定。清季民初，在一个新世代的催逼期待下，中国士人，宗程朱或随陆王者，基于更大的时代变迁与局势呼召，不少实质上捐弃过去成见，取其同而略其异，以新内容充实装点起正快速蜕化中的教育制度与学习活动，乃至设法应付瞬间数变的社会需求与史无前例的国家政治。在此诗选刊版的凡例中，编者直截表明该编所选是希望为儿童准备些"足以鼓舞其活泼进取之气概，发挥其忠实仁厚之天真，培养其高洁优美之情感"的新旧诗作，此言之出，实即为新的民国与近代精神下相当于过去"陶淑性情，启发德智"的一番新说辞。由"家塾蒙课"，变成了"学校采用以为修身课本之辅助，或国文读本之资料"，不但是形式、制度、场合、情境的转换，而且是道德价值、语言概念（活泼进取，忠实仁厚，乃至修身，与"国"文），以及学习生活与教育内容的整体移转。此换日偷天，悄悄地在各个角落，由各个师生，加上各种课本涓滴成流，不知不晓地展开，甚至实实在在地完成了。

由入理而入情，又由入情而入理，韵文诗教只是整个教育脱胎换骨中细小的一部分。清代幼教之辩体罚，重同情，注意幼小学龄儿童之身心状况与日常需要。种种迹象显示，中国的幼教与儿童文化实际上在狭义的近代开始以前，早以轻略无痕方式，与广义的近代精神与近代制度、近代生活进行着一场绵延而宽阔的接轨。

九、余思

童年经验与儿童文化过去虽少得史学界注意，但不能剥夺其为整个历史脉动、文化现象中之一隅。最近零星的钻研也显示，从儿童活动与童年的角度，如儿童游戏、儿童文学、幼龄启蒙等，常可窥见社会与文化在时光之流中的特殊展现与关键变化。西方学者对儿童史之初步认识，以为近代童年之发现与初等教育之成立，似乎使儿童一则受重视而变"好"，再则又受拘禁而变"坏"了。阿里埃斯书中第一部分的结论，标出"两种童年概念"（The Two Concepts of Childhood）之题，以为中世纪以后，家庭生活中成人私下对孩子的宠爱（coddling），与后来教士哲人对儿童的训诲管束（discipline），是造成近世社会大众对儿童觉醒的重视的两方面力量。其实再进一步仔细观察其内容，前者发生在前，文艺复兴以后市镇中产家庭及上层社会中已渐成形；后者出现稍晚，是十六世纪末及十七世纪士绅及道德教育家所推动。此两方面因素，加上更晚身体与卫生文化的兴趣，阿里埃斯说终使近世西方有了一个崭新的儿童观。然而此崭新的儿童观随之即因初等学校教育之兴起，与理性启蒙之浪潮汹涌，连带形成了把儿童送进学校受教育的大势，反而规范了过去放任自由的儿童，也缩短了自然而交融的童年。粗略看来，近世以来西方儿童的命运似乎确实是骤然在变得"开明进步"，又"拘束可怜"。

其实这整个过程，并非同时发生，而是有其先后顺序。在西欧，似乎是家庭先有宠溺儿童之风，宗教家和教育改革者随后才为之规划出一番启蒙教育之法。整个现象能否以"文明进化"名之，童年是否确实从此变得喜忧参半，就像近代以前人群社会认不认识"儿童"、知不知道"童年"一样，常亦成为狭义的近代价值概念下史论性副产品，此处可以暂时不论。

就近世中国童年史，尤其是幼教史的例子看来，此循序渐变与交错发展的情况则是十分明显。明清民间识字率增长，教育与出版普及，理学的渗透，以及士农工商各阶层在科考、商业、市镇文化多重环境酝酿下，先是推动了普及与提早幼教的形式，后又逐步填充以适合稚龄孩童的教材、教法、教养理念。由入理而入情，近世而近代，一波波幼教文化的理念与实践交相为用，终致蒙学与童年经验之不断更替。在其发生当时，常是此波未平他波又起，波澜相助，终新另景。过去钻研近代史者囿于单线进化假设，固显简陋，代以辩证式理念而强调历史发展均具正反两面性，亦未能尽致其曲折之意。对于多面多向、变易不居的历史景观之描绘理解最后或不应止于众声喧嚷、诸音交响、各象迭出之指辨，习史者仍须借反复推敲，不息之淬炼，捕其轴音，叙其主要。由明清而近代的中国政治社会文化更替之中，幼教本身的变化，颇足托出若干公私情理领域之间重新营造的细节，可与其他历史之脉动互议。至于此过程是否代表"进步""文明进化"之必然、单一走向，其实最多是个大胆的假设（而且是带有近代中心与自以为是偏见的一种假设）。

近世中国的幼教发展，对儿童关怀之展露，内在一直含有相当多层的暧昧与两面性。将（数量上）愈来愈多、（阶层上）愈来愈普遍、（年龄上）愈来愈小的幼儿，由流落荒郊、征逐街角、乏人问津、蒙昧无知，一个个劝入学堂、纳入教化、予以开导，从肯定近代人文价值及制式教育角度来说，当然是一种"进步"，儿童自此得到一己家庭父兄之外其他人士的关怀协助、社会诸般势力的注视接触，这样的童年、人生，以及周遭的人群、社会，乃至国家、世界，都似乎顿然"文明"起来，大家莫不一体同浴礼教之泽，一齐变"好"了起来。可是从此三五岁，甚至（今日北、中欧）半岁一岁起就得出入定时，固守岗位，浸淫于点滴不断的教诲，再没有野地的游荡、兀自的冥想、个别的童年、制服课业与标准化教育之外的人生之路，对于世纪之末，想象近代之后人与社会景象的人，莫非前近代孤执一词的教化与文明、进步，正是这一些束缚、沉滞、压抑的开始？人可不可能在近代之初变"好"之际也同时滑下了一段上坡式的下坡，步入了自上枷锁的不归之途？大家过去雀跃不已的改革改良，走到另一阶段，从另些角度看来，其实可能是另一种变"坏"之走势，教育与成长因设计式管理与固定的制度而恶质化了。入理而入情，发生的过程不论中外古今，都可能有先有后，但是进入某种固定界定的情理，未尝不是一种礼教将人情（野民）请之"入彀"，社会势力将个人纳之"入瓮"的过程。文明教化与人生桎梏，人性解放与经营管理，可呈两面。礼教与情欲，并非对立，在历史的变化中，常可见其彼此衔接，互为表里，而且各有其复杂多面、长相交涉而互动。幼教与童年在近世变化的过程，可见此种种两面性之一斑。在辩解、描述、呈

图 4-12 **捉迷藏** 大人不认识孩子，孩子不了解成人。历史不留儿童余地，儿童也不为历史操心。无知的天真与深刻的掌握，两者之间，往往失之交臂。已知与未晓，欲解和欲遣之间，像一场捉不完的迷藏。

现、说明此变化过程中，过去数百年来的人文基本假设、古今价值、中外差异，前近代与近现代，乃至后现代的核心关怀，彼此回光返照，一再展现了各自繁复难尽的一层又一层、一遍又一遍的暧昧与两面性。

至于本章之初提到的历史长期以来是否真呈直线前进现象，人类整体之经验到底是在不断进步改善，或同时在堕落恶化，幼教发展或儿童史研究过去虽总欲为之代言，其有限认识也许不足解决此类历史哲学上的根本大义。从繁复的中国儿童史之实例看来，"多线变化"显然比"单线前进"更能描绘数百年来的经验。许多进退兼具，以及难谓进退的现象或者表示"近代"之概念与"进步""近代化"等词汇，虽曾风靡学界，对长期解析历史而言，用处可能有限。某一时段之内，即便发生过连续而相衔接，甚至有某种方向感的历史性变动，此类变动并不必然导致固定单线前进之现象，更难据之确认人类整体一向且永远在由野蛮步向文明。晚近史学的发展，不但在于不断增加素材，丰富议题，打开视野，同时也在扩展与复杂化、细节化的过程中，意识到历史意义之多面与不确定性，以及历史事实与泛义的政治理念、哲学主张、终极信仰之间的分际。

图 5-1

第五章　省思与争辩

古往今来思想家之探究人生，考虑群体，固在求明了，亦未尝不希掌握。而其追寻摸索，常不能不由社会尘落于个人，由表象钻研本质，由日后之展现溯及最初之开端。因而即便是中国历史上一向谈家国大事和社会义理者，终难免推而求之人生哲学、个人伦常。以近求远，由实物系抽象，个人之一生，亦可由起端期其全程，自婴童企盼成人。因而不但所有论人生者少不得兼及人性，所有论人性者亦不得不始于童心。不过，由先秦而唐宋，儒道墨法诸家论人性而指涉童心者，限于隐喻，言辞中兼及童子者，多属浮掠。《礼记》等仪典之设计、人生之规划，固有训育婴童之拟想[①]，但孩提之时，其心思情状态、个性取向，尤其此童真属性对人生与社会之意涵，则少有析论，亦未尝专以之为中心，大幅发挥。相对于成人而言，孩童之本性为何，此阶段之特性代表什么意义，有何长短，对社会伦理之规范是可贵之资源，抑或无益之障碍，待萌发之潜能，待训练之原料？凡此疑问在近世以前并未见专门之析论。

然文化代衍，思想时移，到了十五六世纪，此等关怀，终致凸显于一番对童心之论述与辩驳，明代思想家王守仁的《训蒙大意》与李贽的《童心说》是清楚的代表。[②]此现象之出，宋明以来理学者对天理人性之推敲固为背景，明代社会本身之演化亦有助澜推波之力。尤其放眼前瞻，清代中国对蒙学之讲求，对人性之正反收放，议论与实践上均有继前代而过之者。无论如何，此论述之出，承启上有其意义，本身内容亦颇有值得沉吟深思之处。以之为焦点，可呈近世中国文化价值观变化在此特殊议题上曾有的一些转折，更能借之盱衡同时世界上其他类似思潮之鼓动，进而思索由近世而现代，童心与人性这个关节上的牵连。

---

① 见《礼记·曲礼·内则》，《古今图书集成》，家范典教子部，卷39，页9。司马光：《居家杂仪》，见胡广：《性理大全》，卷19，页333。

② 王阳明：《训蒙大意》，见《传习录》，卷中，页72。李贽：《童心说》，见《焚书》（民国年间陕西教育出版社排印，无出版版年），卷3，页22—25。

一、由"本性"论"人之初"

（一）儒学与理学中的人性假设

　　童年阶段，或婴童之本身，向未吸引古代哲人太多注意，中国之情形，与其他文明相类。上古哲言中，除老庄曾因对天然之向往，作复为婴儿艳羡之叹外[①]，儒墨法家罕对孩提发出任何专门议论。孔孟诸儒对社会人生的一般立论中，有意涵上对婴童概念关涉极深者，尤其是其对人性善恶之辩言，及对培养个人之预拟，更使后代思想上对婴童之了解，不觉间立下了框架。孔孟假设人之本性趋善（或有可往善处发展之潜能）[②]，且以社会人伦家庭学校之功在用种种教导默化，引发并塑造此善质而成仁人[③]。所以其对人性与人生端初之立场既呈乐观又显固执。一方面，信其良善，因而无西方基督教生具原罪与新教传统上摧折孩童意志以向善等负面因素；但另一方面，因其一向强调教育与外力之必要，与其终极目的之所向，故难纵容婴幼儿各凭己意活动，亦不信任个人有各依天性、多元发展之可能。近代思潮以孩童均具根本潜能，不假外塑，人生应崇尚自然，勿饬虚文，此类构想[④]与中国古典文化之假设虽未必根本相斥，但确实轨辙异趋，观念和价值上可衔可裂。近世曾有的争辩，展现当时少数关键人物对解开其间递嬗契机之努力。

　　宋明时期理学的发展，固为中世纪以后中国儒学思想的一大复兴，在知识和精神面上将孔孟之道带回了社会伦常，学静治动的主流，但其重点，与中古以前显然不同，这些着重点的不同，价值上的差异，亦凸显了宋代以来中国思想界的特色。其间，关涉童心幼教理念的有三个方面：

　　一是理气二元的问题，即视天理为自然及人文理想之极致，而人在现实世界所表现的嗜欲活动，多半只是一个不得已的事实。这不得已的事实，与大家所应（与理学家们一同）追求的人生哲学上的天理之流露，不幸是一个相对或

---

① 老子：《道德经》二十八章。
② 参阅《论语·颜渊第十二》，《孟子·告子上》，见朱熹：《四书集注》（台北：世界书局，1964），卷6，页49—51；卷11，页89—91。
③ 参阅《论语·雍也第六》，《孟子·离娄上》，见朱熹：《四书集注》，卷3，页24—25；卷7，页52—55。
④ 此为西方启蒙时代以后人性论及近代儿童心理学的共同假设。

相反的势力，因而程朱等人会有"去人欲，存天理"之吁。[1]但是生来活蹦乱跳、好吃好玩的孩子，其正常的（或生理的）嗜欲十分明显，直接表现又常高过大人，让人不能忽视。如果天理是一种"不杂人欲"的状态[2]，那么要一般人达到这个境界，到底该从何时算起？对于人生起端之童子，又该如何入手，才能制约其嗜欲，使其终达"视听言动，非理不为……无人欲，即皆天理"[3]的地步？这是第一个值得深思的问题。

二是有关"习静"的重要性。宋代理学家自周敦颐起对"静"或"非动"的喜好与重视，众所皆知。有人说这与宋代以前、魏晋隋唐以来中国思想的佛学化、印度化，或者社会上好默想坐禅之功有关。无论如何，到了宋代以后，经由几位理学大家的再倡，趋静去动，求澹寂而恶喧扰，好止水般的澄清安宁，成了主流文化，社会价值观之强势。如此一来，思想上的严肃认真——以求诚敬——固不待言，日常活动方面的举止行为也受到严格的规范、约束与辖制。东铭对"戏言戏行""过言过动"的呵止[4]，对着一般人格之涵养而发，但类似高悬成熟理性，斥责妄动轻举，根本厌恶动作，希望只有沉静的世界，对儿童——童心与童性——的拘束，可想而知。这一条好静不好动，与孩子好动不能静的天性，一则勾画出近世到近代中国幼教的教条式传统（包括学校教育与家庭、社会教育，也包括思想方面和行为、心理方面的训练）之间的鸿沟；二则亦深深埋下近千年来中国"规范文化"（normative culture）上的要求，与人生本性真情间不能没有的牵扯与拉锯。

第三方面的议论，与上面两项预设都有关系，即立于人性与天理违和的基础上，如何谈教育意义和必要性的问题。也就是说，人若不能没有嗜欲，天理又必须去人欲才能达到，而且理所要求的是沉静，不是人常易表现、不断落入的趋动，那么人性之理想，社会之良善，就必待一番特殊的修养教育方能达成。这是说，即便先不论终极而言，人是单纯的性善（但需要教才能启其契机，发其端倪）或根本的性恶（因而更必须有礼法之绳刻，才能拘其不善，免其沉溺），外在教育的训练和要求，似成必需。这教育，对年龄小的

---

[1] 吴康：《言周敦颐》，《宋明理学》（台北：华国出版社，1955），页38—39。

[2] 同上注，页166。

[3] 同上注，引《遗书伊川》，语一，页2。

[4] 见《宋明理学》，页140，引《东铭》原文："戏言出于思也，戏动作于谋也，发乎声，见乎四支，谓非心不明也，欲人无己疑不能也。过言非心也，过动非诚也，失于声，缪迷其四体，谓之当然，自诬也。欲他人己从，诬人也。"

学童（七岁至十四岁左右），叫作"小学"；年少懂事以后（十四岁至十八岁以上），就叫"大学"。①

（二）朱熹的《童蒙须知》

由上古而近世，从古典的儒学到宋代的理学，中国的人性观多半趋于环境论，因而相当重视外塑的力量，不论主"性善"或"性恶"者，都认为须以教育（泛义的教育，学校教育之外，还包括家庭教育、社会文化和法律典章）来引导、规范一个人的天性，终究而言，教育也可能是塑造影响人性唯一有效可行的办法。宋儒对幼教方面的主张和努力，是此时期中国主流文化对这个问题所发表的具体意见。即便暂且搁下宋朝诸子对天理人性及为人之初的种种论断不顾，提起宋儒之儿童观或幼教理想不能不立呈眼前的，当非朱熹莫属。

朱熹的《小学集解》和《童蒙须知》二项②，最是将宋儒一番立人于教，寻理于事，由小学而大学，从格致而治平的努力，化成日课规条的实际。而所有这宏观的关怀、长程的期待，都先得涓滴成流，聚沙成塔，奠基于幼年时期的约束教导，立足于对小儿平日的训诲锻炼。二项之中，又以《小学集解》偏重知性之灌输，为学堂内教材之准备；《童蒙须知》，则以衣服冠履、语言步趋、洒扫清洁、杂细事宜等相当生活化和活动方面之规范，为教导幼儿，开启童蒙之端的要领。其中讲"读书写文字"一章，说的也不是该读什么书，明哪些理（如《小学集解》中所涉），而是刚开始读书就学的时候，在读书写字的习惯——行为举动方面，而不是思想态度方面的习惯。教导者须注意，要求每位年幼学童，从入学或接触启蒙的第一天开始，就知道随时把书桌整理干净，书摆整齐，身子端坐，正对书本；读起书来，响亮清楚，字句不多不少，不可不出声音，闷心暗记；所有书籍字纸，要珍惜爱护，不能折损；临时离开书本书桌，须把未读完的书册收理妥当再走，不能草率零乱；写字，先讲求磨墨，磨墨的时候，记得把墨锭拿高，仔细端正地研磨，不可玷污自己的手；握笔写字，得知道抬高手腕，不要让手碰着笔毫；字要一笔一画小心地写，看紧模板，别出差错，也不可潦草。③

种种叮嘱提携，背后一个主要的预设，其实也是对幼儿或人生发展潜能的

---

① 朱熹：《小学集解》（台北：世界书局，1962），此观念根本仍源于《易·系辞》中"蒙以养正"的概念。见乔卫平：《中国古代幼儿教育史》（合肥：安徽教育出版社，1989），页156。

② 朱熹：《童蒙须知》，见陈梦雷编：《古今图书集成》，册324，卷39，页12。

③ 朱熹：《童蒙须知·读书写文字》，见陈梦雷编：《古今图书集成》，册324，卷39，页12。

某种不信任，因之教导不但是必要的，而且要清楚、仔细、明确地规划。而这些规划好的内容，跟社会上其他的天经地义一般，不可能、也不应该有任何分歧或争议。《小学集解》和《童蒙须知》均未带有任何商榷性语句，笃定的口吻笼罩了整个拟定；困惑、质疑、宽容他见的空间，不论实质或者虚设，不管在社会面上或哲理面上，都没有出现。这在教训一个子弟（朱熹预想的童蒙对象多半是要经由童蒙而小学，入小学而至大学的士家男孩，他虽未明言男女孩童教育之别，究其实仍指男孩。若有女童援其言受其教而得其惠，亦依此常轨进行）之衣食行动、活动学习上透露得更为具体。

《童蒙须知》中要求学童（或者说要求师长教导学童）以修身为做人之本，而以衣食起居、行为标准上之注重为修身之实际。当提到"大抵为人，先要身体端整"[1]，随即阐明，意思是要孩童天天好好收拾爱护自己的鞋袜，头发注意扎紧，衣服腰带束好，鞋带袜套不要散乱。仪容外观上做到洁净整齐，就是对人对己一种诚敬的表现；衣着宽慢，代表身体放肆，仪表行为上"不端严"，不单会遭人轻贱，也让人伦人格教育没有根基，无从开始。所以《童蒙须知》不厌其烦地嘱咐孩童：着衣时要提整襟领，系好纽带，饮食行路之际要注意照管，勿令食物泥渍玷污衣裳；衣服脱下后要折叠整齐，平常要勤于浣洗补缀，洗脸时应遮领卷袖，劳作时须去上衣着短服，入夜就卧当记得更衣，以保持衣物之新净整齐，且不违俭省爱惜。言语行动的规范也不例外，举凡说话必得低声下气，不得喧哄嬉笑，平日应顺父兄之教，隐略仆人之过；行路时须端正和缓。至于打扫整洁，本为中国家教中重要一环，论训蒙者亦一向以之为不可缺之锻炼，朱子不过点明当行之处（弟子当洒扫居处之地，拂拭几案，整顿文具纸墨等）。

《童蒙须知》前三节虽常以全称全述句型进行，但究其内容关涉对象，实为社会地位及经济条件中等以上之家庭，尤其是当时讲求文化教养的一群及其子弟，其衣服冠履所担挂的是孩童玷污损坏用品，而不是家庭在贫困中的挣扎，或孩子有无衣裳冠履可穿戴。其言语步趋所要求的是孩童说话举动的合礼合宜，而不是有无支撑其言语举动的体力和营养。这些家庭中不但有父兄，父兄也有时间、心绪教导孩童，甚至还有婢仆需要少年人关注。谈洒扫清洁实际上提及洒扫者只有一句，多半在谈孩童笔墨纸砚书籍的整理。所以这些家庭中孩子平日起居环境，不但"文房四宝"兼备，还有书册满室，须得小心，甚至还有特

---

[1] 朱熹：《童蒙须知》，见陈梦雷编：《古今图书集成》，册324，卷39，页12。

别的"父兄长上坐起处",摆满了"文字纸札之处",不容"散乱",孩子得随时注意"加意整齐","不可辄自取用"。①

这一套童蒙幼教的素材,最明显的"阶级性"(可能主要是文化上的阶级,但不能免除其社会、经济、政治方面的意涵),出现在全章的第四部分,专论对孩童"读书写文字"的训练和期望之时。要求蒙童或训蒙者令其所有子弟做到整齐几案,收理书册;仔细看书,响亮诵读(读书注意心到、眼到、口到,就是此处提出)。读书之外,写字时要端正研墨,执笔书楷,笔画分明,不可潦草。这些说法,在普设小学、全民义务教育已成制度的现代,听来也许不觉错愕,但在一个识字率可能不及十分之一,社会上只有极少数中上家庭孩童(主要是男孩)有机会受教育的宋代中国,在执行方面上的意涵和假设方面上的意义都值得沉吟。当然,在当时的环境下论童蒙,本来代表社会文化中的精英取向,朱熹之议小学,讲童蒙,本身虽带有相当理想主义的色彩,或者也希望走向普及,因之,真正有教无类的教育理念上不致为宋儒所弃;但就现实环境和具体状况而言,有能力讲求,有意愿追求童蒙之路,甚至求其改善者,多半当然是缙绅或绅商家庭(地主、官绅外,还包括殷商大贾及城镇附近的富农、中农)。

对于这样一个特定对象群的学龄幼童而言,程朱理学家为他们构想出来的行为和道德规范,其特性尤其明显。因为除前面四段所涉的行为方面要求外(如何穿如何戴,如何走如何立,如何洒扫如何应对,如何读书如何写字等),《童蒙须知》的第五部分"杂细事宜"项下,详尽地刻画出当时学者理想中的学童(或者孩童)形象。这种标准的"好孩子"不但应该每天晚睡早起,远离喧吵,不赌博,不笼养,不玩球,不放风筝,不近危险,而且平日仅以粥饭充饥(但食所予之物,不嫌粗恶,对美食不争,也不索不思),进食时轻嚼缓咽,食毕置匙置箸。遇长上敬致称谓,出入作揖,侍立时正言拱手,答问时诚言实对,行时让路,坐时敛身,轻开门,徐揭帘,端执皿。夜行携烛,居勿近火(防焚爇衣);卧眠时应用枕,勿覆首;如厕时去上衣,下后洗手;等等,在在叮嘱,无遗巨细。②篇尾朱熹自称尽此五篇,不过在求一"谨愿之士",然此等训蒙目的,在冀所启幼童读圣贤书,进德修业恢心,"入于大贤君子之域"③,不言可喻。

---

① 朱熹:《童蒙须知》,见陈梦雷编:《古今图书集成》,册324,卷39,页12。

② 同上注。

③ 同上注。

二、王阳明的《训蒙大意》

依篇名，即知王阳明《训蒙大意》之作，乃沿朱熹及宋明学者关注幼教为立学为人之本，一脉而来。此一遣词不及五百的抒发性短论，大致环绕三个主要议题反复致意：一是训蒙或幼教的宗旨所在；二是训蒙或幼教的方法为何；三是儿童的本性（阳明所称的"童子之情"）何属。对于前两者——幼教之目标与方法——阳明述其演变之际，主观认定绝不次于客观观察。不过，总而言之，究因对心中明中叶前中国教导幼儿方针办法拟难苟同，而有此论。他表示所以不能苟同流俗，源于对第三个问题——即儿童本性——的观察和看法。正以对儿童本性如何，有一番与前人不同的感受和了解，依情推理，从而对该用什么办法启迪儿童心智，导其人格，乃至此套启蒙教导方式的终极意义，也得了一种自以为迥异于人、独树一帜的看法。

《训蒙大意》的论述，援中国议论文古体做法，夹述夹议展开。起头即以古今对照为端，托出自身营造出的一种对幼教目的与方法的说法，称：

> 古之教者，教以人伦。后世记诵词章之习起，而先王之教亡。今教童子，惟当以孝弟忠信、礼义廉耻为专务。其栽培涵养之方，则宜诱之歌诗，以发其志意；导之习礼，以肃其威仪；讽之读书，以开其知觉。①

此段破题之言，文理大致二分。一是"古今"幼教之对照（以明中叶以前众所熟知的传统中国之"古"，与阳明存活之晚近时期习以为是之"今"对举）。此一对比判断之下，得到一个（长久以来？）传统幼教内容——人伦——在近世社会文化新习尚影响下，已生不良后果——即文中所谓的"先王之（幼）教亡"的结论。此文之作，既明在"发为议论"，其对十五世纪前后中国幼教沿革之抒，多为铺陈本身论点所拟，毋须视为确凿之史实。二在借建立以人伦教育为宗旨的教育理想，与所称记诵词章风气主导下"文本教育"的优劣之比，导出下文所提去近弊以复旧统，以伦理教育取代文字词章的幼教改革。名谓回归过去以人伦为纲本的"孝弟忠信，礼义廉耻"之教，实则希望在幼教方法上改弦更张。

---

① 王守仁：《传习录》，页219。

王阳明构想下这个更新而理想的教童子之法，重点在"诱"（以歌诗发其志意）、"导"（以习礼肃其威仪）、"讽"（以读书开其知觉）三个关键，或者三种功夫上面。其背后的预设是：重间接、诱导、启发、温和的幼教方法，是该树立的新模范。

据其说辞，当下幼教所以衍出种种令人喟叹的景象，只因近人持"末俗庸鄙之见"，认为歌诗习礼一类读书识字之外的活动，均属"不切时务"之事。[①]这段开场白，用意在引出下文，即全篇之主体。简单说来包括三个部分：一是再检童子之本性；二是倡议一种基于此重新了解下的新的幼教方式；三是本前二基准对他眼中幼教现况之批评。三大部分，一个共同出发点，均立基于第一部分对儿童本性的一番揣摩和阐述。他说：

> 大抵童子之情，乐嬉游而惮拘检。如草木之始萌芽，舒畅之则条达，摧挠之则衰痿。[②]

此处所勾绘出的一个孩子，一颗童心，基本上是好玩乐而不爱被管束的，喻如初抽之幼苗，禁不起摧折，切期环境容之"舒畅"，欣欣向荣，生长茁壮。以嫩芽喻儿童或人性，在中国思想史上王阳明并非首位，其实以植物苗芽比那充满生机却又脆弱易折的生命，似乎一向很能切合中外古今哲人之感怀。孟子所谓"心勿忘，勿助长"的揠苗之说，以及其"童山濯濯"之叹，是大家熟悉的引喻。不过，王阳明此处立论，仍有些值得注意的特点。首先，在教育哲学或人格发展上，强调以人之初的状态或孩童之本性为出发点。未来的教育方针，乃至整个社会对人的引导和对待，在他看来，应先考虑人本来是怎样一种东西，孩子天性上似乎有如何之倾向好恶，把这些人或儿童之天性资质当作不能忽略否认的素材，以之为起点，拟定合适的引导教育方式。其进行的准则，在提供一欣欣向荣、生机盎然、自然而欢愉的成长环境。整个教育的目的，人生之终极目标，依他之见是不需外在制度或人为力量去汲汲营营规划的。因为人性或童子之情，不需要也承担不起任何强制的规划，任何循既定目标、勉强执行的教育方针，最后总要徒劳无功，铩羽而归。此处我们若略一回想古代至宋元的

---

① 此段原文为："今人往往以歌诗习礼为不切时务，此皆末俗庸鄙之见，乌足以知古人立教之意哉。"见王阳明：《训蒙大意》，《传习录》，页219。

② 王阳明：《训蒙大意》，《传习录》，页219—220。

中国教育，尤其是程朱理学对人格发展与教育功能之假设，立即惊觉，王阳明当下所揭示的，无疑是要掀起一场教育史上的思想革命。因为程朱理学家及其所承袭的中国教育传统中较保守的主流，一向所走的路线，正是先定目标，再拟进程，最后以各个个人为塑造对象，以人就理，用个别状况从群体之需要。既以终极目标为构思逻辑上的起点，视教育为手段为策略，初未疑是否人人均能符其机制，即到底该不该以目标领导过程。若思想上来个本末倒置，尝试以个人之天性为起点，而拟想社会之教育方针与整体之理想标的，又会是如何一番景象？宋儒理学诸家并未细想。

王阳明却随以他所欣赏的孩童活泼与自然天性，为大家呈现了这种由童心出发的教育美景，并勉励大家：

> 今教童子必使其趋向鼓舞，中心喜悦，则其进自不能已。譬之时雨春风沾被卉木，莫不萌动发越，自然日长月化，若冰霜剥落，则生意萧索，日就枯槁矣。[1]

这一段简短的陈述，虽则背后隐含的假设仍有特定文化历史轨迹可寻（譬如说基本上认为人性是向善的，童子所代表的是一个充满良善的新生命），但它也透露出一些全新的信息，让人不能不为之讶异。因为过去中国所有谈幼教或人生哲学的论述中，从来未尝把"教育"与"快乐"并列。前述功能说或目的取向的人生观与教养论，中国人一向谈学习，易从"应该""责任"的角度出发。不论对教者或学者而言，教育学习是一种责无旁贷的"工作"，大家砥砺而为之，遂成了一个必需的过程，作为一种人生与社会经验而言，是辛苦或者喜悦，是艰困或者愉快，从未成重要的问题，也少人议及。真要细思起来，传统中国式的教育观，在概念和方法上多半倾向严肃、认真，并不避痛苦，没有人敢想象教育或者学习在本质上是不是可以——或者如王阳明所提，是否"应该"——是一种欢欣、愉悦、令人雀跃舒畅的活动。依古典儒家之说，"生而知之"者既一向罕见，对所有其他的一般人而言，"学而知之"与"困而知之"，与"勉强而行之"几乎等于同一回事。

但因前一段王阳明对童子性如"稚嫩之幼苗"、情好嬉惮拘的假设，却一跃而引出了他对结合教育与娱乐的呼吁。仔细追下去，这中间其实涉及不少崭新

---

① 王阳明：《训蒙大意》，《传习录》，页220。

图 5-5　**牧童与自然**　传统农家，男儿放牧牛羊，是很平常的工作。然中国画家所作如"纵牧""乳牛""风雨牧归"等为题之绘画，颇欲着墨于牧童置身山林、放牧田野之间的闲散自由与放荡之野趣。"儿童"与"自然"之间的牵戏，是古来论童年者迄今不能忘情的议题之一。

的观念。一是以心情上的"快乐"作为引动儿童学习的背后主要动力，并认为学习者的身心畅快是教育内容与教导环境上的必要条件，在此积极假设下，如果剥夺使孩子快乐的内涵，失去鼓舞振奋人心的方式，实亦无法激活儿童或任何人自动自发"趋向""进步"。抽离了喜悦的教育，不但起不了人性之内的发条，负面上，还有如"冰霜剥落"，对新生命有摧折之害。一个设计教育、有心扶幼的人，是希望看到幼小的生命，在顺从人性的教育滋润下"萌动发越，自然日长月化"，还是在逆反童心的教育折损下"生意萧索，日就枯槁"？此般对举，置之晚近儿童心理学或人格发展的概念上一对照，就发现它是既信自然之力（nature），又重滋养之功（nurture）。王阳明的说法，以为人生而有欣欣向生之机，或向善好习的潜能，是不可否认的事实，但生命由幼而长，真要萌发苗壮，又需滋助而畏摧残，也是不能忽略的条件。

面对稚嫩又向荣的童心稚情，成人或社会到底该以如何的幼教浇灌滋润，助其蓬勃苗壮？或者说，滋养助长的外力——一般所称的教育——具体而言，到底该包括哪些内涵，又应以如何的方法进行？王阳明前已提纲挈领地标出了三个项目，既是他心目中的活动内容，也是实行方式，即所谓"诱之歌诗""导之习礼"和"讽之读书"。其中除读书一项似乎是中国永不游移的智育重点外，诗歌和礼仪，据作者称在当时社会已非一般幼教所重视。故王阳明颇费口舌地说：

> 凡诱之歌诗者，非但发其志意而已，亦所以泄其跳号呼啸于咏歌，宣其幽抑结滞于音节也。导之习礼者，非但肃其威仪而已，亦所以周旋揖让，而动荡其血脉，拜起屈伸，而固束其筋骸也。[①]

连"讽之读书"这种看似纯智力的学科活动，在王阳明的心目中也可能有心理方面的意涵，因为：

> 讽之读书者，非但开其知觉而已，亦所以沉潜反复而存其心，抑扬讽诵以宣其志也。[②]

依此处意，学童读书时，因反复讽颂，所收获的，不只是智力上的开展，而且其心意因沉潜而默化，其情志因口语朗读之抑扬而得到宣畅。这一层教育心理学，或心智活动的情感方面意义，过去中国的哲人和教育家非所未及，孔子率学生舞于春是容易想起的例子。但阳明氏因对人心性情之重视，对人性情意方面所持乐观信念与正面了解，对此发挥更为淋漓。因为他接着又说，前述种种设想，其背后理念，实在用一种活泼自然的方法，让学童不知不觉间就接纳了礼义道德教诲之内涵。他用"顺导""调理""潜移""默化"等词汇表达这种自然而渐进的训童方式，而且明言其宗旨在使孩童"渐于礼义而不苦其难，入于中和而不知其故"，坚称这才是符合先王立教的教导孩童的办法。[③]

王阳明所憧憬的春风化雨式的教诲，让所有接受教导的孩童不但全然不知其苦，甚至不知其故，也许是一番美丽的梦想，但激发他寻找幼教新世界的现实却非凭空臆测。他描绘眼见当代训蒙状况，谓：

---

① 王阳明：《训蒙大意》，《传习录》，页220。
② 同上注，页220—221。
③ 原文为："凡此皆所以顺导其志意，调理其性情，潜消其鄙吝，默化其粗顽，日使之渐于礼义而不苦其难，入于中和而不知其故。是盖先王立教之微意也。"同上注，页221。

若近世之训蒙稺者，日惟督以句读课仿，责其检束，而不知导之以礼。求其聪明，而不知养之以善，鞭挞绳缚，若待拘囚。[1]

阳明这里所指的"近世"，确切起讫不明。说家庭学塾中的父执师长，只在乎句读等课业，而不重视礼仪行为之修养，要求学童"聪明"，而不培养其"善"，最后，竟用严厉残忍的手法，"鞭挞绳缚"子弟，待孩童"若待拘囚"，在现实世界中是否属实，其代表性如何，值得从社会史的角度另做调查考证。值得注意的是，依王阳明的看法，他以为（或观察）孩童在这样的教育环境下，自有其应付之道：

彼视学舍如囹狱而不肯入，视师长如寇仇而不欲见，窥避掩覆以遂其嬉游，设诈饰诡以肆其顽鄙，偷薄庸劣，日趋下流。[2]

如果学童因为师长教育方法上的拘谨严厉，已经到了视学校如牢狱、视师长如寇仇的地步，逃避掩饰，闪躲老师，拒绝学习，必成自然。但在巧诈规避的同时，"遂其嬉游""肆其顽鄙"，是不是阳明心目中孩童本性中也有嬉游顽鄙的成分呢？"嬉游"或可视为前言孩子自然求欢乐之延伸；"顽鄙"并非正面用词，也是孩童天性之一面吗？对这有顽鄙倾向的孩童，师长和社会又该如何处置？是消极的原宥谅解或是必予训斥改革的劣根性？王阳明未再深论。只说，当学童已因学塾教学方针和师长教育态度之不当，而逃学使诈，乃至"偷薄庸劣，日趋下流"，再想期求教育上任何正面的效果，不啻缘木而求鱼，用阳明的话说是"驱之于恶而求其为善也，何可得乎"[3]。

另外，阳明之论，狭义解读，其之针对中上士人家庭子弟之"阶级性"，不容隐讳，不过，其内容直指孩童好动好玩天性，牵涉意涵极广，引申义上，可扩而及于下层社会家庭子女，容后再议。

三、李贽的《童心说》

盱之阳明先生的《训蒙大意》，百年后李贽《童心说》一篇的哲学性其实更

---

① 王阳明：《训蒙大意》，《传习录》，页221。
② 同上注。
③ 同上注。

高。因其行文立意不只在考虑教育与训童等社会应用的一面，而在直指童心本质，考虑其在哲学与人性上之意义。

篇初，李贽先引他人文评中偶发之语为开端①，劈面直言其对童心即真心一念的认定，说：

> 夫童心者，真心也。若以童心为不可，是以真心为不可也。夫童心者，绝假纯真，最初一念之本心也。若失却童心，便失却真心，失却真心，便失却真人，人而非真，全不复有初矣。童子者，人之初也。童心者，心之初也。②

此段言论，文字精练，构思清晰成熟，侃侃而出，似在直抒早蕴胸臆之概念，不像即兴之作。所揭主张，毫不含混，即作者以为，孩童之心最主要特质在于它代表一颗原始真诚状态下的心。但李贽口中这"绝假纯真""最初一念"的"本心"，听来价值正面，有源有本，却是可以污损变质丧失的东西。他没有说明为何童心既为人之本心而可失落，只希望借着一般人对纯真与本初之肯定，从而肯定童心之可贵。至于为什么这意味着"心之初"的"童心"值得珍惜，以至于代表"人之初"的"童子"依理亦应同般可贵，或者说如何确知人原始本初之心，品质上就一定是绝假纯真、全然正面的，对于当时已执此念之李贽而言，并未深论。在他的理论阐述中，因认定初心为真心，进而肯定童子为人心人性之本，一脉相承，理所当然。人应欲保此真心而珍爱童性亦成了不容犹豫之理。

李贽随即发表了他对初心如何丧失，所谓"童心胡然而遽失"。这部分说辞不但对他整个观念架构十分重要，亦可见其做童心之辩的基本动机。其分析是：

> 盖方其始也，有闻见从耳目而入，而以为主于其内，而童心失。其长也，有道理从闻见而入，而以为主于其内，而童心失。其久也，道理闻见，日以益多，则所知所觉，日以益广。于是焉，又知美名之

---

① 该篇的楔子是作者引龙小农叙西厢之末语戏言，谓"知者勿谓我尚有童心可也"。显然是随意拈来，李贽即以对此托词之论驳作为其童心辩说之开场白。见李贽:《童心说》，《焚书》（民国年间陕西教育出版社排印本），页22。

② 同上注，页23。

可好也，而务欲以扬之，而童心失；知不美之名之可丑也，而务欲以掩之，而童心失。①

　　一番解说，与中西思想史上不断出现的种种返璞归真、崇尚自然之论，以及若干反社会、反文明论等说法，预设路线上相当神似。相对于纯真至善的人类天性而言，一方面以外在环境影响为污染干涉，视环境本身为一负面因素，人群社会所有对人生拟想、教育之培养塑造均为一种烦扰破坏；另一方面从而设立的任何机关制度亦纯属束缚伤害，社会上的观念习惯、成规定见，对童心或人性而言，只有糟蹋之力而无建设之功，所以才会导出儿童虽自有良善知觉，耳目闻见所得却不断日蚀月剥，使其失去原本纯真。其后人之年岁愈长，闻见生道理，道理生闻见，又衍出识增见广后的美名之逐、恶名之掩，种种演变，依李贽的描述，正如一篇篇人性之"失乐园"，世界是童心不断迷失堕落的悲剧历程。据理而言，整个推论，其实相当主观，价值论断意味亦强。因为终究而言，童心如此之易失，社会外在标准与力量之不可取，正如前言童心本性上之纯真良善一样，是作者单方面笃定的看法，一种未经检验证明的意见。

　　立基童心而反外在闻见与社会道理，由反闻见道理而反读书学习，甚至反智反圣，显露的是李氏思想上一向激烈之特质，彼以：

　　　　夫道理闻见皆自多读书识义理而来也，古之圣人曷尝不读书哉。然纵不读书，童心固自在也，纵多读书，亦以护此童心而使之勿失焉耳。非若学者，反以多读书识义理而反障之也。夫学者既以多读书识义理障其童心矣，圣人又何用多著书立言以障学人为耶。②

　　这一段论述，无论在概念假设上或逻辑推理上，新意少见。唯坚持童心无可抵赖之价值，为其旧瓶中之新酒。前文既已用道理闻见侵蚀童心确定社会环境负面之作用，此地仅更进一步，指出这伤害玷污童心的道理闻见其实又是士子读书识义理之内容，循之，读书求学所得的道理闻见既具破坏人性真心之力，反智反学，弃智绝圣似乎遂成当然。不过，李贽随之话锋一转，以传统知识分子贵远贱近、以古非今从而托古改制的老路，又凿凿直称"古之圣人"不读书

---

① 李贽:《童心说》,《焚书》, 页23。
② 同上注。

时，童心自在，而且他们纵使读书，也在以其所知所学维护真心勿失，不像"今之学者"读书识义理愈多，愈为童心天性之障碍破坏。因之导出一句，说如果书中义理只能有此负面作用，不但人们从此毋庸求学求知，圣人贤者又何必汲汲于"著书立言以障学人"？背后呈现两层不同的意涵：一是思想面上，以为童心是每个人生而如之，不假外求，因而不论圣人或凡人，读书或不读书，有知识或没知识，其"童心固自在也"；二是人性或童心的状况以起初为佳，人一出生所具童心，本质状态已臻极境，后来外加之知觉见识、经验学问，都只能为此真心之障碍破坏，而绝不能为之丰富、美化或加强。连圣人读书及其他功夫，在最理想的情形下，依李贽之说，最多不过求"以护此童心而使之勿失焉耳"。其哲学上对童心或人之初心、真心的信念，看来似乎是对人性之根本源头的一种肯定，其实在另一方面说来也是对整个人生（品质上不断走下坡路）、社会（存在的知识制度都是负面的）与人之本性（易受污染破坏而难守其珍贵本性）一套相当悲观与否定的看法。人与社会在时间洪流中所形成的历史文明，其意义之可议可叹不言而喻。这也正是他下一步所要发挥的，因：

> 童心既障，于是发而为言语，则言语不由衷；见而为政事，则政事无根柢；著而为文辞，则文辞不能达。非内含以章美也，非笃实生辉光也。欲求一句有德之言，卒不可得。[1]

具体而言，世上之言语、政事、文辞常是一些童心已失、遭社会障碍破坏后的成人所为。丧失了童心的根本指引，其发出之言不由本衷，其行出之事无由根据，其所作之文辞更不能达意成善。归根究底，都是因为这言语、政事、文辞背后的伦理性内容、道德之意涵早已荡然无存、久被掩蔽，而这伦理性内容、道德之意涵，李贽语尾所提"有德之言"的"德"，正是前文所指的"内涵之美"与"笃实之光"。对李贽而言，这"光"与"美"就是童心，也只有童心方能供予或自然带来。一切外涉的"作为"其实只是"作伪"，最后都成了假人所出的假言、假文、假事。[2]

---

① 李贽：《童心说》，《焚书》，页23。

② 此段原文为："所以者何？以童心既障，而以从外入者闻见道理为之心也。夫既以闻见道理为心矣，则所言者皆闻见道理之言，非童心自出之言也。言虽工，于我何与，岂非以假人言假言、而事假事、文假文乎。"同上注，页23。

图 5-7　　　　　　　　图 5-8

童真童心　不论是宗教画（如所示宋代《童真像》），或风俗画（如清王仲谦之《仙真童子册》），人们常对童子与天真做气质上联想，而且把天真放任、任性打闹的孩子，视为接近神仙化境的一种表现。

　　　　盖其人既假，则无所不假矣。由是而以假言与假人言，则假人喜；
　　　以假事与假人道，则假人喜；以假文与假人谈，则假人喜。无所不假
　　　则无所不喜。满场是假，矮场何辩也。①

　　由颂赞代表人之初心真心的童心，到鄙夷闻见读书义理，终至痛斥一切外在事务均为虚伪，乃假人之假言、假事、假文，却转回头来为假人所喜，李贽眼中，失却了童心的个人只剩一个虚幻的躯壳，失了童心凭据的社会制度、文明活动只能是虚晃的世界，满场造假。其实，究而质之，作者并未提出任何思想或实证的根据，证明其言属实。谓世人，或世上之"成人"，均

---

① 李贽：《童心说》，《焚书》，页23—24。

已失童心气质，世上之事均为已丧真心初意的假言假事。其实，连童心全属真诚，童心之外仅有虚伪之说法，也是他个人的一种感慨、一个主张、一项体验，未经佐证，也未举实据。对李贽式的论辩而言，此处所陈述的，一切《焚书》中其他篇章，或他对童心人性之外其他的主张，是一种毋庸对质证明的真理。

但李贽在反复申述此一特殊真理的过程中，透露了一则相当有趣而且十分重要的事实。就是哲思上，他口里、心中的"童心"，虽渊源于儿童或童年时期的心境状态，指人诞生于世的最早、幼小的一段心智状态，但童心的议论及意涵所涉，却显示这"童心"既不只是儿童才有，也不是儿童必能永持，童心所代表的，其实是一种人心清纯的本质和状态。婴幼童年阶段的人常有此天赋气质，但离开了童年期的成人也可因其护持之功而继续保有。李贽文中虽只提到古之圣人读书仍护童心，未失天真，实质上他期望所有成人均起而仿效，永远保护持有此纯真可贵的以童心为名的气质，并以之为社会世间一切言语、政事、文辞等活动与制度之基准。除非如此，如若童心最多仍只能求之于儿童而止于童年，成人全不可得，人一旦成长脱离童年期后，其纯真的童心即一去而不复返，消逝于无形，那么任凭多少怅然之感触，社会人心之必走下坡，世界历史之必然随落，不也只能随儿童之步入成年一般，步步成长而步步失堕，个别的人生与集体的经验，都注定随时间而衰亡沦丧，任何人都多言无益。全篇《童心说》也就失去了发言立场、终极意义。

值得沉吟的是，纯从观念与抽象面而言，李贽心目中的童心所指，显然包括甚至着重稚龄情怀之外，一切纯真与本初之人性，及此人性在各个自然、人文处境中之表现。虽囿于其个人能知能想与一贯发言方式，李贽发抒为论时，谈到自然童心与不自然的世界对照时，思念所及和言谈所举，仍环绕着现实的社会活动为范畴，甚且是社会活动中褊狭拘谨的一小部分，即其所称的道理闻见、读书识义理、著书立言，以及言语、政事、文辞等传统士人有限的关怀内容。深论下去，作者中国知识分子的惯性发言立场，及其重智识人文而不及其他的气质更是一露无遗。其童心纯真的本性之议，与崇尚自然、贬虚矫作伪之说，终究竟又回到了专门针对儒学与文章等事业圈的针砭。假人假言假事之讥突然峰回路转，又聚焦于假文章与假道学的老问题上，完全未能乘其丰沛的理论内涵与宽广的引申意义，对自然与人性做彻底的论辩与省思，反而缩回文学与人文表达而叹曰：

　　然则虽有天下之至文，其湮灭于假人而不尽见于后世者，又岂少哉，何也？天下之至文，未有不出于童心焉者也，苟童心常存则道理不行，闻见不立，无时不文，无人不文，无一样创制体格文字而非文者。①

　　所有文体，由古诗而六朝近体，而传奇杂剧，甚至举子时文，在他看来，只是外在形式，根本系乎一事，出于童心者即得至文②，童心常存，则"无时不文，无人不文"，否则，无所不假。由文而言学，由古今至文及于儒学的"六经语孟"，说：

　　大贤言，圣人之道皆古今至文，不可得而时势先后论也，故吾因是而有感于童心者之自文也。更说甚么六经，更说甚么语孟乎。③

　　道出他心目中的取舍准则，在出于童心的天下至文，与该文在中国文化脉络中的古今时势无关。他尤其以为人只要保有童心，就一切全备，因为童心自有文采，勿庸外求，更用不着儒家的"六经语孟"。终究而言，这能为天下至文之身，能论"六经语孟"的人，显然难属童年，难仍见于一个真正的稚嫩童子者，多半是一个童心未泯的成人。

　　随后，他由此童心人性之无所求于儒学经典，转而揭发他所认为"六经语孟"等典籍成书与成名过程之谬，以：

　　夫六经语孟，非其史官过为褒崇之词，则其臣子极为赞美之语，又不然，则其迂阔门徒，懵懂弟子记忆师说。有头无尾，得后遗前，随其所见，笔之于书，后学不察，便为出自圣人之口也。决定目之为经矣。孰知其大半非圣人之言乎，纵出自圣人，要亦有为而发，不过因病发药，随时处方，以救此一等懵懂弟子，迂阔门徒云耳。药医假病，方难定执，是岂可遽以为万世之至论乎。④

---

① 李贽：《童心说》，《焚书》，页24。
② 此段质疑之言，几近以今非古，谓："诗何必古选，文何必先秦，降而为六朝，变而为近体，又变而为传奇，变而为院本，为杂剧，为《西厢曲》，为《水浒传》，为今之举子业。"同上注。
③ 同上注。
④ 同上注。

　　这段诘难式的抨击，出自王学左派、思想偏执的李贽，并不为怪。唯此论儒学经典成书与经典神圣化过程的批评，与篇前向往童心真心之说连缀，却点出"童心说"在儒家思想与中国道德文化中所占辩证性与策略性地位。要摆脱传统文化对人性的束缚，要挣脱六经儒学对中国知识分子心灵上的桎梏，依李贽之见，只有高唱童心至上，并以之作为粉碎数千年来种种"万世之至论"的榔头，一种最稚弱无邪的天真武器怀有最巨大的摧毁旧秩序的万钧势力。其实童心童性之辩，理论上毋须与其他传统价值（是如药方一般有为而发，或所谓万世至论），与其经典本质（是否确为出于圣人之口的圣人之言？或实仅若干迂阔懵懂的门徒弟子对师说之杂乱笔记，经史官褒崇、臣子赞美等奉承神圣化而来）连成一气，但由实际而考虑，一个文化，常须借某种普遍存于个人、容易肯定关心个体、闻似浅显的道理之确认，演而变成一种社会上之重新思考公平、正义等问题，注意到地位卑下、势力微弱之成员或群体之祸福处境（幼龄人口在任何一个社会中都是此卑弱人口中重要的一群），从而因同情而生关注，由关注而生了解，由了解而滋反省变革的契机。虽然在另一方面，在一个具强调利用与功能取向的社会，气质哲理之外，论人必求其为有用之人，论儿童必思以教育培养其为可用之材，由幼教因易论童心，谈童心终又转回教育经典之路，也是方便反思革新的路径。中国这样一个社会中，明代李贽与阳明的童心和幼教论述就代表了这样两种思辨的途径，与文化转化契机的两方面现象。

　　李贽的童心之辩，由哲学上的思想出发，竟又回到经典，回到儒学，固然显示其个人论辩上的局限，其实亦因儒学经典与幼教在中国现实脉络中的纠缠。"童心说"最后，断言"六经语孟，乃道学之口实，假人之渊薮也"，以为"断断乎其不可以语于童心之言"[①]。虽仍关系童心本真，推言"六经语孟"道学相形之下均成虚假，儒家典籍学问全不可近，但由童心人性之执，终复归于儒学道学之辨，与其谓在挑战儒学典籍之独占地位，不如点出作者对童心与孩童之终极关怀不足。对李贽而言，孩童与童心固有其哲理上之意义，但此意义之考量，最后仍挣脱不了儒学框架与科考文化之参考坐标，一方面显示了中国当时社会文化在此乍新还旧的议题上仍多拘囿，另一方面也显示了儿童与童心、童性等问题在明代其实只算是成立了一部分。十六世纪的中国，可觅得的对儿童与童心最强烈的主张，仅止于代之不平，并未包括对对象本身的仔细观察，更未臆想到直接以儿童为发言立说、服务谋福的诉求目标，甚或以儿童为可能有主体

①　李贽：《童心说》，《焚书》，页24—25。

性声音、立场与代表性的类别或社群。文末，李贽以彼"安得真正大圣人，童心未曾失者，而与之一言"[①]为叹，所以，他心目中追求的，其实是童心未失的成人，至于社会人口中，客观生活中，真正带着童真之心与孩童身份的人——不是他所说的"大圣人"，而是未成成人的孩童——闻其之言，思其意，中国的童心和儿童在李贽或明代儿童论述中，是否确得其知音或代言人，更是值得深思的关键。

四、中西近世幼教观与童心论

王阳明与李贽有关训蒙与童心方面的议论，其发生时机、表达方式、蕴藏内涵，易让人联想起年代上稍晚，但历史发展上也许代表类似阶段的西欧思想家有关幼教与育儿问题的重新考量，尤其是英国哲人及政论家洛克（John Locke，1632—1704）和法国启蒙思想家卢梭（Jean-Jacques Rousseau，1712—1778）二人的相关讨论。如此对照的尝试，本身容易有不少陷阱，方法上也受许多先天局限。显而易见的，譬如说时代的差异：李贽之距王阳明，或卢梭之去洛克，虽各自均在半世纪左右，但洛克较王阳明，或卢梭与李贽之间，却都有一世纪半到二世纪之差（洛克之生晚王阳明一百六十年，而卢梭则晚生李贽一百八十五年）。不仅如此，以十五六世纪的阳明、卓吾，拟之十七八世纪的洛克、卢梭，一两百年历史发展，不能不为比较工作增生很多基本困难。时间之外，还有空间的问题：洛克、卢梭生活时的英、法西欧与阳明、卓吾所身处的明代中国，无论如何，有太多不能雷同、无法易地而想的情况，而这些差殊，至少理论上都有颠覆对比考量的可能，使任何比较式尝试变得浮泛而不切实际。

不过比较或许仍然值得努力，因其过程及意义不乏引人之特点：一则，四例就幼教与儿童所抒议论中，内涵、主题、原则、价值观上，都有许多发人联想的相似之处，姑不论此神似仅属表面，或实涉深层，此一思想或观念史上互相辉映的现象，不由在读者心中燃起一把好奇之火，驱使着追逐幼教与儿童发展的后行者，欲将两方对举齐观，拟其异同，求对议题本身有更深的认识。再则，中西二者间时空差异、精神内涵、实质考虑也许难做，也不应做机械性比拟，可是这些细节或"有机性"差异也许正是比较思想弥足珍贵、比较研究值得努力的地方。正因其殊相，尤可彰显各自历史境遇之曲折，及此境遇之特殊意义。

---

① 李贽：《童心说》，《焚书》，页25。

初读四人作品，尤其对教育和儿童方面的议论，王阳明和洛克，李贽和卢梭之间的呼应已令人兴味盎然。洛克由谈政治至于自然法和宽容说，由自然法和宽容说而及人性论，再由人性论转而抒发其对教育的见解。[①]依目前所见，他所留下有关儿童教育的论述，内容相当松散，本于致友人夫妇教养孩儿之忠告。[②]其中洛克本着对人类认知能力的乐观看法，及对个人自主选择的坚持，主张父母虽应适当地教导孩童自知自制之纪律，但基本上，父母之于子女并不在恣使其专断严峻的统治权，而在慈爱地保护其权益，协助其成长。所谓成人的教导不过在弥补儿童暂时之不足，呵护期待其萌长成熟，运用本身之知能，伸张自己之意识，完成其天生自然之欲望而已。

此番说辞，结论和义理上与王阳明《训蒙大意》中的说法似有不少相近之处。例如二者均强调教导者（王阳明所说的师长、洛克口中的父母）应站在一个协助与启发者的立场，帮助孩子寻得正道，而不是强迫式地将某种既定、权威式的教育内涵，由上而下、自外至内地高压逼灌到幼年儿童身上和心中，即《训蒙大意》中所警惕教儿者切勿"日惟督以句读课仿，责其检束"，而不知"导之以礼""养之以善"，甚至对孩子"鞭挞绳缚，若待拘囚"。两种议论背后，阳明一生体认出的良知良能说，与洛克长久以来对人性、认知与自然法的信仰，是类似而共同的理念，意在取其积极意涵，重新营建人性，茁发人生。

卢梭《爱弥儿》一书中对稚童的怜爱同情，对幼年世界的欣羡鼓舞[③]，价值观上，与李贽《童心说》一篇中的赞天真而鄙练达，慕童心而斥流俗，詈虚矫，也似有不少相互呼应之处。借着爱弥儿的经验，卢梭现身说法地阐明，依他看来，一代代父母强制传递儿童的，常是些错误的传统和习惯。孩子太早受僵化管教，固定人格习性，甚至成家立业，最后不过成了父母愚昧和社会虚荣的牺

[①] 此处乃指洛克中年后思想与撰述的历程，包括1660年他出版的《政治二论》(*Two Treatises of Government*)，1669年的拉丁文著作《论自然法》(*Essays on the Law of Nature*) 及《宽容论》(*A Letter Concerning on Toleration*)，1689年的《人性论说》(*Essay Concerning Human Understanding*) 及1693年的《教育散论》(*Some Thoughts Concerning Education*)。John Dunn, *The Political Thought of John Locke* (Cambridge : Cambridge University Press, 1969); Maurice Cranston, *John Locke, A Biography* (London : Longmans Gree, 1957)。

[②] 洛克本人终身未婚，亦未生养子女，但17世纪90年代初，其友人桑莫士绅克拉克夫妇（Edward and Mary Clarke）向其请教育儿之道，他乃先后修书相告。此等书信后于1693年汇集出版，即为后世所知的《教育散论》。

[③] 卢梭《爱弥儿》之英译本极多。此处英译采 Jean Jacques Rousseau, *Emile, or On Education*, trans.and notes by Allan Bloom (New York : Basic Books, 1979)。中文译本过去以魏肇基译的《爱弥儿》(台湾：商务印书馆，1966) 流传较广，近有李平沤直译自法文的全本《爱弥儿》(上、下卷)(北京：商务印书馆，1981)，在品质和翻译上较前之节译本都可取得多。

牲品，葬送了原本健康快乐的人性与人生。此等诉求，颇近李贽《童心说》中所强调"童子者，人之初；童心者，心之初"，不应因世上充斥之"假人""假言""假事""假文"，而遂"湮灭""遽失"。

所以不论是明代的王阳明与李贽，或者西欧的洛克与卢梭，近世以前对幼教与儿童表示关心同情的士人，可能确尝立足于一些共同的理念基础之上。像是基本上对儿童本性（其实是天生人性）善良的假设，对强制刻板教导方式的难以苟同，对整个外在社会环境的鄙斥，以为所有的父母、邻居、朋友、亲戚，尤其是教育、规矩、社会规范、文化传统，对天真活泼可爱的儿童而言，不只是一种浪费和污染，而且是一种扭曲和破坏。他们也都寄望未来会有同情孩童的成人，持其同情之心，保护儿童之成长，浇灌滋助天生善良之资质，使其自由快活地发育成一个接近天赋真与善的完整个人。

不过，谈王阳明、李贽、洛克、卢梭之模拟，或中西近世解放型思想之神似，不能言过其实。因深究其同愈久愈细，愈警觉其内部肌理之异纹，以之衡量各自于文化传统中之来龙去脉、衍发过程，及对后代影响，尤感毫厘之差与千里之失二者可能有的消长辩证关系。

先以王阳明在《训蒙大意》中的表达，与洛克《教育散论》（*Some Thoughts Concerning Education*）中的论点对观。阳明对幼教与童子本性的申述，怜爱同情溢于言表，但基本上是一种直观反应式的抒发，全文前后贯通，简洁有力，然其抒言论理均予人以执意既定、信手拈来之感。若与洛克洋洋数百页的《教育散论》并提[①]，则阳明之说显得宏伟有余、严密不足。

表面形式之外，就内容而言，洛克的《教育散论》涉及的方面也较《训蒙大意》要宽广而复杂得多。洛克对儿童教育的看法，与其他著作中涉及政治、经济、社会与哲学方面的论述，关系密切，且牵连十分深远。首先，就两件作品的论点而言，《教育散论》谈儿童教养，其关怀对象，由襁褓之婴到青少年，将幼儿包括在整个人由出生而茁壮的成长发育过程中考虑。其次，其关心范畴，由孩童之日常哺育进食、衣着行为，到夜间安眠，表里尽至，巨细靡遗。而这些关怀与关心，则建筑在洛克长期对年龄性别处境各异的个别儿童细微观察之

---

① 姑不论其原版，目前排印的《教育散论》仍有两三百页内容，依其原项共含217个子篇。See John Locke, *Some Thoughts Concerning Education*, Edited with an Introduction, Notes and Critical Apparatus by John W.And Jean S.Yolton（Oxford：Clarendon Press，1989）。

上。①当然，王阳明由童子之情"乐嬉游而惮拘检"，一如"草木之始萌芽"，因而构想出"诱之歌诗""导之习礼""讽之读书"等引导教育儿童的办法，我们也可以假设其主张和预设背后有某种实证基础。阳明先生或者于自己生活、经验中确曾注意、观察过一些孩童，因而"发现"了他们的天生性情，体会认识到何种教育方式对他们最为入情入理。不过这个实证或观察的基础在王阳明的例子上远不如洛克清楚，尤其就论著表达而言，阳明他处虽曾略及婴童成长发育之迹，并未如洛克一般提到个别儿童的具体情况，以为建立展开其看法的基础。

其次，就此二论述背后的理论假设而言，洛克《教育散论》所牵动的思想体系的其他部分，也较王阳明《训蒙大意》一篇与其整体思想之牵涉要密切、深广而复杂。洛克在著《教育散论》前后，正将其酝酿已久的哲学与政治、经济、社会方面的主张有系统地化为文字，出版成书。②其中他对人类认知能力（human understanding），尤其是人类对宇宙自然法则（natural laws）了解能力的肯定，与其对幼教的乐观信念有关键性关系。人若天生有认知的能力，可以认识上帝所创造世界背后的原理和法则，则人之可教、儿童之可以引导塑造就成了自然而然的事。相对而言，王阳明对训蒙或童子本性良善可取的假设，也可说是奠基于终身所悟的"良知说"，虽则《训蒙大意》或为篇幅所限，或受中文论述体裁影响，并未直接点明。在这方面，两者最主要的差异可能不在明言或隐喻，也不全在两项幼教议论与两套哲思体系之间关联的松紧、简洁或复杂，而是洛克的幼教观和认知哲学，与王阳明的《训蒙大意》及心学之说，两相对照，前者推理仔细繁复，后者在写作风格和切入方法上都比较倚重直观式论理和直觉式表达。也就是说，洛克在谈教养时说儿童之主体感受应被尊重时，多

① 洛克终身未婚，亦未育有任何子女，故过去论者多讥其对教育之论说并不代表他对真实的儿童本身有任何兴趣或认识。但阅读其教育散论，多处见其论点均举有个别儿童为例证，而且其所提儿童男女、长幼、良顽均见，亦多有名有姓，今仍可考证其出身与当时境遇，并非杜撰。他对儿童之本性，非尽一面赞誉欣爱之词，不但描述无理哭闹、多作需索的恶迹顽劣之童，而且多处强调儿童已有掌控玩弄他人之欲，因更需予以合适之调教与管理，见 Yolton, Ibid。

② 《教育散论》出版在1693年，虽是洛克晚年五年内所出版五部重要论著［1689年的《宽容论》（A Letter Concerning Toleration），1690年的《论人类认知》（Essay Concerning Human Understanding），《政治二论》（Tow Treatises on Government），1692年的《论利率低降与币值上扬之结果》（Some Considerations of the Consequences of the Lowering of Interest and Raising the Value of Money）和1693年的《教育散论》］中最后问世的一部，但其内容包含的《致克拉克夫妇之书》，却是1684年至1691年间所写成，彼数年间也正是洛克完成其他政治、经济和哲学论著的关键时期。参见 Yolton, "Introduction", Ibid., pp.1—15。

半举实例为证，逻辑上也紧扣其对人类认知能力及宇宙自然法之良善合理等理念基础。①王阳明的训蒙之说大致也以人性生俱良知良能为根基，但此根基在他立论和表达上多以一种主观、乐观的信念呈现。这在当时中国的思想环境中绝非特别，也称不上特出的弱点，阳明自己完全不觉有任何立论说理上的缺失。归根究底，洛克对人类认知及自然法之论述，虽然也还是一套假设、一种观念上的信仰，但在推理步骤及字面表达上，他正在以部分实例及较严密的语言，企图减低读者诉诸直觉的感受，以加强其"科学性"和"客观知识"的印象与效果。

最后，在幼教论述与作者整体思想、作品内在关系上还有第二个问题值得注意。如果说洛克对教育、幼教、儿童不失有几分关怀的话，这份关怀显然远比不上他对社会、政治、经济性议题长远以来的强烈兴趣。更重要的是，他对教育和儿童的关心及主张是他对社会、政治、经济意见在哲理上的一种延伸，前者其实建立在后者的网络之上。而洛克对社会、政治、经济上整体的看法，与王阳明心学哲理及其个人当时对社会、政治、经济性议题的主张，二者之间其实有很大的差距。洛克所有的意见一向立足于其对"权利（Right）"的主张。所以成人如何教养孩子，其观念、方法、内容是否合理恰当，对他而言不是一个好坏差异的问题，甚至也不单是一个道德上是非对错的问题，而是一个公众法理上个人（孩童）权利是否受到他人及社会群体尊重或可能遭到忽视污蔑的问题。对王阳明及所有的宋明思想家而言，谈人性或幼教而定基于"权利"，当然是一个陌生而不可思议的路线。王阳明之同情孩童，呼吁教育者以慈爱、谅解、自由、奔放之方式引导他们，并不是因为他想伸张孩童天生应得之待遇、权利，而是因为他认为这样才最合事实根据，最适于儿童本性，因而也是一种最入情入理、最容易成功收效的对待人性、处理"人之初"的办法。

洛克对"权益"的重视，牵出他另外两个重要的观念，也与王阳明的想法大相径庭，就是他的看重"个人"（包括个人自由自主及私人财产）和他的反对"独裁"（或者君权神授）。不论他的《宽容论》《政治二论》《论利率低降与币值上扬之结果》，或者他个人在十七世纪末英国都铎王朝惨烈政争中的表现，都强烈表达了他极端看重个人自由自主、保护私人产业及痛恶君主独裁的主张。他

---

① 可参见 William Carroll, *A Dissertation upon the Tenth Chapter of the Fourth Book of Mr.Locke's Essay Concerning Human Understanding*（reprint of 1706 edition, by Bristal, Thoemms Antiquarian Books Ltd., 1990）。

之所以在幼教上主张保护儿童，与他在政治经济理念上坚持个人之自由意志、私有财产必得保障、高压专断式的君主集权必被罢黜，其实互为表里、二而为一。这方面，王阳明政治上虽也遭受迫害、被贬被谪，而且其良知说与心学，精神上未尝不能涵盖或释出重个人、反君父、反极权等解放式力量，但至少终其一生，王阳明本身并未将之做这方面发挥。他在思想上从未直接发出与中国的父权社会、君权体制断裂式主张，行动上更未尝举起反对的旗帜。

李贽与卢梭的比较，较阳明与洛克的对照更不容易，可能也更值得推敲。有趣的是，两组对照在问题意识和思考架构上所呈现的同异，似有若干类型上的近似。也就是说李贽与卢梭的比较，细部上，与王阳明与洛克的对照虽不太相同，但是两组思想在宏观上所展现的气质异同有不少本质上的类似。卢梭《爱弥儿》一书与李贽《童心说》一篇近似的部分，在二者均以童心象征人性，以儿童引喻抒发自己对人类整体生活、人生终极意义等大问题上的见解。立场上，二者均坚持解放人性，反权威，反传统，并以之为出发点，重新肯定"自然"或者"天真"是衡量世上事务良恶可否的基准。孩子之可爱可取，因为他们不只代表人最起初原始的一个阶段、最早先的一种状态，而且那种状态与特性也就是"自然人"或者人性最纯真无邪、完全驯良下的情况。人类历史一路演变而来所形成的所谓文明或社会制度，不幸不但不能认同了解从而协助此童心之发展，而且一向是一个破坏、伤害、污染童心人性的大染缸、大陷阱。因之正确的教养方式必须重新调整发展出一种依循儿童（人）自然本性的办法，去协助恢复其天性，激发其良知良能，使之与儿童的身心一同自然茁壮，不再继续过去那种逆反人性而行的教育，斫伤幼儿，残害群体。这种提倡归顺自然的教育方式，他们却以为实际上是对童心人性及世界唯一的挽救，因为人类真正的希望只能系于天性未泯的新生儿童身上。这林林总总的一整套想法，卢梭将之拟想在一个小男孩爱弥儿与其导师卢梭之间，借着他们长年相处的点点滴滴为传达。其精神与李贽用《童心说》一论而就者，在理论设想上十分接近，但表达诉求方式完全不同，与前言王阳明、洛克二者的理念与论说之对照，有如出一辙之处。

卢梭与李贽之想法当然仍有些重要的差殊。首先，就写作形式与思考风格而言，卢梭的《爱弥儿》虽表明是借杜撰表达一个理想的教养方式，但其客观推理和细密观察的气质仍然很强：勾画平日对爱弥儿的管教，发表其独特见解时，动辄举当时城乡家庭情况为对照，谈瑞士、法国之不同，描绘居所附近农村山丘上嬉戏的孩童，所识朋友家中母亲跟前或哭或笑的孩子。也就是说，欧洲人文社会方面的论述，到了十七八世纪，不但对客观理性的知识已建立起不可动摇的信心，在思考和求知方式上，笛卡尔（R.Decartes）式的严密求证、逻辑推理显然也已深入士人之心。于此，将卢梭之《爱弥儿》衡之李贽之《童心说》，一如将洛克之《教育散论》拟之王阳明的《训蒙大意》，无论其精神内涵如何接近，其求得知识、真理，与推敲表达知识的方式实有相当的距离。

从卢梭与李贽的对照还可以看出一些思想根源上的差异，也值得注意。一则仍是卢梭教育思想的政治与经济意涵。《爱弥儿》发表之前数年，卢梭尝致函伏尔泰，谈论多种启蒙思想的政治和哲学议题，著名的《论不平等之起源》（*Discourse on the Origins of Inequality*）及《民约论》（*Social Contract*）亦已于此前十二年及四年问世。[①]其中，他反复申明平等与人权的价值。《爱弥儿》的儿童教育理论，背后正奠基于这套政治哲学理念。他鼓吹尊重儿童天性，提倡一种自由开放式的教养方式，固然因为关心、爱护儿童的福祉，但基本上不愿看到任何人轻信权威，而欲高揭反歧视、反偏见、反陈规腐朽，则绝不限于幼教一义。他主张个人精神之自立、自足，赞成解放人性，乃至伸张人之经济权利，与他的教育理念其实声息相通。即便他最终相信，经过适当的教育，可将人自然偏私之经济欲望导向对公众利益的重视，在观念和行为上把一个个生来的小蛮人（savage）化育转变成一个个通情达理、有权有责的好公民，但第一步仍在使整体国家社会承认人生而完全平等，且须各遂私欲，各逞己意。李贽的《童心说》，与他自己整套反传统、反权威、反封建伦常礼教的主张当然也是一物之二面，但一如阳明之于洛克，李氏儿童论述的政治社会面意涵似远不如卢梭所表达的直接、大胆、具体而有系统。

其次，卢梭在《爱弥儿》及其教育理论中所表现的对一个人生理、身体、健康、快乐、欲望和物质需要的重视，是另一个值得注意的特色。他不但以为人之有物质需要和感官欲望完全正当合理，根本就认为身体的健康快乐，对具象事物的欢喜与了解，是儿童教育中必不可缺的一环。《爱弥儿》最后两卷及他后来为女孩教育而补写的《苏菲亚》中，卢梭甚至直抒对青少年的身体发育、性爱需要及婚姻择偶的看法。这方面，传统中国哲人的表现显然相顾失色，或者十分含蓄。王阳明谈训蒙时重体力活动，在当时已是惊世骇俗之说，宋儒一

---

① 卢梭一生共有二十八项左右重要的论著，出版期横跨其青年直到故后（1738—1820）。《爱弥儿》恰出于其中段，问世于1762年。在此以前，他的《民约论》（*Social Contract*，1758）及《致伏尔泰书》（*Lettres à Voltaire*，1759）均已出版。

向讲求重敬习静，二程、朱熹等对儿童之举止性情动辄斥为荒嬉而求静止。连王阳明也无意于在幼教上谈生理和情欲。李贽狂反礼教，伸张人欲，虽属实情，但《童心说》中只间接地要求大家（成人）勿以读书义理、道学假言为童心真情之障，并未对儿童（或人性）之生理情欲方面多做发挥。如果就李贽一生著作整体而言，他的反虚文、重情欲，确实存在。不过现实环境似乎使他只愿将这份感想化在小说评点眉批上[1]，未能如卢梭之论儿童教育，以日日之活动规划（教爱弥儿种豆子，与爱弥儿谈身体、谈两性情欲），直言人欲即天理，毋须隐讳。

五、幼教与儿童论述的浮现

对这场分别发生于明代中国和近世西欧的有关幼教儿童的争执，得出一个殊途而类归的结论，显然不能尽惬人意。因为这重重对照、比较、剖析中，除了透显执论者本人学思才力特质外，各自所处环境遭遇之左右，不断浮现。两方归结所得的类似思想结晶，对当时及未来的影响，也不能不理。

就环境而言，王阳明与李贽所承继的明代学界当然有其权威传统。阳明论训蒙而呼吁关心儿童自身需要、尊重人性之自然倾向，一如其"致良知"之说，确是对宋儒程朱理学而发。同样地，李贽承心学左端之绪，斥道学、反礼教，因持童心一辩学问世道之真伪，也有具体的发言立场。这个发言立场，与洛克、卢梭等人继西方知识、科学、宗教革命之后，追求真知，尊重个人，反对独裁，以创造自由平等新社会，构想过程中都触及了解放人性、粉碎权威、肯定天生自然，因而怜爱儿童、珍视幼教的共同焦点，但其在出发点和目标认定上，仍有种种含义不一之殊。

思想环境外，中西阵营还有现实环境上的距离。单就观念之引申义而言，阳明心学与李贽《焚书》中主张解放人性与颠覆旧式权威（包括中国传统的伦理和君父权秩序）的潜能十分明显。但如前所述，与洛克、卢梭等启蒙学者相较，王阳明、李贽等中国士人中持异议者，生前迄未将其教育理念、人性论述的社会与政治面引申义揭举开来。其间曲折非三言两语能尽，但近世西欧政治与文化环境之分裂与多元组合，与中国当时大一统帝国，各自提供宽狭不一的思想

---

[1] 目前所知李贽评点过的小说有《西厢记》《荆钗记》等十多种。见林海权：《附录三：李贽著作及评点、辑选诸书目录》，《李贽年谱考略》（福州：福建人民出版社，1992），页489—494。

夹缝，供异议者蔽身喘息其间，则是一个不容忽视的差别。①后世一向感佩阳明先生遭廷杖谪贬之辱，仍秉卓绝意志，悟出良知与知行合一等创见，其后著书立说，继续效忠朝廷，立功平乱。李贽自知见解难容当道，去官离职后才大放厥词。即令如此，当时势尊权贵学者耿定向、张问达仍讥诋疏劾（指为"狂诞悖戾，未易枚举"），最后连神宗皇帝都须以"敢倡乱道，惑世诬民"之罪，下令逮捕，焚其著作。李贽最后愤而自刎狱中，士人而为其言语思想牺牲，终以身殉，不可不谓一极端例证。相形之下，洛克、卢梭等言论，在当时的英法西欧，若要罹以乱道惑世，其罪丝毫不下阳明、卓吾。洛克数度逃亡国外，最后赢得"被批评者追逐直至死亡"之誉。②卢梭的《爱弥儿》一出，读者四向震惊，作者本人被开除教籍，书被焚，一生被逐。③中西异议者为其识见遭受迫害似无二致。不过，最大的差别在于，洛克于1675年见伦敦情势不利，可以赴法三年，视状况纾缓后再返，1683年其政治靠山沙夫茨伯里（Shaftesbury）伯爵失势流亡海外，逝于荷兰。洛克自己被牛津除名，可以决定逃到荷兰。事实上，几乎他所有重要学术论著都是在旅荷的五年间完成出版。顾及内容及身份，他有时须顶着假名活动，匿名出书。但近世欧洲政权和宗教的分殊化，提供了收容异议分子的空间，他国（本土以外）的学术文化世界毕竟存在，常适予被诛者实质和精神上之避难。卢梭一生由瑞士而法国，再返瑞士，又赴英国，终回法国，莫不为了逃避压迫，解决动辄遭驱逐拘捕的命运。好在诸国毗邻而相通，到了十八世纪，他在新教旧教之间反复出入多次，也没有遭害舍命之虞。相形之下，王阳明和李贽的故土家邦，一个几近实践"普天之下，莫非王土，率土之滨，莫非王臣"的一统大帝国，对思想之宽容、真知灼见之追求或解放，祸福影响立见。马端临曾考中国历史，以"衰世"较"治世"与"乱世"对学术文化发展要有利得多。近世西欧诸国林立，群雄并起，是不是对好学深思者提供了一个有如衰世般较为宽容而开放的文化环境？相衡之下，帝制中国之士人必待世代衰微方可冀一可逃于天地之间的思想活动空间，是否正启后来偏执闭塞、虚矫僵化之端，一种深伏灾祸的短暂而表面的成功？值得深思熟虑。

---

① 关于近世中国一统帝国与单一道统对突破传统窠臼的辖制，可参见熊秉真：《十七世纪中国政治思想中非传统成分的分析》，《"中研院"近代史研究所集刊》（1986），期15，页1—31。

② 参见Maurice Granston, *John Locke*, *A Biography*（London：Longmans Gree, 1957），及欧康纳：《洛克》（D.J.O'Conner, *John Locke*），谢启武译（台北：远景出版社，1985）。

③ Jean-Jacques Rousseau, *The Confessions*, Christopher Kelly（trans.）（Hanover：University Press of New England, 1995）；及卢梭：《附录：卢梭生平和著作年表》，《爱弥儿》，页795—809。

近世中西对幼教与儿童观念的新主张，各自对当代及后世的影响，因原著篇幅规模及其与相关论著关系，洛克的《教育散论》和卢梭的《爱弥儿》显然较王阳明的《训蒙大意》和李贽的《童心说》释放出的能量要巨大得多，前已略及。唯阳明心学对人性解放的影响，李贽破礼教、立人情诸论，在明清中国及后来东亚社会思想的蜿蜒之中，未尽流失。清代中期以后中国开明式幼教教学法和怜爱型儿童养育观的再兴，背后仍直指明代中叶以来阳明及心学左派之先哲为其启蒙。短期效应之外，这场辩论的影响长期潜伏于近代中国的社会文化脉动之下，伺机而蠢动，也是例证多见的事实。此股思潮对密切关注、不断接触中国思想的日、韩，甚至越南等邻近社会与文化的激扬鼓动，更是一个值得挖掘重视的题目。

六、结语

王阳明、李贽、洛克、卢梭私下都未尝与儿童有亲密往来——阳明五十五岁方因继室得子，逝世时此子才四岁，而其包括《训蒙大意》在内的主要言行记载，如《传习录》等均未在此以前数年（五十一至五十三岁）问世。李贽妻儿双全，但晚年选择出家佯狂，摒弃家累。洛克终生未娶无子。卢梭五子诞生婚外，其生母无甚教育知识，均将之送孤儿院养育。[①]因之四人对幼教和儿童的关怀非徇私情，也未必基于一己之经验。然而对哲思理念的追求，对人性社会的体会，及对普世真理、自然善良的执着，驱使他们关注现世之不平，人群中之弱势，而向往一公允、合乎情理的未来。他们为儿童发言，视孩子为此不平与弱势之最真切表征。为幼教立说，因以启蒙教育为洗刷一切罪恶、重新营造人世的唯一途径。这两项体认、这两条道路至今仍常是关怀儿童与幼教者的基本出发点。就此而言，其精神贯穿中外古今，远过于其细部思维之分歧。不论是明代的中国，或十七八世纪的西欧，对儿童的关爱似乎也只有在批判与独创精神极端强烈的异议分子身上，才有机会滋生茁壮。

最后，就中国而言，儿、童、幼、子，所指向来不止一义。古代文献中的儿、子、幼、童虽可意谓幼龄儿童，更常代表一种相对于成年、父母、师长的卑下的社会地位，或从属性的依附角色。此"幼稚"之地位或角色未必随一人年龄

---

① See Yolton，"Introduction"，*Some Thonghts Concerning Education.* 欧康纳：《洛克》。卢梭：《爱弥儿·附录》。《王阳明全书》（台北：正中书局），册4，年谱，页77—190。林海权：《李贽年谱考略》。

之幼小而得来，终究亦未必因一人年岁之增长而改变。[①]王阳明与李贽的讨论，完全挣脱了这层童幼的相对性泛义，确定狭义的客观存在的儿童是值得尊重珍爱的，也是他们所关怀重视的对象，这在近世中国概念史上是一重大的突破。李贽"童心"之说尤再跨越一层，以童心特有天真无伪之气质，为人性一种至善之境界、社会人群最高之理想。此一衍生，迥别西欧根植于实证精神的启蒙思想，然对人性之挣脱文明桎梏，回归自然升华，打开了新窗一牖，展现了宋明哲学在道德形而上学上特殊的超越性，亦为古往今来关心儿童者点起了一盏不同的明灯。追问这童幼的第三层含义——不只是一种地位身份，一个人生最初的阶段，而且是一种"人性"与"存在"的真与善的状态——在抽象与具象方面所代表的契机，也为用心于哲学、教育和儿童心理者开创出一种深沉"质变"的可能。既然童幼不只代表一种卑微从属的身份地位，既然童年不一定仅指人生最初的阶段，既然童心是幼童与童年为世界、人群所展现人性最真挚无伪的特质，那么成人之可能、应该、必须长葆赤子之心，就像任何儿童可能因社会之践踏、文明之污染而丧失童年一样，是真实而值得沉吟的事实。成人与儿童，老成持重与天真稚趣不再是截然二分的成分、地位、阶段或气质，而成了一种"你中有我、我中有你"的交揉混合，互为消长，也永远持续的或生长变化的过程。这层发明与创见，初看似乎简单，内蕴生机无限，在明代"童心"的哲学思辨中，也许是久隐扉页的一小步，其实为集体心理、社会与文化建构跨出了一大步。

---

① 此题旨在中国上古艺术上的表现，见巫鸿的讨论。Wu Hung, "Private Love and Public Duty : Images of Children in Early Chinese Art", in Anne Behnke Kinney (ed.), *Chinese Views of Childhood* (Honolulu : University of Hawaii Press, 1995), p.97.

图 6-1

第六章　人事与情感

欲一窥过去幼儿的人事环境与情感世界，背后动机有二。一是比较直截了当的，即以一个人的幼年时期为例，其情感状态与心理境遇，对其一生价值观念之形成，人格之塑造，均有决定性的影响。此当今心理学上普遍接受之原理，衡之中外古今，是否均有相当的适用性？过去中国儿童之境遇，与当今西方儿童之经验，应同样值得检视，作为了解传统中国式的人生的基础，值得以历史资料较丰富的明清时期，做一回顾。

动机之二，较为隐含。乃因有感于现今对中国人之性格与行为之了解，似乎很难考量到"时间"或"历史变迁"的因素。我们探索中国人的性格、中国人的心理，甚至谈到传统式的家庭生活，总难确定所分析的性格与心理，是属于一个永恒的中国人吗？我们所谈的传统式的中国家庭，到底是指清代以后，还是始于宋朝、汉朝、先秦？或者竟只是民国以后的现象？要想尝试解决这类问题，最直截了当的办法，也是最简单的办法之一，就是设法追踪过去中国人的内在世界，看看有哪些线索持续不变，哪些情境则早已景物全非。

欲思索此类有关中国人的性格与心理的大问题，比较务实的办法之一，是采撷相当数量的实证性材料，设法仔细观察所谓中国式的人生内涵究竟如何。尤其是传统时期个别的中国人，其人生是如何开始成形的？也就是说，除了一般探究中国式的心理人格时常援用的经典式的说理说教性素材外，我们该尝试运用比较大量的传记性资料，好具体地发掘相对于这些说理说教性的材料，及其所反映的理想的、标准的、应该有的中国人之外，实际上的中国人是如何长成的。因思试以明清传记，一探当时儿童之人事环境与情感世界。

在这个大方向之下，此篇试作背后还带有一个基本假设，即认为一个人生存之人事环境（human environment），对塑造其情感世界（emotional world）可能有重要的关联。此人事环境之左右情感世界，于一人之幼儿时期或者尤为关键。一则相对于成人而言，幼儿时期其他环境因素较为简单，因之其人事之环境乃对其情感之变化即造成决定性之影响；再则一人幼儿时期之情感经验，对其此后一生情意、心智之发展，又为根本基石，是以若。欲为过去中国人之心理状况、性格形成之进行某种摸索，通过其具体人事环境之组成，而观察其情感世界之一斑，亦不失为一途径。

一、照养孩子的成人

与近代孩子相较，过去中国的儿童处在一个人际关系比较丰富而复杂的环境。在长大的过程中，与他经常接触的不一定以父母为主，祖父母、伯叔、舅姑、姨等，及他们的子女，也就是孩子的堂兄弟姐妹都可能跟他住在一起，朝夕相处。有些家庭里还有嫡母、庶母，乃至于乳母、仆役等，也跟孩子往来亲密，影响他的性格与发展。也就是说，过去家庭里的人数不一定要众多庞大，但其组成的成员比近代要多样而复杂。西洋史学家提到，在传统时期，欧洲的家庭中也常有一些家人之外的人存在，譬如说暂时寄居在家的亲友以及家中的仆役等，不过当时西方多半还以小家庭为主，夫妻年龄近，妇女生育年龄也较晚。[①]中国的情况则不同，传统中国的男女结婚，年龄普遍较早，除了特别贫困的情形外，男子常在十八、二十岁，女子或只有十六七岁，这与近世西欧，如十六到十九世纪的英国相较，男子的平均结婚年龄早了十年左右，女子也可能早了八九年。[②]这些年轻的中国男女一方面结婚时经济大多未能自立；另一方面伦常习惯上也不允许他们离开父母，另立门户。所以婚后一有孩子出生，周围总有若干亲族长辈在旁，自然参与幼儿养育之事。因之，一个孩子在幼年时期跟父母的相处不一定最长或最重要，他童年经验中最重要的悲欢起伏可能是围绕着一两位亲戚佣仆而成。

虽然传统中国伦常总高揭祖孙绵延、世代同堂的理想，实际上明清社会中能够数代同堂，或亲族共处的例子并不在多。传记性材料中偶然会有三四代同堂的情形。像黎培敬出生时，上已有一兄，他的祖父母分别是六十五、六十四岁，父母各是三十、三十一，最上面还有位八十六岁的曾祖母在。[③]这种数代健在的士族实为历史上之极少数。明清中上家庭一般常见的情形其实是，男女初

---

① Peter Laslett, *Family Life and Illicit Love in Earlier Generations* (Cambridge : Cambridge University Press, 1977), p.13.

② 英国男子平均28岁至35岁结婚，女子是24岁至28岁。参见Peter Laslett, *The World We Have Lost : England Before the Industrial Age* (London : Mathuen, 1971), p.161。

③ 黎承礼:《竹闲道人自述年谱》，页1—2。

图 6-2 **男子抚幼** 一般人印象中，育婴抚幼多半是妇女的工作，事实可能亦然。不过中国男子向来亦未能置身事外，尤其是农村男子分劳，士人父兄疼儿，都使他们常插手育儿的工作。老年人日常参与抚幼，则更少男女之别。

婚无力自养，伦理规范也要求他们与父兄亲长同居，孩子就在这情形下相继诞生。所以我们会发现即便父祖在外乡做官，有的儿童就出生在祖父或伯父的任所。张亮基就是这样一个诞生在伯父任所的孩子，当时他的父亲已经四十三岁，却无职业，不能独自供养妻儿。[①]这种情况下，孩子的父母既然年轻又无法自立，本身在家中就站不起来，也撑不起权威，不但在孩子的衣食供养上不能负完全责任，对孩子的教育或发展也不能掌握太大的决定权，多半要看其祖父、伯叔长辈的意思而定。

　　而各种亲戚关系中，与照养幼儿最有关系的有两种人：一是孩子的祖父母，一是孩子的女性亲属。祖父母与儿童朝夕相处，直接参与其教养工作的例子屡见不鲜，而且老人家对孙儿容易表现出一种近于宠爱的亲昵。例如李塨年幼时，祖父与父亲同负教导之责，但是父亲教他的是正式学业，祖父带他是半学习半游戏的一些活动，只有父亲不在，祖父才取代父亲平时严肃的地位。[②]祖孙之情，有隔代之亲，平时相处肌肤厮磨，本来容易亲昵，阎若璩的传记资料中说他一出生，祖父"酷爱之，常抱置膝上，摩顶熟视"[③]。有些孩子则与祖母建立起特别的情感，张廷玉十四岁时父亲赴阙，他与祖母留守家里，次年便奉祖母入都。[④]

① 张祖祐：《张惠肃公年谱》（台北：广文书局，1971），页143。
② 冯辰：《李恕谷先生年谱》。
③ 张穆：《阎潜邱先生年谱》。
④ 张廷玉：《澄怀主人自订年谱》（台北：广文书局，1971），页8。

另外，幼年时与外祖父母往来密切的孩子也不是没有，李光地七岁时跟着母亲"就学于外祖家"，他的外祖父以诗为之启蒙。[①]蒋攸铦幼年时总是由外祖母送他上学，还常特别为他调护身体，数年后，外祖母过世，攸铦的父亲为之营葬，显示这个家庭与母方家长的关系相当亲近。[②]特别的例子中，有的孩子甚至有机会与曾祖母来往，如邵行中出生后母即病卒，他二岁时曾祖母要进城谒亲，就携他随行。[③]

不过传统社会里，实际上负日常抚养之责的，仍以母亲为主。尤其是孩子年幼居家期间，男性亲戚除了祖父之外，绝少涉及照顾孩子衣食起居，主要都是母亲操劳，条件较佳的士族家中，间有其他女性亲属或雇来的保姆、佣仆一起照料。但整体而言，幼儿若有特别的需要，都是母亲主持或与照顾他的妇人设法共同处理。刘宝楠刚生时"自呼苦"，靠他母亲"以足抵之乃止"[④]，并没有旁人帮忙或建议一个年轻的母亲如何对付婴儿啼哭的问题。母亲之外，有时会协助照顾孩子的是同住一起的伯母、叔母。像牛运震两岁的时候叔母来归，叔叔就指着这小侄儿对新婚的妻子说这位"侄儿伟器"（将来会成大器），此后这位叔母照运震后来的话说，就"万方提抱，冀其成立"。他自己还记得幼儿时叔母对他身体发肤一些非常细腻的照顾，后来在祭文中说：

> 运三四岁时，叔母常置我于膝上，为我总角，手梨枣，问所饮食，或运有小灾痛，皆叔母调持之，惟恐有他。运常患齿痛，剧则一二日不能食，叔母多方为运治去蛀虫，卒以大愈。[⑤]

女性亲属中，除祖母、伯母、叔母外，因当时中国容许纳妾，所以有时候还包括与孩子的母亲共事一夫的嫡母或庶母。汪辉祖就是一个庶出的男孩，他的母亲自幼即亲自哺乳，而其嫡母则带他同寝，二人相当亲密地合力照顾一个婴儿。每天夜里嫡母怀抱辉祖，"啼付吾（母）乳，乳讫复抱去，易襁褓燥湿"，

① 李清植：《李文贞公年谱》，页3—4。
② 蒋攸铦：《绳枇斋年谱》。妇女婚后与父家的关系，及女方亲长对出嫁女儿的态度，是一个重要的问题，对此问题的讨论，见熊秉真："Fathers and Daughters in Lafe Imperial China：Family，Culture，Cultivation and Gender in the Family Setting"，paper presented to the 35th International Congress of Asian and North African Studies，in Budapest，July 6—12，1997。
③ 姚名达：《清邵念鲁先生廷采年谱》。
④ 刘文兴：《宝应刘楚桢先生年谱》，页3—4。
⑤ 牛运震：《祭叔母高太君文》，见蒋致中编：《牛空山先生年谱》，页6。

与生母交互照料分工亦互助而得休息。传记还说，汪五岁时，这位一直与他同寝的嫡母去世，逝前交代他的两位姐姐"好好照看"年幼的弟弟。[1]在当时的社会状况下，家中地位身份各异但工作相关的妇女若相处融洽，年长的嫡母、姐姐即可分担育儿之劳，每日供养衣食等工作就不必全落在母亲一人肩上。汪辉祖五岁，嫡母一逝，父即续弦。次年是这位继嫡母与他的生母一同带着辉祖去找塾师。寻师就傅一般而言是父亲所担负的"主外"之责的一部分，但父如不在身边或不便行事，由母亲代行其责也是常见的事。到了清代，士人家庭中母兼父职，主持男孩入学就塾与教育方针之大事，也不是稀罕的事。

对明清的中上家庭而言，经常照料幼儿的女眷中，除了有血缘姻亲关系的女性亲属外，还有些是家中请来的保姆或乳媪。这些人的地位本与仆役无异，但她们在照顾孩子上责任很大，也常与负责亲自乳养的小主人发生母子般的情感，在幼儿人格成长的最初阶段具有关键性影响力。因而士人家庭非常重视这些乳母的挑选，邵行中的祖母为他"十易保母，乃得乳，以迄于成人"。行中两岁的时候母亲弃养，逝前特别把孩子托付给保姆，可见在有些母亲心中，这些保姆的重要性不比寻常。[2]这些佣仆，有的并不是保姆，只是比较接近母亲或孩子的家仆，像缪荃孙说他四岁时因"种痘危甚"，母亲着急之下，六神无主，"日夜泣"，全靠一位赠嫁的婢女王如意"保抱甚勤，幸而获安"。这种救命之恩使孩子终生难忘，后来这位婢女王如意嫁而夫早卒，王自己亦与一子遭难而死，当时已贵为庶吉士的荃孙特别为之拾骨与夫同葬，纪念这段恩情。[3]这种乳母一般因幼儿期与孩子同食共寝，负责其日常照管，带着孩子四处活动，形影不离，关系亲近常过父母。虽则真正重教养的家庭，母亲仍须密切观察孩子的身心发展及日常活动，注意随时纠正失误，以尽主要的教养督促之责。翁叔元三岁的时候，乳母偶然带他到门口遇见一位"丐妇抱婴儿求食"，稚龄善感的叔元一时为这幅哀苦情景所震，"即为泣下"。而且此后两个多月，每天早上都哭着醒来，乳母问他怎么回事，他就说是想起"丐妇苦也"，他母亲知道了，从此"戒乳媪不许抱至门"[4]。

传统中国社会，父亲通常不须直接照管幼儿生活，依古礼对士人的起居规

---

① 汪辉祖：《病榻梦痕录》，页5。

② 姚名达：《清邵念鲁先生廷采年谱》，页9。

③ 缪荃孙：《艺风老人年谱》（台北：广文书局，1971），页2。

④ 翁叔元：《翁铁庵年谱》，页92。

划，男子活动场所与妇女儿童通常不在一起，严格地说父亲是不该也勿须轻易涉足女眷或孩子的生活圈的。到明清时期，士人的家居生活已经有许多改变，与上古礼书、中世礼教相比，要显得随和得多，父子相亲的情景就不少见。李塨在四岁的时候，父亲就想对他口授《孝经》，而且抱提在怀，用亲密的方式带着孩子接触知识的世界，开始心智之成长。他的祖父更特别找来一个小小的弓，要"引之学射"[1]。翁叔元也是，四岁的时候，父亲就"抱怀中，日指识一二字"，不幸两年后父即去世，孩子则一直记得这段甜蜜的亲情，终生念念幼年"平日先君时时抱置膝上，以舌舐面为笑乐"[2]。包世臣也说刚开始读书的时候是父亲抱他"于膝上授以句读"[3]。不过李塨诞生在河北一个衣食无虞的地主家庭；翁叔元籍属江苏常熟，父亲当时是南京国子监生，乃得常常赋闲在家，在当时都属于士族中家境较佳者，乃得有如此难得机会，亲自启蒙照顾孩子成长，安享逗儿教儿之乐。从这些片段的资料中，我们可以知道，到了明清时期，许多父亲并不排拒与孩子相处的机会，虽然他们与孩子的接触，最早多半仍是在脱离婴孩期，到四五岁的幼儿阶段。与孩子的来往，也多以启发智能活动为主或为半带溺爱的嬉戏，像逗孩子玩，或带孩子做比较轻松、有趣而且接近理性发展的活动。至于孩子早晚的衣食所需、饱暖饥寒，甚至哭闹生病等身体需要或劳苦愁烦的部分，中国的父亲通常是不会闻问的。

传统社会中父亲因"主外"的角色分配而倾向负责孩子的智能发展，明清的父子关系中，从而发生一个现象，就是有些父亲会单独携带学龄（六七岁左右）的男孩离家，跟他一同到外地工作，以便一边工作，公事之余仍得照顾到自己男孩的心智成长，对孩子也算是一种对未来生活的就近见习。唐甄八岁的时候就随父亲从四川到江苏吴江县。[4]梁章钜七八岁时，父亲开始在家乡福建长乐附近一些大家宅中授徒谋生，章钜也随父亲先到"乡院巷彭宅"，后转到"开元头林宅"去读书。[5]许瀚也是六岁随父"馆于外"。[6]林则徐的父亲是个终生以教读为业的岁贡生，则徐才四岁的时候，他就馆于附近的罗氏，把幼儿也怀

---

[1] 冯辰：《李恕谷先生年谱》，页3。

[2] 翁叔元：《翁铁庵年谱》，页92。

[3] 胡韫玉：《包慎伯先生年谱》，页11—12。

[4] 唐甄八岁时（明崇祯十年，1637年），父亲唐阶泰刚中进士不久，被任命为江苏省吴江县县令，决定携甄离开四川，到江南就任。事见唐甄：《唐阶泰墓表》，《潜书》。

[5] 梁章钜：《退庵自订年谱》，页4。

[6] 袁行云：《许瀚年谱》。

之入塾，"抱于膝上，自之无以及章句皆口授之"①。如上所述，这种情形的发生，主要是基于当时社会认为父亲应亲负男孩启蒙的责任，工作在外，遂觉必须把孩子带在身边，就近监管。有些家长也可能觉得离开家乡，到外地城镇，可开眼界，也让男孩及早接触父辈公事上的往来，耳濡目染，总有益处。有些时候，这类安排部分是迫不得已，但在用心周到的父亲营造之下，反成亲密的父子昵处之机。譬如，王引之才满两岁，母亲就过世了，同年恰逢父亲王念孙授礼部尚书高职，就决定把他远从江苏高邮携入京都，而且很体贴周到地照顾这个"襁褓之中"的小儿子。念孙自己每早登朝，都偕稚子同舆，来不及举火，就"市饼饵数枚，予之食舆中，充饥而已，以后数年皆然"。待孩子稍长，到六七岁，父子仍是一同作息。有次父亲奉派到陪京办事，也带孩子一同，夜间作奏稿，"授据经传恐有错误"，就问熟睡在旁的孩子，引之此时已能背得一些重要的经典，遂"应声诵之，一字无煊"②。到了近世，这类严格而言违逆礼教的父子相处、亲子昵情，在开明的士人亲长的身体力行，与整个社会的顺成自然之下，已由稀罕变成水到渠成般的顺遂，未见卫道之士訾其非礼妄动，亦不见民间习俗之排拒、扭捏。

　　整个来说，明清社会，父亲与男孩子之间，已经没有过去严格的规矩隔阂，与母子关系相较，父亲也许仍少与孩子日夜厮磨，但疼爱、亲近孩子的情形并不少见。过去刻板印象中以为传统中国父母从来吝于夸赞子女，习于责贬孩子以表示自谦，或总对孩子做无尽的要求，至少在士人阶级中似乎有了转变。③张廷玉生于清代江南的一个书香士族，父亲对他童年的表现就深致嘉许之意，赋诗谓：

　　　　驹齿初龆发覆眉，可怜聪慧异群儿；已通典诰兼风雅，远胜而翁十岁时。④

　　虽主要在赞美孩子学业上的进步，不过对孩子稚龄的容貌表现出无限怜爱，而且说这孩子比自己要有希望得多，流露出一种快慰欣赏之情。

①　魏应麒：《林文忠公年谱》，页6。

②　刘盼遂：《王氏父子年谱》，见《中国近三百年学术史》，页6—7。

③　Margery Wolf, "Child Training and the Chinese Family", in Maurice Freedman（ed.），*Family and Kinship in Chinese Society*0（Stanford：Stanford University Press，1970），pp.37–63.

④　张廷玉：《澄怀主人自订年谱》，页6—7。

图 6-3   图 6-4

互助相持　年稍长的孩童帮忙年略幼的孩童进食、着衫、移动，以及年龄相仿的儿童彼此互助、齐力合作以完成一事的情况常常出现。近世个人传记书札中，经常提及手足相携互倚，近世南北孩儿相互喂食、住走的情景仍有，就像宋代《婴戏图》中大孩背小孩的画面，亘古未变。但未必见于其他文化。

　　孩子过了十岁，父亲有时更会把半成年的孩子当成谈心的对象。汪辉祖十二岁时陪父亲从浙江萧山路过会稽的外祖父家，到广东去重振家业，舟中父亲对他说了一席肺腑之言，谈到自己的心境，说："垂老依人，非吾愿也……不及此时图生理，儿将无以为活。"讲得父子两人相向而泣。他问孩子"读书何所求"，辉祖对曰"求做官"，父亲还设法劝导孩子，说"儿误矣"，做官是不可求的，不妨先求做人，做了好人，逢运气得做官，"必且做好官"。①父母以孩子为倾诉对象，亲子间互相表达交换一些未必说教或形同流俗的心思，在过去历史忽略私情世界，论传统文化与思想者又常高揭礼教大纛之下，也成了大家脑海中制式般近世中国社会规矩与日常生活篇章中不及之阙失和有力的对照。

---

① 汪辉祖：《病榻梦痕录》，页9。

二、手足与友伴

过去中国孩子年幼时，家中常有兄弟姐妹，有时还有堂兄弟及庶出或继母的孩子同居共处，虽则传记资料提到手足间相处细节的并不多见。倒是当时儿童死亡率高，兄弟姐妹不及成年就去世的不在少数，反而成了幼儿对手足之情留下的一种主要的痕迹或印象。失丧之外，容易在孩童脑海里留下深刻印象的还有两件事：一是共处患难的经验；一是年长兄姐兼代父职或母职，对幼弟、幼妹的抚养或教导。一如赵光的例子，六岁时祖父猝患风痰而逝，一时家计窘困，父亲立出奔走筹钱，开始在外游幕。赵光的学业自然毫无着落，拖到九岁才开始读书，而且靠母亲和姐姐"作针黹过日"。在这士人式的艰苦时刻，他特别记得的是每天晚上，"夜止一灯，先太夫人及姐与光，共之冬夏，皆夜半始息，天明即起"①。还有汪辉祖，自幼照顾他的嫡母在过世前，特别将当时才五岁的辉祖嘱托给他的两位姐姐，这段幼时的遭遇使他感受很深，一生都觉得和姐姐特别亲近，到四五十岁时与二姐谈起旧时境遇，"犹相向泣下"。他还说到当时一位同父异母的妹妹，也是"幼同患难者"，年老时听说这位陈氏妹卒的消息，"遭变戚然，无能自己"，特别悲伤。②邵晋涵则忆起哥哥履涵曾在他寒冬读书时，怜惜他身体薄弱，冷天看书，"夜中手足皆僵"，引他"就爨沸水"取暖，而且为他"煮干脯"，弄东西吃，"令之温，促就寝"。③

除了患难与共，还常让人记忆深刻的是幼时年长许多，不为玩伴，却能兼代父母之职，负责教养弟妹的兄长。近世中国士族家庭中多偶和续弦的情形普遍，一个家庭中孩子的年龄可能相距悬殊，"长兄如父"的情况很容易出现，负责幼年弟妹的教养，是年长兄姐的责任，虽则记录中留下较多的是兄对弟的照料督责。幼年的弟妹，承受之际，容易留下深刻记忆。像王先谦四岁起就在家塾中从大兄学，他十岁的时候大兄结婚，两年后大兄去世，转而从次兄学。④孙夏峰十四岁的时候，父亲也命他同仲兄和弟弟一起向长兄学。⑤刘宝楠自五岁父

---

① 赵光：《赵文恪公自订年谱》，页31—34。

② 汪辉祖：《病榻梦痕录》，页45—67。

③ 黄云眉：《邵二云先生年谱》，页16。

④ 王先谦：《葵园自订年谱》，页5—7。

⑤ 汤斌：《清孙夏峰先生奇逢年谱》（台北：商务印书馆，1981），页2b。

图 6-5

图 6-6

且尝且玩 传统文献与图像数据中，常呈现儿童且吃
且玩，所吃所玩材料，均不脱身边可及之物。此处宋
代《秋庭戏婴》精品中所绘一男一女做"推枣磨"之
戏，其具即来自中国北方儿童常采食之枣核。

逝后即由寡母课读，十岁起开始向其兄请益。①有的兄长还会严格地监督幼弟的日常言行。这些主要是被照顾的弟弟所留下的记录，一则反映出中国传统文化中对报恩铭情的期望，即使在家人手足之间仍要求严格；另外，当时的社会规矩下赋予兄长以照护指导弟妹之责，近似父母长辈，也是事实。

在友情和游戏方面，因为传统中国孩子幼年时的活动多半环绕家庭而成，故儿时友伴多半是家中或附近年龄相仿的孩童，再进一步，可能包括父兄往来圈中认识的人，或者上学后自己学校认得的同伴。这些场合遇到的玩伴，年龄不一定相近，虽然往往也会建立长久的友谊。吴伟业（1609—1672）提到他少年读书的一群同伴，四五人，一块"居同巷，学同师，出必偕，宴必共"，有的后来继续往来了五十年之久，变成了终生的朋友。②程庭鹭幼好艺事，部分原因是父之友人多长诗画，姨丈等亲长也是嗜文艺，自己"虽懵无所知，然窃向慕焉"，所以十岁就开始作画，"每散学后，灯下涂抹，漫无师承"。③

孩子们有时也因为机缘巧合，发展出特别的情感，譬如洪亮吉，六岁父亲逝世后随母寄居外家四五年，当时四岁丧父的黄景仁也正由祖父抚养，两个孤儿被乖舛的命运同时带到了江苏武进县的白云溪边，一个寄居在云溪南，一个寄居在云溪北，"唤渡时过从，两便相识"，稚幼的年纪加上彼此孤露之身，仰人衣食之无奈，谱成了一段特殊的友情。④

这些片段的故事，透露出不少明清时期幼儿与手足友伴相处的情景，与后来儿童的境遇与情感世界相较，近世中国孩子的兄弟姐妹间夭折丧亡的机会要大得多，旧时礼法下幼从长、长顾幼的情形比较普遍，当时的生育形态下，手足长幼间年龄的差距大的机会也较今为高。在人口流动低和未有公立普及教育之前，孩子之交往，仍以城乡背景相近、社会阶级雷同者为范围，不如现代儿童之城乡流动和异类同侪间之往来机会多，关系密切。当然，这一切的信息，多半来自传记或回忆性资料，因而这些描述的内容固然可能有其现实生活面之基础，更反映了当时社会主流文化及价值观的期求。也就是说，弟妹会道起兄姐之照拂，手足间容易记得或忆起患难之境，甚至士人子弟间留存的幼时情谊，其片语只字之记载，一如情境发生之当时，本身在情绪经验上和事后追忆缅怀

① 刘文兴：《宝应刘楚桢先生年谱》，页5—7。
② 马导源：《吴梅村年谱》（上海：商务印书馆，1935），页15。
③ 程庭鹭：《梦盦居士自编年谱》，页2。
④ 黄逸之：《黄仲则年谱》（上海：商务印书馆，出版年不详），页2。

上，都受着外在大环境、主体文化之有形无形的影响，我们事后所能发现的幼儿手足友朋情怀，是这多层文化情意交相作用下的产物。这个历史现象，是追踪其往日痕迹者所不能忘记的因素。

三、丧亲之痛

明清儿童幼年的经验中，与现代孩子最不相同的一部分，可能是成长过程中对亲人死亡的经历。传统社会人的平均寿命期望较今日短得多，近代以前英国人的平均寿命是二十八九岁到三十八九岁。中国明清时期的情况大抵相近，许多父母既在二十几或三十几岁过世，家中的孩子多半还来不及长大。过去二三百年，据估英国有超过三分之二的男孩、女孩，在成人前至少已失去双亲中的一位。以目前我们能有详细资料的上千个案记录来看，十七到十九世纪上半期中国上层社会，有三分之一以上的孩子在七八岁前已丧一亲。如果把这个数目再加上祖父母和兄弟姐妹过世的事实，过去儿童的情感世界中与晚近十分不同的一面顿然成形，如果一个社会中大多数孩子在幼时都经历过近亲的死亡，到底可能牵扯出什么意义呢？

首先，从实际面而言，一个孩子成了孤儿，他的日常生活怎么维系下去？这方面，丧父和丧母在中国社会中代表的情境就不一样，因为传统习俗中一个男子无论个人收入高低，他在世之时，妻子儿女理当与亲族一同生活。一旦家中的男子去世，留下的妻子儿女独立谋生能力不足，孩子衣食常成家族的负担，在现实上也许族人的援助，加上自己的挣扎多少能勉强渡过难关，但亲族对分担生计所表之怨怼，孤儿寡母所能承受之干预和压力，都使丧失父亲的孤子似乎比丧失母亲的哀子面临的冲击要严重得多，因为丧失母亲的孩子，他的日常生活在经济来源和起居形式上似乎都暂时不受威胁，父亲多半不久就会续弦，孩子所受的冲击常是情感上的失落，一旦失丧幼年时亲近的母亲，及重新适应新的照顾者的过程，与失去父亲所发生物质生活的威胁与社会地位的动摇，其实是不同性质的变化。

从实例上看，在近世的中国，一个年幼的孩子若失去父亲，他的生活可能靠几种安排解决：如果父族能力尚能负荷，一般的情况下，孤儿寡母就仍留居原籍，由家中其他男性长辈做主而由整个家族负责周济他们的衣食，监督孩子们长大。像黄景仁，四岁父亲就过世了（因为他的母亲已是继室，故更易早寡），母子由祖父率领离开父亲的任所，返回江苏老家，从此由祖父负责抚养幼孙，母亲从旁监督功课。①如果祖父不在而家境尚可，祖母也可当家设法抚养孤孙。如殷兆镛不幸三岁时父母相继弃养，当时祖父早已不在，就由五十六岁的祖母担起教养幼子的责任。②虽说祖父母对抚养寡媳幼孙似乎责无旁贷，但失去父亲而与祖父母同住总免不了有一种仰承人恤的味道，连幼龄孤儿心理上都不免增加几分卑怜。赵于京（1652—1707）六岁丧父，当时他的继嫡母二十五岁，生母才二十三，还加上八岁、九岁的两位姐姐，一位三岁的妹妹，和两位更小的弟弟，各自三两岁。两位年轻的寡妇和六个不满十岁的孩子，一起从河北返山东祖父母家求生。六岁的于京是其中年纪最长的"男子"，稚龄的他似已知道必须讨祖父母的欢心，虽然祖母"胡老孺人，性方严，遇有不合事，辄怒不语"，常令"阖家长跪膝下"，求她息怒。于京更"独跪前号泣不已"，求得祖母释怀，待她色转为止。③

祖父母之外，其他父系的男性也是依存。像王符（1667—1732）四岁时，年四十四的父亲过世，三年后他就开始和伯父同居。④父系亲属中，除伯父外，年长成家的哥哥有时也会收养丧父的弟妹。吕留良出生时是个遗腹子，父亲死后四个月才诞生，二十四岁的母亲年轻新寡，受到刺激，无力抚养幼婴，只好由同父异母的三哥三嫂抚养，不到三年，三嫂又去世，留良只好出继任鸿胪寺丞的伯父为嗣。⑤

如果祖父母早已不在，或无能力抚养孤孙，或者母亲与娘家父母关系亲近，父亲去世时，母系长辈也可能成了孤儿寡母投靠的对象。洪亮吉六岁而孤，母亲就把他带回外祖家住了四五年，然后返父家一两年，又到外公家寄居。⑥尹会一三岁丧父，也是由外祖父协助抚养。少数情况下，母亲的兄弟，就是孩子的舅舅，也可能收养孩子。蒋敦复的姑母婚后丈夫早卒，遗下一子，他的父亲，也就是这位孤儿表弟的舅舅，遂决定"携其母子归，养之"。传统中国礼制，嫁出的女儿返门长住并非常态，明清时期女儿与父亲及娘家的关系，可能有部分

① 黎承礼：《竹闲道人自述年谱》，页3。
② 殷兆镛：《殷谱经侍郎自订年谱》，页9。
③ 吕元亮：《赵客亭年谱记略》，页18—19。
④ 王符：《王太常年谱》（台北：商务印书馆，1978），页5。
⑤ 包赉：《清吕晚村先生留良年谱》（台北：广文书局，1971），页8。
⑥ 林逸：《清洪北江先生年谱》（台北：商务印书馆，1981），页4—7。

转变，有趋亲密与松动化之走向①，但依外祖父或舅父生活的孤儿寡母，寄篱与仰给之委屈感可能更易油然而生。

如果一时找不到适当长辈抚养，或孤儿连母亲也没有，亲族很可能做主将之出继给父系或母系的亲戚为子。像前面提到的遗腹子吕留良，在抚育他的三嫂去世后，就出继伯父。如果出继的是母系亲属，孩子必须随之易姓。像黄叔琳，原姓程，因七八岁间双亲皆亡，入继母舅为子，从此舅父负责教养，他也改姓黄氏。②有时亲族不能或不愿接管孤儿，也有决定将幼儿提早婚聘，送到未来的公婆或翁姑家去，由他们抚养，以解决危急。这对幼孤的女孩比较普遍，不过男孩有时也会遭到此类安排。黎培敬，出世七个月父亲就过世了，祖父在他五岁不到就将他"择聘楚氏，冀资诲益"，希望新聘的外舅会帮忙养育尚属幼龄的未来女婿。可惜事与愿违，第二年妻家外舅亦随之殁故。③

明清社会，整体而言妇女营生仍然不易，城乡一般女子确有少数赚取收入的方式，但要获得经济自主仍然不太可能，要想完全自立门户更是难上加难，因之文献中常见寡母努力挣些微薄津贴，力谋生计，稍离襁褓的男孩女孩也尽量投入生产，共济求存。于是母姐做些针线织补女红，男孩拾薪、放牛、采蔬，勉强度日。厉樊榭，少孤贫，传记上就说哥哥曾"卖巴菰为业以养之"④。

赖以为生的父母亲突然故去，孩子的心理上到底留下什么伤痕？这是一个不容易回答的问题。从资料上知道，许多孩子年幼时眼见亲近的人离世长逝，有时祖父母、父母、兄弟姐妹相继亡故。像方士淦，六岁时母亲因产后感"寒疫"而亡，此前一个月他周晬的长兄才死，两年之后，他八岁那年，五岁的二妹和三岁的三妹又同时殇亡，其后不久，才二岁的五弟也随之故去。⑤类似的情况，在传统社会其实并不稀罕。每个孩子都离死亡的影子不远，明清的幼儿生活在一个人事上相当不可期的世界里，尤其一旦父母中一人早故，孩子可能要迁居亲戚家中，过着寄人篱下的生活，或接受一位陌生的人，替代自己的父母，其中难免辗转不安，当时也不是少数人的意外，而是多数人的梦魇。

---

① 关于明清时期父女关系之基本形态与重要转向，可参见 Hsiung Ping-chen, "Fathers and Daughters in Lafe Imperial China : Family, Culture, Cultivation and Gender in the Family Setting", paper presented to the 35th International Congress of Asian and North African Studies, in Budapest, July 6–12, 1997。

② 顾镇：《黄昆圃先生年谱》，页2—3。

③ 黎承礼：《竹闲道人自述年谱》，页3。

④ 陆谦祉：《厉樊榭年谱》（台北：商务印书馆，1981），页7。

⑤ 方士淦：《啖蔗轩自订年谱》，页3；页8—10。

社会上因而也流传一些训子或家训类的通俗告诫，劝孩子及早做好心理准备，知道亲长并不永远可靠，要设法自己奋斗。《温氏母训》说："岂有子孙，专靠祖宗过活，天生一人自料一人衣禄，若有高低，各执一业，大小自成结果……贫家儿女，无甚享用，只有蚤上一揖，高叫深恭大是恩。"①张履祥为少年人写的《初学备忘》，也说：

> 人不幸幼孤，种种艰苦，种种凌侮，靡不身受……但从此能自奋发，后来得力多在此日。若是志气不立，因无教训之人，遂自甘于沦落与。②

至于死亡本身所留给孩子的印象，事发当时孩子年幼懵懂，可能一时意会不了亲人撒手的意义。而且成人有时故意隐瞒事实，不愿让孩子知道真相。如翁叔元自叙六岁有一天突愕的经验：

> 叔元自外入，见先君仰卧于地，指向乳媪曰爹何为者，媪绐曰爹睡。又问姆何为哭，曰爹睡不醒，故哭。叔元伏尸旁，以手接先君之面，不为动，乃大哭，曰爹不醒矣。③

第二年，家人为逝去的父亲举行法事时，母亲还是不愿在孩子面前流露出她所感受的伤痛，当"晨昏为先君上祭，先妣哭，叔元随之哭，先妣为之忍哭不敢发声"。归有光叙述他自己幼年丧母的时候，也说一群儿女，年幼无知，并不明白发生了什么事，只是看到家人哭，就跟着哭。

心理学上相信，父母之存在或丧亡都是影响儿童心理的重要因素。在近世中国所见的个例上，我们可以观察出这心理的冲击可能以几种形态呈现：一是儿童成长中的一种浓烈思念，像归有光说自己幼而丧母，长大后有机会就喜欢拉着亲戚问过去家人的一些琐事，而且常在家中老媪谈母亲生前故事时为之泣下。夏敬渠七岁丧父，他后来在一篇《孤儿行》的诗中忆起当时的情景，说："孤儿七岁先父亡，麻衣如雪过中堂，中堂灵堆鹏青火，孤儿一见生悲伤。"尤

---

① 温璜：《温氏母训》，《景印文渊阁四库全书》（台北：商务印书馆，1983），册717，页9a—9b。
② 张履祥：《初学备忘》（北京：中华书局，1985），页16。
③ 翁叔元：《翁铁庵年谱》，页2—3。

其父卒之时正逢妹生，母亲"麻衣作衽"，"市客盈门，讵设饧汤粉饼"。刚生的妹妹被"载置之地，谁能怀抱，以三年共寝于苦，未得弄嬉之一日"①。如此凄惨，对一个稚龄的孩子当然刺激很大。思念之情以外，从另外一方面说，有的儿童受这样情感上的打击，一生都难康复，甚至转而逃避人生，自绝于世。有人因幼年丧亲，长大后特别容易感伤，喜欢读写幽苦诗，有的转对宗教发生兴趣。如翁叔元七岁丧父后，七八岁起就一直随着诵经。还有蒋敦复（1808—1867），十五岁时"其母瞿氏，不容于姑，令大归""父亨泰亦旋卒"，短时间之内母亲被逐离异，父亲痛心而逝，少年时的蒋敦复感到"早孤家自落"和"幼失怙恃，家难屡作"的沉痛，逐欲逃家，先是避难出游，旋即出家信佛。②第三种常见的反应，就是幼失父母的孤儿，顿失倚靠，惶恐悲痛之下，决定加倍努力，奋发图强。像朱筠，母逝后，与弟发愤向学，"同卧起，夜读古文，手钞默诵，鸡鸣不休"③。六岁丧父的赵于京，也是咬紧牙关，念书"欲超迈同学"。不管是终生怅惘思念，心情难复转而逃避，或者愤而立志图强，这些儿童心理上的走向其实源于其情感与人事世界中基本柱石之摧折，而这些柱石般重要的亲人之所以早早不期然而陨落，又是当时人口及家庭结构中一些历史性的因素使然。

死亡的阴影对儿童的心理之威胁在某种程度上亦显示于幼儿对父母罹病时的反应。不少例子记载年幼的孩子知道父母病重，十分惶恐焦急，立刻寻求种种宗教或其他途径，想挽救父母。像朱次琦十岁左右，其父"腹疾，治之不愈"，他惊惧之下，"手疏视经，博颡流血"，为父迫切祝祷，据说"父遂愈"。④李光地遇父"病疝大剧"，也是深夜"阴启砦棍，长跪致祷"。⑤殷兆镛八岁时，父病危，他自赴城隍庙求签，竟得一个不祥的签，说"大命终矣，奈何"。他一下万分伤痛，为之悲哭不已。⑥有些孩子遇到兄弟病危，也一样心忧如焚，祈之身代。可见过去的孩子，不只知道死神距家人不远，死亡对他们代表一种常在的威胁，而且遇到亲人罹病遭难，感同身受之外，更为激发他们采取行动，用他们所知所能的方式去化解、改变，或者用他们的办法去参与并且承受人生之变故。孩子其实并不如礼教或成人所假设的那般被动、空白，或者单向式的脆弱。李颙

---

① 赵景深：《夏二铭先生年谱》，页14—15。
② 滕固：《蒋剑人先生年谱》，页4—5。
③ 罗继祖：《朱笥河先生年谱》（台北：广文书局，1971），页6。
④ 简朝亮：《朱九江先生年谱》，页4。
⑤ 李清植：《李文贞公年谱》，页12—13。
⑥ 殷兆镛：《殷谱经侍郎自订年谱》，页10。

年少时，父离家从军而战死外地，母亲彭氏一时痛不欲生，思以身殉，孩子拉住母亲不放，痛哭恳求说："母殉父固宜，然儿必殉母，如是则父绝矣！"①父母的死在孩子的感受里，与自己生命的断绝连在一起，在近世儿童世界里，不止死与生相毗如邻，年幼的他们与年长的成人亲长之间其实也共有并且随时在共度一个相互依存而彼此牵动、老幼互持的人生。

四、童年的苦与乐

传统中国的历史文献并不擅长描述个人或者情感世界之变化。唯细读大量传记资料，其间偶得一窥过去儿童生活点滴苦乐所留下的若干蛛丝马迹。

日常生活中，过去儿童最引以为乐的，仍属食与玩二项。明清的农村子弟，得以饱食一餐，总是十分餍足。遇到节庆或特别时日（如有婚生喜事），得享鱼肉，更是欢喜。中上家庭，甜食零嘴，从来最得童心。传记中因而常及幼儿争啖果枣之景，如邵行中忆其稚龄时所为。②兄弟姐妹亦有如司马光般与手足齐力破核桃分食。③食物显然对幼儿有莫大的诱惑力，成人知其心事，乃有以蜜汁青豆等彼等贪爱吃食，鼓动其学习其当习之业，或奖赏他们特出的表现。④

各种游戏，也带给儿童不少欢乐。明清儿童少有买来的玩具，手边游戏的东西，常是就地取材，自制而成，如以竹枝、木片、纸、泥、碎布等做成的风筝、泥偶、布偶、陀螺和其他简单的农村玩具。多数儿童日常玩要所及，不过是周边环境中一些自己发明的活动：与兄弟姐妹、堂表兄弟及邻近的孩子登坡嬉闹，下塘游水；或仅追逐于院落之中，如司马光和他童年的友伴所为，乃至其中一童不慎落入缸中，几乎遭溺。⑤

儿童们所进行的种种游戏活动，与一年中之节日气候变化，及农村或市镇生活步调都有关系。近世传记中间或阅知儿童有喜爱踢球，甚或涉及博戏者（有赌博性质的游戏）。虽则拘于严谨礼教，当时这类活动常为士家成人所禁。⑥他们还喜欢各种户外性活动，尤其捕捉小动物，或收成果实，如同周敦颐幼年时

① 吴开流：《清李颙》，页2—3。

② 姚名达：《清邵念鲁先生廷采年谱》，页9—12。

③ 陈宏谋：《宋司马文正公年谱》（台北：商务印书馆，1978），页2。

④ 赵景深：《夏二铭先生年谱》，页13。

⑤ 陈宏谋：《宋司马文正公年谱》，页8。

⑥ 汪辉祖：《病榻梦痕录》，页8。

图 6-7　**扎玩具**　近世市集中，货郎架上，虽已有玩具出售，但多半儿童之玩物仍须自制。即便小贩扎制玩物出售，所取材料也是大家身边都有的草、竹、纸、泥，扎出的东西，更是生活中熟悉的牲口、动物、篓篮、虫鱼，如此民初街头小贩架上所为。

喜欢钓鱼①，徐光启曾于雪中摄稚兔②。

宋明的人物画中，也曾描绘孩童扑枣，或闲捉柳花的情景③，这些是士族子弟中的野趣闲情。农村孩童就直接参与生产性劳动，或饲养禽畜、操持家务、抱提弟妹等实际的体力工作。也有孩童，平日以墙上涂鸦为乐。吴承恩（约1500—约1582）幼时即喜于白粉墙上，以粉笔描画动物器具。④或有喜欢吟诗唱歌的，如徐溥（1428—1499）之舅提起而赞赏不已的一个孩子。⑤总之，明清传记资料中显示，近世中国的儿童，欢喜玩耍嬉闹。村塾中的学童总趁塾师离开的空隙，玩些捉迷藏和闹学的把戏。正如龚安节（1382—1469）幼时的朋友们所为⑥，或历代《闹学图》中历历所绘。当其玩耍嬉戏，明清的儿童显然机伶而自得，适意与其手足、亲戚、邻居、朋友同乐。有时也与成人长辈一同社交访游，尤其是在四时节庆，及亲邻互访之际。罗思举与祖父一同看戏。邵行中陪曾祖母赴城中访亲。每逢年节，孩童混杂成人群中，享用吃食，乐于游戏。此时儿童与成人的世界混融为一，不像近代以后各年龄群之间的间隔与差距。

---

① 张伯行：《宋周濂溪先生敦颐年谱》（台北：商务印书馆，1978），页112。

② 梁家勉：《徐光启年谱》，页37。

③ 畏冬：《中国古代儿童题材绘画》（北京：紫禁城出版社，1988），页24—26。

④ 苏兴：《吴承恩年谱》（北京：人民文学出版社，1980），页3。

⑤ 徐照：《明代大政治家徐溥年谱》（台北：台湾师范大学，1963），页9。

⑥ 龚绂：《龚安节先生年谱》（昆山赵氏又满楼刊本，出版地不详，1924），页2。

图 6-8　**小吃**　小孩也爱小吃。近世不仅可见幼龄顾客为主的儿童零食，市镇街头儿童也会讨得零钱，觅食。图中为民初围至摊前、大啖小吃的几位小顾客。

　　关于儿童的欢喜与娱乐世界，从已知的传记资料中固可拾掇若干信息，但有很多根本的问题仍待深思细究。譬如说各种不同处境下的孩子，其饮食游戏、或吃或玩的活动与其日常生活秩序实际如何交融，也就是说对年幼的儿童而言，其欢乐之追求与一般人相比有无任何特性或不同的意义。譬如说，此游戏世界的阶级性如何？地域性差异如何？在时间上曾经历哪些变化？又譬如，儿童的休闲娱乐，在传统时期显然是有与成人混同一气的部分，也有与成人区隔开来，自成一群的部分，这二者之间的分划在哪里？各自包括些什么类型的活动？等等。至于童稚之时，孩子的情感取向似乎确有某些特质或趋向，例如好吃食好嬉戏，难抑难禁，甚至苦中仍欲作乐，也常有冲破礼教之束缚、规矩之藩篱，以胡闹逗趣，以"造反"为乐者，这种种的取向，在不同的历史情境中如何展现，如何成形，都还有太多值得挖掘的问题。

　　年稚儿童，易寻欢愉，其日常之乐也流露出自发、自足、自主的精神。相形之下，童年之苦，其悲伤、恐惧、伤痛，却多半受诸其人事与客观之环境，凸显了明清中国儿童地位的依附和脆弱性本质。当时儿童诸般的不幸遭遇中，仍以丧亲为最严重。丧母对幼儿心理打击大，丧父则危及其物质环境。对孩童而言，丧亲直接威胁到他的生存，故如前述，父母罹病亦常引发彼等心中强烈的危机意识。虽然多半的时候，丧亲直接带来孩童物质生活上的折损，但精神上失怙失恃的儿童，在社会上易受凌遭辱，无父或无母的儿童，不免遭亲友邻人之欺侮也是事实，其处境正如庶出或婢奴所生子女，总是族人欺负嘲弄的对象。晚明复社成员之一的张溥，即为婢女所生，少年时常受父族强宗之欺，伯父一家待之尤薄。一日，溥亲睹生父又受害于伯父奴仆之谗，溥愤而誓曰："此仇不报，非人子也。"日后，其父于忧家族纷争中去世。十六岁的张溥竟设法将母亲迁出了父族之居。①在传统的社会中，衣食之供应与社会之尊重是一体之两面，对仰仗抚养的幼龄人口而言，失去生活凭借与遭人冷落欺侮也常不可分，不论受溺受宠，或遭难遭辱，发生在成长中幼弱易折的（vulnerable）儿童身上，代表什么意义，长远而言可能发生如何影响，应再做追踪。

就此类疑问，丧亲之外，从孩童暌离亲人时的反应，亦可获悉一二，譬如以生离而见父母在其情感世界中的地位。晚清变法领袖谭嗣同七岁的时候，母亲为兄长婚事，决定离京返湘。幼年的谭嗣同为此别离，深感抑郁伤怀。他送母亲车马离去之时，"目泪盈眶，虽强忍不使之出"②。谭嗣同的感伤，乃至其母之暌离，与家中的亲人不和都有关系。父宠新妾，及母亲失欢，因之可能更加深了嗣同的悲伤与无依。幼龄的孩子，依恋父母，尤其亲近母亲，在近世中国家庭中仍属常态，亲近的亲长远离，即使无复杂内情，也可能让儿童为之郁郁。

除了上述不幸，亲人的丧亡、罹病、远去等，生活中还有两种情况对儿童冲击最大：一是物质生活的匮乏与窘迫；二是亲族之间的冲突与伤害。在物质方面，明清下层社会的子女，无疑与其长辈一样，长年承受穷困之迫。就是一般家庭的子女，也不免有物资匮乏的时候。一旦遭遇天灾，不论水旱虫灾，窘状更趋严重。天灾之外，家逢变故，如孤儿寡母，境遇也会恶化。物质之匮乏，不只影响日常衣食所需，儿童所感困苦，还包括心理上的无助无奈。传统儿童除最上层社会外，均需协助家务，间接参与劳动生产，生活之需是主要原因。相对于工业化与物质富庶以后的近代，传统社会中的儿童多数生活于物质有限或缺乏的情况下，不论养成其认命、压抑，或知足、进取之心，都与此客观条件有关。

情感上而言，家中长辈间的冲突，或者旧时族人不平的待遇，亦常使明清幼儿卷在其中。儒家礼教之下，长幼之序严，原则上不准幼者参与成人事务，所以对儿童而言，即使亲见长辈纷争，挫折之外尤感无助。冲突若发生于近亲

---

① 蒋逸雪：《张溥年谱》，页6—8。
② 谭嗣同：《谭嗣同全集》，页197—200。

之间，儿童之伤感可能更为强烈。黄叔琳幼时即颇为祖母对母亲之不满而伤怀。[①]以传统婆媳相处之困难，及年轻已婚妇女遭遇不快之普遍，黄叔琳的处境大约不是特例。双亲之间的不和，也常给孩子带来莫大焦虑。如果双亲失和，濒临破裂，或事实上已成仳离，孩子心理所受的伤害当然更为严重。蒋敦复幼时，母亲即遭父亲遣回。[②]明清时期的中国，离婚并不普遍，但并不代表形式上仍存在的婚姻关系实质相处一定愉快，若家庭并不谐和，夫妻又无法协议分离，对同居一屋顶下的孩童而言，就是又要遭其殃害，又要承其痛苦。当时不幸的婚姻，只能由男方以"出妻"方式告结，而且不为社会宽容。因而可能有许多儿童，或者常年生活在父母冷漠嫌憎的情况下，或者终日面对遭弃而怀恨的母亲，冷淡愤懑的父亲。即使经济条件允许，父亲另纳妾婢，女眷间的猜忌争斗，对儿童也常造成一个复杂而不快的人事环境。家中的孩子，不论是失宠的正室之子（如谭嗣同），或是遭鄙的偏房婢妾所庶出（如张溥），常难免遭族人欺凌，或夹在众人纷争下蒙害受气。不论是实质生活上的波及，或者情绪上之干扰，乃至因礼教之规范（要求家齐妻贤子孝，且不准子女参与家族事务，不准对成人之事置喙）与现实之差距（实际上家族多不和睦，成员组成复杂而多怨），传统多代或多房同居的大家庭生活，其实常使孩童生活于纷争与无奈之中。

身体方面，近世儿童亦生活于鞭策责打的阴影之下。体罚在中国士族家庭虽较少施诸幼龄子女，整体而言或不如近世基督教伦理下西欧家庭之普遍与严重[③]，但是明清家庭与社会对儿童的处罚，也非罕见。一般家庭中，母亲常负责幼儿之行为管教，故责罚儿童，亦以母亲居多。刘宝楠成年后，仍可历历道出幼时母亲鞭他打他的情景。[④]一则为了约束管教子女，二则亦不乏情绪之发泄。体罚成了明清父母师长手中一项严厉有效的工具，失意不快的成人，可能更常

---

① 顾镇：《黄昆圃先生年谱》，页3。

② 滕固：《蒋剑人先生年谱》，页4—5。

③ 一般西方家族史著作多括出近代以前，由于原罪问题及严厉之社会规范，家族多半教儿甚严，且常施严重之体罚，温暖关爱型的亲子关系是近代以后才有的现象。Lawrence Stone, *The Family, Sex and Marriage in England, 1500—1800* (New York : Harper and Row, 1979); Lloyd de Mause, *The History of Childhood* (New York : Harper and Row, 1974); And John Sommerville, *The Rise and Fall of Childhood* (New York : Vintage Books, 1990) 均作此说。但亦有持不同意见者，如琳达·A.波洛克（Linda A.Pollock）于其所著 *Forgotten Children, Parent-child Relations from 1500 to 1900* (Cambridge : Cambridge University Press, 1983)，即主张近代以前西方父母对儿童已相当关注，忽视峻罚都不是整体之情况。

④ 刘文兴：《宝应刘楚桢先生年谱》，页5—6。

使用。刘宝楠、胡适的寡母，可能都是这类的例子。[①]父亲亦频以棰楚之威，逼着孩子就范、向学、学艺或工作。有些家长，即使对着体弱有病的孩子，仍旧施以责打。徐鼒（1810—1862）幼时据说身体羸弱多病，且患有喘疾。鼒固仍爱嬉戏，爱与兄弟摔跤。一日，父见其玩耍而疏忽诗书之学，乃"笞责之"[②]。父母之外，祖父多与孙辈接近，亦常有以鞭棍教训孙儿者。汪辉祖十岁时，尝于姐姐出嫁之日溜出屋外，乘舟观看花轿，不慎失足落水，几遭水溺。获救后，祖父不但不高兴，还大怒，痛笞之。另有一次，闻得辉祖口出玩笑之言，祖父亦怒而责打。[③]陈独秀也深记得，幼时祖父手中常抽打在他身上的棍子，虽说祖父之棍棒，屈之就范的效果终究不如母亲的眼泪。[④]就社会结构上而言，传统之家族组织使儿童属于一较广之人事网络，其平日之照顾、遭难时之抚养，都可能有父母之外的其他亲长插手相助，其成长得一多管道之支持系统，但同样地，其管教发展亦要受此多方面人士之左右、干涉。父母之外其他成人之影响近世儿童之成长，甚至施以体罚，也就代表了此传统型多管道支持系统不可分的另一面，即多方面之干预、涉及。

父母长辈之外，塾中的老师、习艺时的师傅，亦常对孩童施以体罚。其实明清时期虽有少数开明学者对体罚之合理性与有效性提出质疑，但中国一向并无反对体罚之论，宋儒理学之主流思想且有赞成其价值之语。老师、师傅既负教导之责，又需管束其言行，遂如家长一般，握有以体罚责打儿童以收管教之效的权威。体罚的方式及程度，视个别情况及施罚者之作风而定。有些例子，实甚残酷。清代名学者章学诚，幼时即一度受学于一作风严苛之塾师。此村塾老师，据学诚之描绘虽愚而不识，却极嗜打人。塾中七八学童均曾遭其鞭打。有一杜姓学生，尤其不幸。一次为师痛击头部，"伤几致死"。后虽得愈，脑盖上仍隆凸一块，留下一个永远的疤记。责打之重，可想而知。

明清的儿童，其世界中自有专属于彼等之痛苦与欢愉。其苦其乐，有些与他时他地之儿童相类，有些为近世中国童年所独有。当其以歌与戏自求欢乐之时，他们有其自在、自得、自然、自发的一面，似乎自有一个小天地。但于其悲伤、焦虑痛苦之时，又立时凸显了当时儿童生存条件上实际的倚赖和许多无

---

① 胡适：《我的母亲》，《四十自述》（台北：文海出版社，1983），页56—59。

② 徐鼒：《敝帚斋主人年谱》（台北：广文书局，1971），页5—6。

③ 汪辉祖：《病榻梦痕录》，页8。

④ 陈独秀：《实庵自传》，《传记文学》，1964，卷5，期3，页55—58。

助。其生其死，其苦其乐，与其周遭的人物环境密不可分。其欢愉或属童真年纪之特有，但其脆弱、易伤的一面，则显现了势弱无辜的一群，在明清社会中常遭殃害的事实，其实也透露出整个社会善意的有限和不足。这许多的历史事实，其意义于时空上做对照比较之时大见凸显。譬如与目前所知略多的近世西欧社会相较，中国的大家庭制度使其儿童之成长过程，不论其照顾或干预，都有一个较宽广的社会网络，父母之外，祖父母、伯叔姑姨、兄姐嫂舅，乃至婢女奶妈都可能参与并影响一个孩子的生活，或得或失，此多面多源的抚幼的社会网，是近世中国童年经验的一个特殊背景。至于死亡疾病，因是健康形态转型以前的普遍情况，近代以前中外儿童的亲人常有折损，情感世界中伤亡之阴影不去，大约是一个共同的事实。唯各地不同的婚姻习俗、家庭制度及社会组织方式可能用不同的方式补偿支持此类实质或心理上的损失。在受苦与作乐方面，古今中外对体罚之态度与措置，仍需再思，近世中国之情因性善而非原罪之假设，不算最烈，但某种形式之体罚仍然相当普遍。最后，好食乐嬉，似为儿童普遍之倾向，但中国传统之游戏形态可能与其群体性有关，游戏方式亦受物质环境之影响。儿童零食习惯，在过去物质缺乏及现代走向富裕之下，是否使近世之儿童争啖之习更为明显？相形之下，现今之儿童在物质充斥之下，好嬉之程度或者更过于争食。凡此种种比较，意涵所涉，有本文所不能尽致者。

五、结语

从明清士人家庭的传记资料中可见，当时的儿童，成长过程中受到多种不同长辈的照养，因而在童年经验中与之往来最密切、情感最亲近的成人，不一定是其亲生父母。祖父母，其他的女性长辈，如嫡母、庶母、姑母、长嫂、兄姐，甚至家中的佣仆，都可能与儿童之成长有最密切关系。这种人事环境，与近世西欧及近代以后的中国家族结构缩小及社会组织改变之后的情况，都很不一样。多种亲长环境下长大的孩童，是否较易自然接受一种集体式的价值观，习于抑制个人的感受，倾向群体生活而形成一种泛家族式的伦理道德与生活方式，是值得进一步深思的问题之一。

此外，因当时家庭结构（如父系为主的大家庭）、社会习俗（男子常多妻，普遍续弦，而女子较少改嫁），以及人口状况（男女平均寿命均不及四十岁，其他年龄群之人口，死亡率亦高），使得明清的儿童丧亲（尤其是丧父），成为与寡母共生或依附其他亲长的孤儿。加上手足、亲戚之丧亡，明清儿童面临或经历近亲死亡的概率要较近代儿童高得多。如此情境，是否使当时的儿童，乃至后来的成人，降低其对世界与自我期许上的安全感，觉得人生境遇不可知，从而较易接纳或走向一种功能性的或功利性的人生观，或者对其心理有其他方面的影响，都待进一步思索。明清儿童童年之乐，多出自发，而其痛苦，却自外铄，或可视为传统时期中国儿童生活情境上的一种两面性写照。

　　许多相关的心理学理论论及种种童年对人格形成之原型及影响等。[①]此文之作非不赞同运用这些现成的理论，甚或设法建构一套相对的理论，但是遍阅诸家理论之余，仍不免留下许多疑问，不知实际的情况是否都能细符这些理论。好学深思者尤需留给自己宽阔的观察空间、长远的酝酿过程，容许实证资料展示其细部内容之意义，当求其检查、认识、了解之时，不必先受任何预设理论之规范辖制。此篇试作，尚不成熟，只能期望未来大家对中国式的人生——人事环境、情感世界、价值、心理、性格——再做揣测之时，不论是对过去的中国人，或者现在的中国人，一者应考虑不同年龄群与人生周期之面相，二者亦愿意采撷、挖掘各类的信息，不必急于印证或创造一个涵盖性的理论。

[①] Philippe Ariés, *Centuries of Childhood : A Socrial History of Family Life* (New York : Vintage Books, 1962)。L.de Mause, *The History of Childhood* (New York : Psychohistory Press, 1974)。E.Erikson, *Childhood and Society* (New York : W.W.Norton, 1963)。D.Hung, *Parents and Children in History* (New York : Harper & Row, 1970)。L.Pollock, *Forgotten Children, Parent–child Relations From 1500 to 1900* (London : Cambridge University Press, 1983).

图 7-1

第七章　接近稚情的世界

一、儿童、童年与历史

　　历史，或谓为人类关于过去之记录。然常人略一省思，即憬然发觉：绝非所有存活过的生命、发生过的事件、存在过的现象均毫无差等、自然地在历史上留下（或被录下）踪迹。儿童或童年之罕得史学工作者之留意，难稽历史之痕迹，古今中外略无二异。西谚尝云"知识即是力量（Knowledge is power）"，就此而言，除可援其原意，以知识本身常带一种雷霆万钧之势，有移山倒海之能，亦可转为双关而见另一面：视权势等同于知识，知识之内涵亦常为世上享权势力者之代表。有权有势者（帝王将相、贵族公卿）之活动，亦成知识范围内之关注了解之中心；无权无势者（奴婢、贫贱、妇女、工农），遂籍籍默闻。同义援之，引车卖浆者流固微不足道，婴童幼儿遂益显得勿庸深究。

　　类此的立场，在现代文化脉络和学理认识上可以引起几种响应：一是童幼生活乍似无关宏旨，其实是每一个历史人物的必经阶段。儿童不久化为成人，或谓因而脱离幼稚的身份，不再保有或坚持其特质，代表其意识，营建其历史（过去曾居弱势、今成关怀重点之妇女、劳工或奴隶在这方面即占有身份固定之优势）。但反而言之，日后盘踞而活跃于历史舞台的每一位政治、经济、社会、文化上的人物，乃至平凡百姓、贩夫走卒，都曾为一个嗷嗷待哺的婴儿，一个一度蹒跚学步、带着好奇和羞怯的孩童，尤有进者，晚近心理学说，直指婴幼时期为每个个人一生性格取向与心理营造之关键和基础。[①]也就是说，人不分高低贵贱、男女老幼，其成年后之企图、作为、好恶、抉择，常决定于幼儿时期之环境、经验和塑造。一提起这些方面的思索，又让人觉得，童年历史之重建，不只对个别人物之剖析可能更见深义，幼龄人口集体所属的世界和境遇，尤可

----

① 心理学对婴幼童期的看法始自弗洛伊德（Freud），至艾瑞克森（Ericson）发挥盖多，可参考其所著 *Childhood and Society*，2nd edition（New York：W.W.Norton，1963）。

反映当时社会文化思想之少有人体会的面相，进一步为政治、经济、思想生活中之一形成与表现，做一社会肌理上的剖析。

中国幼儿史和童年史的研究，过去鲜受关注，近年来初步的探索，显示此方面认识既非全不可能，亦非毫无价值。①无论就心理、智力方面（如幼教、蒙学）的素材而言，或依医疗、生理方面（如幼科、哺养）之知识立论，传统中国对婴儿需要之异于常人、精神上有其特质、孩子和成人互为表里而显然并非一事，均早有深植于本身文化传统之认定。②西欧学者最初提出，西方社会在近代以前略无"童年"之概念，视儿童为一"小大人"③，拟之中国，泂难相提而并论。

重要的是，规范性文化或论述性假设之外，更进一步，亦应追究考察历史的现实面与经验面状况，探讨在传统时期的中国社会中，有没有成人世界之外，生活中有别于成人经验的所谓儿童的经验世界？如容或有之，此属于幼龄儿童之生活经验、情感意识，其内容与状态为何？意义又何在？

探讨方法之一，可先呈现过去儿童生存之外在环境与外塑性因素，如家训、幼教、蒙学中所反映的观念和主张，再以个人与传记性资料中间或流露出的信息，设法摸索当时幼儿生活中所表现的自身经验与主体性的意识，并以双方之对照，思索历史上所谓儿童自我意识，或幼龄人口自身文化的问题。

二、来自成人的主张和左右

（一）基本典范

中国之成人，一如其他社会之长辈，向来对其子弟幼儿有具体期望，而且基本上以自己为协助儿童达到此期望的主要力量。也就是说，在他们的假设中，

---

① 可参见熊秉真：《幼幼：传统中国的襁褓之道》，第一章，页1—4。

② 在精神方面的看法，可参考熊秉真：《好的开始——中国近世士人子弟的幼年教育》，《近世家族与政治比较历史论文集》，页203—238；及《试窥明清儿童的人事环境与情感世界》，《本土心理学研究》（台北：桂冠出版公司，1993），页251—276。在生物方面的看法，可参考熊秉真：《幼幼：传统中国的襁褓之道》，第一章，页1—4。

③ 此说最早由法国学者菲利普·阿里埃斯提出，刺激也启发了其后许多欧美学者进一步的检视，也修正了其最初的一些假设。参见 Philippe Ariés, *Centuries of Childhood : A Social History of Family Life*, R.Baldick（trans.）（New York : Vintage Books, 1962）; Shulamith Shahar, *Childhead in the Middle Ages*（London : Routledge, 1990）; Linda A.Pollock, *Forgotten Children, Parent-child Relations from 1500 to 1900*（Cambridge : University of Cambridge Press, 1983）。

孩童之可塑性，是一个已知而既定的事实。成人堆砌塑造儿童的方法容或有异，但对此责任之必要性与可行性，甚少质疑，视此目标一如地义天经，责无旁贷。此大前提之下，过去社会多视成人之观念为主体，以成人之文化为主动和自变因素，而以儿童的世界为被动和因变的对象，久而成习。上古至宋，中国在幼教和幼学方面的重要文献，均反映此一基本立场。这个幼教幼学的传统中，管子的《弟子职》、司马光的《居家杂仪》和朱子的《童蒙须知》是最常被后代所援引的典籍，其内容大致架设出近世幼教幼学之要义，呈现了成人对儿童外塑性环境之大致假想。

传统中国幼学幼教的对象，主要包括两种：一是自己家中的孩子；一是别人的孩子，包括塾师所收之弟子、族里村中的儿童等。前者是亲对子（通常指的是父亲对儿子，或男性长辈对男性儿童，但不全尽然）；后者是师对徒或长对幼（通常也是男性师长对男性生徒，但有些也包括对女性教师学生的考虑）。整体而言，在价值体系上，两种类别相通。在幼学幼教的基本目标、规范、原则、方法上面，对"子弟"跟对"弟子"，没有太大的差别。亲长对子弟（自己的孩子）的教导相处，未必增加多少私情或亲情成分。老师对弟子（学生）、长辈对幼辈管教的也不只是狭义知识上的学习，还包含许多伦常行为上的要求和为人涉世的训练。

1.《弟子职》

《管子》中的《弟子职》，表面上主要谈的是礼事先生的学生本分，但所涵盖的讨论，其实也是尊卑长幼社会中，对为幼者、为少者的期许和要求。《弟子职》起始即谓：

> 少者之事，夜寐蚤作。既拚盥漱，执事有恪。摄衣共盥，先生乃作。沃盥彻盥，泛拚正席。
>
> 先生施教，弟子是则。温恭自虚，所受是极。见善从之，闻义则服。温柔孝弟，毋骄恃力。志毋虚邪，行必正直。游居有常，必就有德。颜色整齐，中心必式。夙兴夜寐，衣带必饰。朝益暮习，小心翼翼。[1]

此篇中所言之"弟子"，或"少者"，原指的是已入学随师的古代意义下的入室门生，年龄上大约均已超过幼年阶段。然自古以来，一般士人长奉此为家

---

[1] 庄述祖：《弟子职集解》（上海：商务印书馆，1937），页1。

塾教育之早期典范之一。①文中所揭诸义，一则提挈传统中国幼学幼教文化背后许多基本精神，二则亦立下其后近两千年幼教之根本。

《弟子职》中所见传统中国幼教文化，与"儿童"议题最关切者有三：一是严立尊卑长幼之序。文中以弟子与先生之对举，且单方面告诫少者须谦恭温柔，敬谨毋骄，无不显示此尊卑主从之根本架构，以及求学的弟子在此次序中之依附性格与卑微地位。二是幼教中的期望和原则，多以伦理道德之要求为依归，未多顾及学生生理成长过程、身体需要或人生阶段性发展，因而其所营建的，是一个重"礼"过于合"理"的世界。其实在中国，以社会伦常为关心点的幼教专家与以身体健康为出发点的幼科医者，二者在对待年幼者立场上有不少基本的歧异，是一个重要而值得深议的分际。三是当时所谓的幼教，除智识之学习外，还包含对学生之生活、人格、举止、情意等多方面的训练。除此头二段外，《弟子职》篇后继续明言弟子平日与先生一同作息，在饮食、言语、进退、行止、居摄、就寝等细节之规矩。②而此一对教育范畴之特殊界定，终清一朝而未变，是中国教育重要的特色，也是中国社会对幼者、少者、学生、弟子的基本预设和固执期望。

2.《居家杂仪》

司马光之《居家杂仪》中，始言：

> 凡为家长，必谨守礼法，以御群子弟及家众。分之以职，授之以事，而责其成功……凡诸卑幼，事无大小，毋得专行，必咨禀于家长。③

文字中清楚显示文献背后所承袭的，是与《弟子职》之类传统训幼文化所持同一套尊卑长幼的秩序观。以家长与子弟对称，置成人于主动，而归子弟于被动。前者为有能力的负责者，后者为能力不全的被指导、被塑造者。在此假设体系中，不仅对孩子的可塑性未尝稍疑，更全未预想子弟可能有其主动自变的一面，在其与家长成人来往相处的过程中，会发生互动。成人可能自然受其子弟影响，且不全是无谓之干扰或破坏。

---

① 汉代郑康成以来，因常据以说礼，重之如"六艺"。唐之房玄龄、宋之朱熹亦注解之不已，直至清代学者仍持此为教授童子之义。见庄述祖：《弟子职集解》，跋，页2—3。洪亮吉：《弟子职笺释》（台北：华文出版社，1969）。

② 庄述祖：《弟子职集解》，页1—2。

③ 司马光：《居家杂仪》，见胡广：《性理大全》，卷19，页333。

依《居家杂仪》的设想，幼小即是卑下，成人与家中儿童的尊卑关系，代表一个井然的秩序。家长领导而子弟顺从，如天经地义之不可移。为人子弟者毋须拥有或伸张其个人意愿，就像儿子媳妇之不该有个人财产一样。[1]弟子与家长之相处，基本上只要幼者听命行事，一切以长辈之意愿为依归，尽力依顺、实践、取悦成人。任何个人意念之发生或坚持，对此上下尊卑、层层相属的人伦架设而言，遂易变成一种无谓的突变，而被认为是人情上的忤逆和秩序上之伤害。关于这种观点，表现得最尽致淋漓而具戏剧性的，是文中要求子弟在遇到家长付予不可行之命的时候该有的态度，以及发现父母有过时应有的处理。

> 凡子受父母之命，必籍记而佩之，时省而速行之。事毕则返命焉。
> 或所命有不可行者，则和色柔声具是非利害而白之。待父母之许然后改之。若不许，苟于事无大害者亦当曲从。
> 若以父母之命为非，而直行己志。虽所执皆是，犹为不顺之子。况未必是乎？[2]

接着又说：

> 凡父母有过，下气怡色，柔声以谏。谏若不入，起敬起孝。悦则复谏。不悦，与其得罪于乡党州闾，宁熟谏。父母怒不悦而挞之流血，不敢疾怨。起敬起孝。[3]

两段均先务实地承认，父母之命确有不可行的时候，父母本身也可能有明显过失。子弟既能意识到其命不可行，或甚而察知其过失，就表示居幼者不但有其独立意志，且可能有高明于父母之判断力。即便如此，委曲而依顺之，仍被视为为人子弟之第一义。最多，了然于心却难于违命的子弟，在其前提下最大的限度，是能劝得父母回心转意，"许"而"悦"之，可继续商榷，或依其改变后之意愿执行之。若不许、不悦，子弟所见虽甚是，亦不得"直行己志"，不

---

① 《居家杂仪》曾接谓："（家长）制财用之节，量入以为出，称家之有无，以给上下之衣食，及吉凶之费，皆有品节，而莫不均壹……凡为子为妇者，毋得蓄私财。俸禄及田宅所入，尽归之父母舅姑。当用则请而用之。不敢私假，不敢私与。"见胡广：《性理大全》，卷19，页333。

② 同上注，页334。

③ 同上注。

幸时还得承受父母怒而挞致流血的后果。这长者有过，子弟几谏，及长者犯法，子弟应隐或揭之类的问题，早在《论语》《孟子》中已有讨论，此处陈述之伦理大抵未变。不过此时司马光的笔法，明显透露为人子弟者可能有异于长者之意见、立场——即他所谓的"己志"。父母之命不可行，父母有过而待子规劝，显示长辈可能有所短，而子弟竟适有所长。不过在他所规划的伦常世界里，仍不容许子弟伸张己意，或以己之长补足矫正长辈之短。无论如何，一个"不顺之子"是他所不愿见到的。他还顺带提到，这个看法，与顾虑家庭之内的冲突会演为冒犯得罪乡党州间的现象有关。所以个人的伦常、一家之规矩，实与外在更大社会名教、政治秩序连为一气。

在这一套假设下，归根究底，冲突不见得能获得双方在事理上圆满的解决。为人子者被要求弃自己的好恶爱憎及公理上的是非曲直于不顾，一切以父母之意念旨趣为依归，情绪上随其长上移转（察其言而观其色，曲意而承欢），照顾上尽量无微不至（侍疾侍病时的做法最为明显），平时言语行为上亦力求屈恭而卑微，把子弟置于一个绝对低下、从属于且必须依顺听命父母长上的地位。其个别与独立的意见、感受与立场从而自然被视为违抗忤逆、冒犯不敬，失去父过子规、父非子是所蕴涵在道德上的颠覆性及法理上相对责任的问题。[1]

值得进一步推敲的是此论述中所提到的"子"或"子弟"，到底有没有具体年龄的规划？其所谓"卑幼"，是指家中年龄幼小的成员，还是身份上卑微幼弱的一群？此间分际关系极大，后将再议。唯实质上，文中所标示的原则，在传统家庭及社会生活中，常被奉为圭臬，则为事实。虽则学龄后之童子、竖子，甚至成人以后的"儿子"可能才是其真正对象，六七岁前的婴幼孩童并非原意所指。

3.《童蒙须知》

朱熹的《童蒙须知》，设想的对象是初入学的幼蒙学子，不是家中子弟。但其立言立意背后所涉之基本假设——弟子或儿童之本质、特色，及其与成人相对关系、来往方式，在原则上与管子之《弟子职》、司马光的《居家杂仪》仍有许多相通之处。首先，篇中以"大抵为人"作始，而以"汝曹宜勉之"作收[2]，

---

[1] 父窃子揭或父过子责所衍生的伦常、道德及法理上的问题，并非中国所独有，古代希腊哲学亦曾对此做过不同的考虑。唯其讨论的焦点是家庭伦理与公众道德如何两全的问题，而不在于子女或儿童在本质上是否有优于成人，可规劝、弥补或反而教导长辈的地方。《论语·子路篇》（台北：中华书局，1965），页56中即有关于"父为子隐，子为父隐"的讨论。

[2] 朱熹：《童蒙须知》全文，见陈梦雷编：《古今图书集成》，册324，卷39，页12。

根本上以为在尊卑长幼的次序下，以长而教幼，由具深思熟虑之成人来拟定规划幼学者该学什么、该如何学、该如何行，是天经地义、别无他径之事。《童蒙须知》篇中设言，多用"凡（何事）……必（当如何）"或"凡（何事）……不可（如何）"句型为之，不但未为实际年龄、各自体力、个别性格可能差异甚大的幼儿预留任何转圜斟酌空间，更未尝臆及入学时之幼童可能已有某种主体性和原本各异之状态，未必完全适于此规范，符合任何固定之预想。尤其当幼童之表现与以成人所偏执之框架就大异其趣时，其本身未必毫无意义，价值上反倒有其可取之处。拟想子弟或弟子之存在，为一单独之自变量，可以也必然会与成人互动，互动对双方均有助益——类似道家以婴孩代表"自然人"之天真，而为成人所丧失遗落之珍贵本性等说法——在传统儒家幼教主流文化中，难见影踪。主要是因此假设对原有尊卑长幼、贵贱上下的阶层性秩序观所挟动摇性和颠覆性力量。

检视其内容，《童蒙须知》中衣服冠履、言语步趋、洒扫清洁、读书写文字和杂细事宜等五部分，大致所论，在造就一个谦卑恭顺、规矩严肃的子弟。如其所称，要求子弟身体端正，身冠鞋袜保持洁净，衣服束紧，是因不愿见其"身体放肆不端严，为人所轻贱"。言语上低声详缓，俯听父兄长上督教，不妄议、不分辩；步趋上端行，不疾走，起居间重洒扫整洁，文案整齐，不擅动，不乱涂，都在养成谦恭自洁的态度。此类子弟若塑造成功，固将敬谨为事，绝少犯上冒昧之习，当然也可能较少自发自主之创造力，或敢于持守任何异于尊长或名教的独立见解。[1] 其实依其所示，子弟"凡闻人所为不善，下至婢仆违过，宜且包藏、不应便尔声言"[2]，一如朱熹文尾自言，此道德教诲，最终所期，不过是造成一位能读圣贤书的"谨愿之士"，与近代幼教之求启发、重活泼，保童稚之乐、溢天真之情，实为二事。《童蒙须知》后二段，不但要求子弟端正身心，仔细阅读，读书写字勿潦草苟且，更责其：

---

① 《童蒙须知》中谈及对待长上之道，对子弟方面的要求是："凡为人子弟，须要常低声下气，语言详缓。不可高言喧哄、浮言戏笑。父兄长上有所教督，但当低首听受，不可妄自议论。长上检责，或有过误，不可便自分解。始且隐默，久却徐徐细意条陈，云此事恐是如此，向者当是偶尔遗忘，或曰当是偶尔思省未至。若尔则无伤忤，事理自明……凡行步趋跄，须是端，不可疾走跳踯。若父母长上有所唤召，却当疾走而前，不可舒缓……父兄长上坐起处，文字纸札之属，或有散乱，当加意整齐，不可辄自取用……凡相揖必折腰……凡侍立者之侧，必正言拱手，有所问，则必诚实而言，不可妄……侍长上出，行必居路之右，住必居左……凡道路遇长者，必正立拱手，疾趋而揖。"见《童蒙须知》，陈梦雷编：《古今图书集成》，册324，卷39，页12。

② 见《童蒙须知》，陈梦雷编：《古今图书集成》，册324，卷39，页12。

　　凡子弟须要早起晏眠。凡喧哄斗争之处不可近。无益之事不可为，谓如赌博、笼养、打球、踢球、放风禽等事。①

　　"早起晏眠"只注重到谨勉用功，毫未顾及年少者生理状况及成长所需。将打球、踢球、放风筝等活动与赌博一般斥为无益之事而严禁之，愈加凸显此幼教观之严肃与褊狭性质。体力活动、健康需求与心身欢愉、群嬉之乐全被摒为不值的理学下的幼教及儿童观，其影响所及，及其"中国性"特质，牵涉极广，是触及中国人文及政治秩序根本而至今少人触及的问题。

（二）近世之演变

　　上古至宋代，中国幼教幼学的典范初树，到了明清近世，内有伦常教化之加强，外有经济繁荣、社会上下移动之激烈竞争，加上出版印刷业兴，使此时期幼教幼学素材，数量质量上均过于往前。内容上有进一步深刻化、精致化，及部分多样化之发展，观念上亦有若干特殊演化。标准的幼儿指引，如《小儿语》《女小儿语》《续小儿语》，和幼学之规划，如《弟子规》《幼训》《训蒙条例》《教童子法》等之出现，可为此趋势之缩影。

　　1.《小儿语》《女小儿语》《续小儿语》

　　吕得胜、吕坤父子所为之《小儿语》等三种幼教材料，序言明指为童蒙养正而设，分四言、六言、杂言，均以合韵易诵而近口语形式为之。其用心，如《小儿语》前言所谓，在将幼儿"立身要务，谐之音声，如其鄙俚，使童子乐闻而易晓焉""是欢呼戏笑之间，莫非义理身心之学。一儿习之，可为诸儿流布。童时明之，可为终身体认"。②所谓《小儿语》等，确指小儿为其对象，通篇用语，却以全称句为之。劝人言行安详勿慌张（"一切言动，都要安详；十差九错，只为慌张。沉静立身，从容说话；不要轻薄，惹人笑骂"），宁认错而勿说谎掩过（"自家过失，不消遮掩；遮掩不得，又添一短……宁好认错，休要说谎，教人识破，谁肯作养"），早学手艺，养活自己（"既做生人，便有生理；个个安闲，谁养活你。世间生艺，要会一件；有时贫穷，救你患难"），多济贫，常施舍（"世间第一好事，莫如救难怜贫；人若不遭天祸，舍施能费几文"）③等，均以成人为

---

① 见《童蒙须知》，陈梦雷编：《古今图书集成》，册324，卷39，页12。

② 吕得胜：《小儿语》（上海：商务印书馆，1936），页1。亦有光绪七年津河广仁堂版。

③ 同上注，页1—3。

幼儿之当然教导者，其经验能力、已有之识见看法，应对子弟及一般年幼者有用有益，亦不以为幼龄者因其特殊之身心状态及阶段性处境，可能有任何异于成人之需要或感受（此为幼科医生普遍之假设），更遑论成人之假设与立意，竟可能为下一代者之辖囿、伤害（如现代儿童心理学之看法），此为其一。

再者，此一套说辞，固以幼蒙为未来成人之准备，亦即认为在伦常上人生为一无间断之连续。长大成人需知者，幼时即应早为具备。反而言之，幼儿在童年当时，似亦无需适于幼年期当时特别之价值观念或行为规范，也不需过一个"为童年而童年"的儿童阶段。人既不宜于已届成年时再学做成人，而须及早于儿时学为成人，其正值儿童阶段之心态举止，将以何为凭，则是《小儿语》等的作者所未遑思及的问题。后代赞成普及教化之努力者，如盛清为之作按立传的陈宏谋，即以其"若规若刺，若讽若嘲，冲口而出，自然成音"之特征，而赞赏不已。复谓"儿固有不儿时。儿时熟之复之，不儿时思之味之，虽欲终视为小儿语，不可得已"①，益为嘉许。《小儿语》中，连对如何处理分家析产（"兄弟分家，含糊相让，子孙争家，厮打告状。强取巧图，只嫌不够，横来之物，要你承受"）、为人作证（"当面证人，惹祸最大；是与不是，尽他说罢。造言起事，谁不怕你，也要提防，王法天理"）等②，显非小儿幼时会面临或能做主的活动，亦谆谆告诫，为之指导，一则模糊了幼教蒙训与一般警世俚语之间的界限③，再则训幼儿以成人所需之伦常规范，是否实质上会将各个童稚未脱的儿童，堆砌塑造成了明清传记中常描述的"俨若成人"、举止毫无稚气的儿童④？如明末狂儒李贽《童心说》一篇中所叹被外在闻见道理所蔽而失却童真之心虚伪人士，尤足深思。《女小儿语》名为对女小儿设言，而实及持家为妇之道。⑤《续小

---

① 吕得胜：《临桂陈宏谋案》，《小儿语》，页1。

② 吕得胜：《小儿语》，页2。

③ 此界限在上节所引的《弟子职》及《居家杂仪》《童蒙须知》中，反倒相当清楚。盖行为上为幼者引，为劝者诫者，与对成人的期望，在其典范的规划中，是有明白之分际的。但《小儿语》的内容中，此训幼儿训俗的分野即因作者将二者视为一事，而混为一谈。《小儿语》中明以一人终生之言行为规范目标，而不限于对小儿之管教者，尚有争论。如曰："要成好人，须寻好友，引醇若酸，那得甜酒。与人讲话，看人面色，意不相投，不须强说""人言未必皆真，听言只听三分。休与小人为仇，小人自有对头""你看人家妇女，眼里偏好，人家看你妇女，你心偏恼"等。最有趣的，是篇中如"老子终日浮水，儿子做了溺鬼；老子偷瓜盗果，儿子杀人放火"，又如"干事休伤天理，防备儿孙辱你"，前者戒上行而下效，后者戒伤天害理而报应见于儿孙，然二者之中，所设而为言的小儿都是文中的老子长辈，而非儿子或儿孙。见吕得胜：《小儿语》，页2—3。

④ 李贽：《焚书》，卷3，页22—25。

⑤ 吕得胜：《女小儿语》（津河广仁堂，光绪七年版）。

儿语》以《小儿语》之续篇相期，实以裨世用心[1]，于立言立教之大要，与《小儿语》之基础无二。吕氏父子为晓谕幼童而作的《小儿语》《女小儿语》及《续小儿语》中可牵出的问题很多。譬如说当时人心目中的童年、塑型与性别属性的关系，尤其《小儿语》中所铺陈出来的理想男孩（或男子）模范，与《女小儿语》中营造出来的理想女孩（或女性）模范，其间的对照或差距，十分值得探讨。[2]此外，此训童之构想所反映明代士人对人生周期的看法，也可再做了解。即依此类规划，为未来成人后一生生涯做准备的儿童时期，在当时的观念里究竟带有如何的特质？童年阶段以后，对男性、女性而言，各自还将行过哪些阶段？由此训示性韵文中，都可得到不少信息。吕坤以《续小儿语》补缀其父得胜在训幼工作上之不足，其所以为生人遗珠之憾而待加强的部分是些什么内容，代表如何的含义，应该专文细究。倒是由上古而宋明，中国训示幼童的文献，由《弟子职》而为《童蒙须知》，进至《小儿语》，其对象及用语上"弟子"，而"童"，而"小儿"，似乎有日益低龄化和缩小具体范围之走向，是否意味着在概念上，其关怀之焦点亦有由受教之"弟子"转为一般之"童子"，终专注于家中之"小儿"，最是值得注意的事实，未来可辅以其他社会史、教育史素材，再做考察。

西方初论童年史者，常指欧洲近世之前略无儿童之概念，一般社会生活中成人与儿童同学而杂处。此等问题意识之引发，端在建立于启蒙之后人生及世界均将由野蛮走向文明之主张，而童年正代表文明未启的"快乐原始人"。传统中国之例子显示，对人生阶段性的认识（如《礼记》所言），未必代表以成人与儿童为截然有别之两种对立存在。人生非必为一单线前进而永不折返的过程。儿童中可能早有成人之影子（如"四端"说），成人中亦可能保留若童真之气质。另一方面，依幼医及幼教文献看来，中国的确早有儿童与儿童之概念，但在社会价值上，仍希及早将之变为成人，乃在多半情况下，视成人为人生主要目标与意义所在（目的论与功能式的看法）。儿童虽不是成人，但整个社会的努力在使之尽早变得"举止有若成人"，言行"俨如长者"。成人携之上道，幼者导之力行，就成了长幼之间"相互对待"（而非成人对待儿童）之基础。

---

[1] 吕坤：《续小儿语》（上海：商务印书馆，1936）之前言中，作者自谓是先君之命而作续篇，随即于文俗之辩后谓"儿自有不儿时。即余言或有裨于他日万分一，第恐小儿徒以为语，人徒以为小儿语也"。其为普遍警世之用意也明。

[2] Hsiung Ping-chen, "Girlhood in Late Imperial China : Notions and Facts" 对女孩童年及童年的性别差异，曾做考虑。见 Harriet Zurndorfer（ed.）, *Chinese Women in the Imperial Past : New Perspectives*（Leiden : E.J.Brill, 1999）。

2.《弟子规》

除了以道德伦常与行为规范为关心焦点的幼教性文献，及其背后作者，即所谓关怀教化者外，近世还有一些专论幼学方法的作品。其出发点，多以单纯而狭义的启蒙步骤立论，相对于教化者言，代表一群有现实任务的教育者之设想。近世此类谈幼学之专著，大抵又分两类：一在教导人如何做个好弟子，在论理想学童的塑形，如清初的《弟子规》，乃袭《管子·弟子职》之传统而作；二在教导人如何做个好蒙师，即对训蒙之道的讨论，如崔又尚的《幼训》、陈芳生的《训蒙条例》及王筠的《教童子法》，衍朱子《童蒙须知》、王阳明之《训蒙大意》等，而益重实际。两类述说中所隐含的对儿童约束而兼塑造之理想、同情又欲经营对儿童本性之假设，都有关系，而待解析。

《弟子规》一书，原为康熙间人李毓秀所著。[①]今见之刊本除有总叙明其旨外，随依《论语》标的，立"入则孝""出则弟""谨而信，泛爱众而亲仁"和"行有余力则以学文"四项纲目。以三字近韵文体为之，求其朗朗易诵，好借口耳流传。综览全文，有数端值得注意。一是四章中有三章在谈对弟子之道德伦常、言语行为等规范，仅最后一章在讲智力活动，谈读书学文。作者心目中幼者当学之事，仍以德行为重，而词章文字次之，并无王阳明所指近世训童者，多弃孝悌忠信、礼义廉耻之教，而务词章之弊，可见清初的幼教文化中仍有极重人品道德的一支，李氏《弟子规》之作代表此一力量之伸张。[②]二是此四分之三以上的道德教育内容中，对弟子恭敬长上之训诫（其实是要求子弟对父母的恭敬和顺从，故《弟子规》实为"子弟规"），原则上大抵与《居家杂仪》及《小儿语》中所示无异，唯设教之语气较为温和，规劝之内容亦更细微。不过基本上仍以为塾中的弟子或家中子弟，一切应视长上意旨为依归。不只须呼立应，命即行，教即听，晨省昏定，出入必告[③]，而且明禁任何个人意志之伸张，不允许幼者自己决定，亦不得拥有自己物品，连居止、职业均不得有异于家长的主张或随意更动。[④]

---

① 李毓秀：《弟子规》，光绪七年广仁堂刊本。助刊者贺瑞麟之序称，此书尝以《训蒙文》之名流传，经（山西）浮山贾存仁本斋删订，而出徐州刊本，以《三字经》体例为之。同治、光绪年间以今名重刻问世。

② 王阳明：《训蒙大意》，见《传习录》，卷中，页72。

③ 文称："父母呼，应勿缓；父母命，行勿懒……父母责，须顺承。冬则温，夏责清，晨则省，昏则定……亲所好，力为具，亲所恶，谨为去。"见李毓秀：《弟子规》，页1—2。

④ 原文除"父母教，须敬听；父母责，须顺承"的说法外，还特别明言"事虽小，勿擅为，苟擅为，子道亏。物虽小，勿私藏，苟私藏，亲心伤"；"出必告，反必面；居有常，业毋变"。见李毓秀：《弟子规》，页1—2。

　　问题是，即使在《弟子规》作者等倡导幼学者的眼中，在现实社会中这些须为子弟所依顺听命的亲长，并非全然完美或可靠。日常生活中大家身边的长辈不但会有憎恶子弟的情形——作者未言此类现象因何而起，亦未论其合理性或不合理性——而且可能犯过而不听规谏。然而遇到这些亲不善而子为难的情况，《弟子规》却要求为人子弟者单方面以其过人——至少是超过其父母——的宽容德行，与委婉巧妙的表情和言语技巧，去承其憎，陈其过，或者忍其挞伐之怒。作者宣称：

　　　　亲爱我，孝何难；亲憎我，孝方贤。亲有过，谏使更；怡吾色，
　　柔吾声。谏不入，悦复谏；号泣随，挞无怨。①

　　此类立场，与《居家杂仪》或《小儿语》等过去对子弟之单向训诫一脉相承，与孔孟为亲者讳及曲意承欢之大传统，初无大异。然质而言之，此类教训不但承认了相对于童幼而言亲长之缺陷，亲子长幼相处上常有的不理想状况和困难所在，而且进一步假设能弥补、挽回或成全种种伤痛和恶迹、劣行的，不是亲长，而在幼辈。传统训幼文献中，一向以此责求幼者，不咎承认，相对而言，幼者可能有——至少可以栽培或期望他有——超乎其亲长之智能、能力与涵容之德性。如果举之与传统文化中对幼者侍亲疾、助亲需②等日常生活上以幼济长的训勉并观，则训幼传统中对长幼表面尊卑之要求，与其对幼辈长者间实际长短盈亏之假设，以及事务面上孰长孰短、谁相让等问题联想，更要引发许多待人深思的问题。此为《弟子规》之类的文献所引起的第三方面值得注意之处。

　　光绪年间，无锡薛景清的重刊《弟子规》之跋语中，曾谓自己年少失时，及冠后从师游，师以《弟子规》相授。"口诵心惟，服其立言显豁，深裨童蒙。每一展卷，爱不忍释"，将之与朱子所辑《小学》相较，"则语语浅近，垂髫读之，易知易行"。求学本身，"立教之意，乃欲为人立终身范围，故所载兼成人之礼，不尽便于蒙童也"。因有"《弟子规》即小学之阶梯也"③之言。薛景清此处表达的看法，与近世许多关心幼学者相近，以为学做人或习读书，都应依人之年龄

---

① 李毓秀：《弟子规》，页2。

② 即"亲所好，力为具，亲所恶，谨为去……亲有疾，药先尝；昼夜侍，不离床……长呼人，即代叫；人不在，己即到……事诸父，如事父，事诸兄，如事兄"等。见李毓秀：《弟子规》，页2、4。

③ 光绪辛巳，无锡薛景清跋《弟子规》语，见李毓秀：《弟子规》，页12。

成长而分阶进行。人生"终身范围"之立，成人规矩之习，应是年岁渐长以后的教育内容。垂髫小儿，心智兴趣与年长者异，以蒙童为目标的教学材料，应取其用语浅近，择其易知易行。此等虑及初学小儿年龄之分际与心智兴趣发展之趋向，而为之特设合适进阶式的教育内容，在中国幼学传统中一直存在，宋代司马光《涑水记闻》的讲述中可见，明清以后的发挥更为细致，态度亦更趋开明务实。与幼教中较保守的一支，强调人生伦常之一贯，坚持童子均应尽早开始道德学术之途者，而不重视人生阶段性差异的立场，实代表对幼儿教育及对童年人生两种相当不同的态度。

3.《幼训》《训蒙条例》与《教童子法》

其实近世论蒙学方法者，不少在强调蒙学之重要与蒙师之难为时，均以启蒙阶段为未来弟子（或子弟）一生学问之基础。崔又尚的《幼训》起始即谓："为师难，为蒙师更难。蒙师失则后日难为功，蒙师得则后来易为力。甚矣，不可不慎也。"[1]王筠之《教童子法》亦倡"先入为主"之义，戒世上家长塾师不应轻忽。[2]不过实际规划起训蒙的方法，倾向开明者又多希望采进阶式设计，而不主张一路贯彻到底的教学方式。《幼训》针对不同年龄学童的教育——他所谓的"爱养"方法——各有清楚定见，以为：

> 教训童子，在六七岁时，不问知愚，皆当用好言劝谕，使知读书之高。勤于教导，使不惮读书之苦。若徒事呵斥而扑责，不惟无益，且有损也。至八九岁时，年方稍长，或可用威。若遇聪颖者，即如前法，亦足警悟。其或未觉，略用教答……至十四五岁，尤为邪正关头，正养中养才之候，循循诱掖，自当水到渠成。其要只在收其放心，勿使之稍涉家务外务，专心读书，不责自进。[3]

文中专就教导蒙童之手法——尤其是否应用扑责之威——为言，以教者应视学童之由幼而少，以松—紧—松之弹性方式，交互运用。然手法变换之根据，仍建立在六七岁、八九岁与十四五岁各群学童间，因年龄不同，而可能存在或

---

[1] 崔又尚：《幼训》，清康熙三十四年（1695）新安张氏霞举堂刊本，页1。

[2]《教童子法》章首即称："世之教童子者，只可谓之猎食，而父兄为子弟延师，亦以其幼也，而延无知之师。曾不闻王介甫先入为主之说。是自误也。"见王筠：《教童子法》，页1。

[3] 崔又尚：《幼训》，页1—2。

应予讲求之差异。

教导方法外，此等论幼学者对学童年龄差异所要求的教学内容上的安排，亦有缓渐进阶的主张。《教童子法》中说：

> 蒙养之时，识字为先，不必遽读书。先取象形指事之纯体教之……纯体字既识，乃教以合体字。又须先易讲者，而后及难讲者……如弟子钝，则识千余字后乃为之讲。能识二千字乃可读书……八九岁时，神智渐开，则四声、虚实、韵部、双声、叠韵事事都须教。兼当教之属对。且每日教一典故，才高者，全经及《国语》《国策》《文选》尽读之。即才钝，亦"五经"《周礼》《左传》全读之。《礼仪》(《仪礼》之误)、《公》、《谷》摘钞读之。才高者，十六岁可以学文。钝者，二十岁不晚。①

《幼训》中亦谓，五六岁的蒙童，"未脱孩心"，所谓就学，在根本不及识字以前，还须训练他最基本的"习坐，习静"的功夫。②到"子弟八九岁时聪明渐开"，识字已有相当的数目，才就其"每日所读之书"，与之"逐句讲解"。③陈芳生《训蒙条例》不但谓初学须注重"渐次简切"，以符循序而进之理，且直以"年学相筹"为训蒙之重要原则。"蒙馆中不可夹入举业之徒"。因为馆课有别，对幼者及少者之言亦不同，若混而授之，不但"徒令分其（幼者）见闻"，且"既难取精，必致两误"。④这种种有关训蒙之教育，教学内容和进度上都主张循序渐进。在蒙馆生徒之安排上，应依年龄、兴趣而分别成班。强调学童由幼渐长，在心智和理解上均有逐步发展的一个过程，教材和教学遂应拟之亦做适当的安排。基本假设，与中国最早《礼记·曲礼》及司马光《居家杂仪》中，对引导幼儿学习规矩和知识上之步步设计，构想上并无二致。⑤年龄差异外，这些幼教家还明言幼童才能性格上有"智"（或"高"）与"钝"之别，年龄可能只是一

① 王筠：《教童子法》，页1。

② 崔又尚：《幼训》，页5。

③ 同上注，页10。

④ 陈芳生：《训蒙条例》，清康熙三十四年新安张氏霞举堂刊本，页2。

⑤ 《礼记·曲礼·内则》，见《家范典·教子部》，《古今图书集成》，卷39，页9。司马光：《居家杂仪》，页333。亦可参见熊秉真：《好的开始——中国近世士人子弟的幼年教育》中对传统幼教理想之讨论，见《近世家族与政治比较历史论文集》，页204—206。

个学童学习进度的一般性外在指针，其实际领悟吸收能力仍须视个别差异而定。从这些讨论中侧面知道，此时他们所谓的蒙童，在年龄上包括五六岁到十五六岁的孩子。其实明清幼教论述中重阶段与分智愚等呼声之起，与那时期蒙童人数之不断成长，以及蒙学年龄之继续下降有直接的关系。正因社会上日渐增长的幼蒙人口，其长幼之间差距拉大，才使分段、分级的幼教不仅代表一种理想，而且演为一种日益普遍而迫切的需要。

近世论幼学的文字中，另一个值得细思的议题，是彼等在论教育内容及教学方法时，所示对幼童天性及童心本质的重新认定和解析。《幼训》中说童子：

> 五六岁时，方离褓褓，未脱孩心。眷眷堂前，依依膝下，乃其天性本真。[1]

明言幼龄孩童，因去婴儿期不远，有一特别之"孩心"，眷恋居室，绕人身边，是此"孩心"在行为上的表征。这表征所流露的，是一种孩童"本真"的"天性"。理想的幼学教育者的理想，即应以此孩心天性为基点，而为之设计。即便要塑其成器或引之上路，也须以此基础为起点，斟酌举措。此对天性与童心的剖析，及坚持以之为出发点的教导方式与内容的讨论，是明清幼学论述的突出特色之一。

《幼训》作者的看法，除了学童之心智状态，有年龄与智钝之别，须循序渐进并因材而施教外[2]，谈教书宜口传或目识时，也说书忌口传，因为"儿童止用口耳，不用心目"，不看书认字，而只滔滔背读，常使之茫然不知所诵。[3]儿童对听读或声音（及形色）的反应，领先且敏捷于文字及智识，古今幼教幼学论者常有此共同发现与认定，可引出各种因应之策，崔氏鉴于近世幼教单重记诵而不求理解，要求塾师负责讲解，而以重视幼儿目识能力之发展立言，以之为盲目的口耳相传之旧习相对，整个论点之形成有其特殊环境背景。但对幼儿口传目识、对音与形之掌握开始专注讨论，才是值得重视的新现象，其意涵发挥所及将不止此一端。

《幼训》中还说，幼教者不但须视学童个别情况，善用鼓舞之法，赞扬愚钝

---

① 崔又尚：《幼训》，页5。
② 崔又尚：《量资循序》，《幼训》，页2。
③ 同上注，页7。

者，鼓励倦怠者[1]，也须明施赏罚——作者建议以纸、笔、扇相赏，而以立、跪、责立罚[2]，更要蒙师以"不假言笑"，保持距离，制造威仪，以加强平日教训时学者因惧生戒之果效。谓：

> 生徒往往不服（扑责）者，何也？以稍假言笑耳。平日师生间谈家常事，馆外事，问答嬉然，褻矣。虽复威之仪之，无庸矣。故除讲贯教训外，不交一言，不示一笑，为立教第一关。[3]

若谓当时仗以激活学童者，只是恐惧而不在愉悦，加强学习果效的，单仗威逼强迫，而无诱导携引之助，亦不全尽然。近世议幼教幼学者中亦颇有重奖掖诱发为重者。重奖掖提携的努力底层，仍有视学习读书为苦之伏流。不以受教育完全是合童心好奇天性之趣事，教育者亦无须将依学童需要与益处而制定之教学内容均化为引人雀跃之方式呈现。施教时严求苛责，多仍视为必要——姑不论是必要之善，或必要之恶。"教不严，师之惰"，终清之世显然仍是社会上占上风之尺度。终归究竟，不论是否适合儿童需要，或实际上的成果如何，严厉是公认理所当然的施教方式。以拉开距离，制造陌生，与强化畏惧，增加受责受教者心理所承受之威慑，迫之屈从。幼教上的严师、家训中的父权与政治之极权，其背后基本预设实出一辙。

《训蒙条例》除原则上主张"量资授读"、因材施教外[4]，对童子天性与童心本质之描述，不如《幼训》乐观正面。文中要求塾课尽量全年无间，所举的理由是："盖童子未有定见，心易放难收，出馆一日，便当数日心相气浮。"所以蒙师最好不缺席、不断课，"诸徒亦不得探亲友、赴筵晏"[5]。对童子此无甚定见、易放难收之心，虽未必反之为劣根性，亦不以其为天真不拘、可掬可爱，甚或有益学习的一种生性或气质。作者并未如李贽般将此性情与成人或他类人相较，对童性童心做任何特别的认定或分析，只予以一般性的描述和假设。同文另段，作者以为蒙师最好谢绝访客，所引之理，也是成人谈的常关"天人性命之学，与蒙童无与。且师与客谈而欲诸童之耳目无他，及本课之一无所荒，势

---

① 崔又尚：《量资循序》，《幼训》，页3。
② 崔又尚：《赏罚》，《幼训》，页3—4。
③ 崔又尚：《不假言笑》，《幼训》，页3。
④ 陈芳生：《训蒙条例》，页4。
⑤ 同上注，页1。

有所难"①。一则隐指童子与成人有兴趣和知识范畴、谈论话题上之差异；再则又说旁有谈话走动，任何人都难不分神分心，废弛关注。蒙童固然易受干扰影响，蒙童之外的任何人未见不然。无论如何，类似说辞，对童心及人情其实都有其特定预设。明清此类议论，大致二属。有循阳明良知说，及江右学派及异议者如李贽等的说法，代表挑战传统的一方，强调人性本善。童心因最近人之本性，其特有性情气质遂应最为可取，成人常受世俗礼教人情之污染。以成人而塑孩童，一如以污清源，只有适得其反。此等说法，概念上可溯及道家及孟子人性论对童心稚情较正面、欣赏之态度。另外，循传统儒家保守主义与程朱理学之假设，对人之终需教诲，儿童之必仗（成人）教导塑造，持强烈而坚持态度，代表当时的主流势力，与荀子之人性论和法家之立言，实多相通之处，对童性与童心怀一较负面、悲观之看法，不以存其童真为意，而将成人主动教育塑造儿童视为社会传承之必须当行。由明而清，幼教与儿童论述中执此二端者，交织反复，是社会力的一种流露，亦与思想和政治上面的松紧互动、寻求解放与加强固持等种种不同的面相与动力，有其内在的联系与关系。

《教童子法》对童性与童心，也有一番描绘和讨论。其要求塾师必为童子讲解所读之书，说："学生是人，不是猪狗。读书而不讲，是念藏经也，嚼木札也。"②还注意到"小儿无长精神，必须使有空闲"③。幼年蒙童注意力不长，却智力活跃，需要理解，重栽培浇灌④、诱导鼓舞⑤，必须以主动启发方式教导，引发其对读书求知的兴趣⑥，不可单用驱使责打⑦，迫其就范。表达的就是近世蒙训论者中较自由开明的一种，对童心及儿童的处境也有较正面的同情、乐观的认定。⑧

与对童性童心看法相关的，是近世幼教幼学文献中对成人对儿童的威逼、

① 陈芳生：《训蒙条例》，页2。
② 王筠：《教童子法》，页1。
③ 作者的构想中，是以告知典故（死典故和活典故）以排遣利用此之空闲时段。同上注，页2。
④ 曾说："教弟子如植木，但培养浇灌之，令其参天蔽日，其大本可为栋梁，即其小枝，亦可为小器具。"同上注，页4。
⑤ 有曰："孔子善诱，孟子曰教亦多术。故遇笨拙执拗之弟子，必多方以诱之；既得其机之所在，即从此鼓舞之，蔑不欢欣，而惟命是从矣。"同上注，页7。
⑥ 曾谓："人皆寻乐，谁肯寻苦。读书虽不如嬉戏乐，然书中得有乐趣，亦相从矣。"王筠，前引书，页1。但近世少论幼学者，均执意认定读书求学对儿童而言，是件苦差事，如《幼训》谓如何使蒙童"不惮读书之苦"，是蒙师之责。见崔又尚：《幼训》，页1、4。
⑦ 作者多番表示对责罚式教育之不能苟同。见王筠：《教童子法》，页4、7。
⑧ 王筠常设法以学童之立场为出发，作同情之论。如尝以父兄塾师多教时文，而不令学童读史，使"佳子弟多有说不出口底苦，为父兄者亦曾念及乎？督责以时文排律，白折红行，捷南宫，入翰苑，父兄泰然以为善教矣。敷奏一事，则时文之法不能达其所见也。自恨读史之不早也"。同上注，页4。

强迫乃至体罚的议论。此与其对儿童本性的看法，以及衍生出来的成人对儿童之对待与教育方法，威胁扑打的合理与否，此类手段是否有效用，及其道德上的是非对错，都是当时谈育幼及幼教问题者随身可及而不能不理的问题。有些论者以为，强烈的责罚不是不能用，但使用时应考虑孩童之年龄及其个别差异。如《幼训》认为，"教训童子，在六七岁时，不问知愚，皆当用好言劝谕"；"若徒事呵斥而扑责，不惟无益，且有损也"[1]。但"至八九岁时，年方稍长，或可用威"，尤对警悟心不高的学童，可"略用教笞"。但也不能经常体罚，"在一两月或半年一用，方可示威，若久用不止，则彼习以为常，必致耻心丧尽，顽钝不悛矣"[2]。待学童更长，"至十四五岁，尤为邪正关头，正养中养才之候，循循诱掖，自当水到渠成"，"专心读书，不责自进"。[3]所以六七岁幼龄者，不适扑打，及十四五岁少年人已不需严责，只有中间八九岁的学童有时得以笞为教。不过作者本身对扑打责罚的看法，也有不完全一致的地方。[4]一方面提醒为人父为人师者，"宽假其辞色"，"用好言劝谕"[5]，尽量以诱导方式引动幼童学习动机，动用体罚，也要考虑子弟之智愚不一，体罚方能有效；另一方面，又表示聪颖者往往勿庸责罚，愚顽者扑责后仍须加劝，方能知悔，至于下愚者，虽扑责亦不见得有用。[6]

　　《教童子法》则根本不赞成以体罚为施教手段，以为其与强迫性教育一样，大抵属无效工具，"钝者或俯首受驱使，敏者必不甘心"[7]。用勉强的方式逼学童就范，就像曲木为几，常断其生机，"执夏楚而命之"，其实是施教者的一种罪

① 崔又尚：《幼训》，页1。

② 同上注。

③ 同上注。

④ 如同书在稍后谈"讲堂"时，又称："子弟八九岁时，聪明渐开。当随其每日所读之书，即与逐句讲解……盖心之虚灵知觉，人人完具，第患开关启钥者之无人。聪明乃蔽耳。兼以师之不善教者，止事扑责，徒张威势，适足以锢其灵机。何能开豁其慧性。"似乎又不赞成对八九岁之学童动用扑责。同上注，页10。

⑤ 以"上之动以圣贤德业，次之动以功名富贵，再次之惕以利害祸福，子弟即至愚者，日聆嘉言，必能警悟，自寻向上，甘心愿学也"。又曰："愿为父师者，教子弟，只费自己口舌之烦，讲贯之详，督课之勤，兼以自己持身之庄，出话之正，子弟见之，自然知悚。断不在恐吓责扑间也。"同上注，页2、10。

⑥ 谓："先辈教子弟，遇聪颖者，单用善言警语，往往不苦而自成。即遇愚顽，亦加扑责，扑后仍用好言劝谕。亦每知悔而能新。不然者，则下愚不疑，虽扑责之，无益也。"同上注，页1—2。

⑦ 王筠：《教童子法》，页1。

过。①日以处罚为事者，不只对弟子，对为师者亦是痛苦，而且是一种没有果效、无谓之折磨。②此类主张追根究底都与作者对童子良知良能在哲理上之认定，与其对教育理念上的体会，有绝大的关系。

三、属于儿童的经验与世界

无论持如何态度，主张何等价值，施之如何之待遇，从成人塑造教导儿童的议论性素材中，我们只能知道近世中国儿童外在环境及外塑性因素的一部分，而且是从成人——儿童之外的"对方"——的理论假设出发营构出的一个理念上的世界。至于真实生活中，儿童实际的境遇及经验如何，或者终究而言，历史上还能不能挖掘或"恢复"当时属于儿童本身的一个物质上、精神上、心理上的世界，虽然少人尝试，无人知晓，却更为关键。

过去中国有关儿童在幼年时期的一些记录，多假设其成长过程中的成人——父兄、师长、母姐、亲戚——为形成此过程之主体。西方少数有关童年史的论著，亦多为某种现代版概念引导下所延伸出的一些成人社会有关儿童或处置童年、对待儿童的一种"成人论述"。说成人对待孩子之态度，谈社会所持的童年概念，归根究底，均假设儿童不过是一个被对待、被揉造的对象，未尝考虑到儿童或者童年也可以有其自发的一面，可能本身是一个自变自动的主体，而不只是一个因变量，自存在以来即与其周围人群环境互为作用，与年龄长者之地位、影响力容或有异，但在现象本质上并无二致。而过去历史文化上，以成人为中心的论述，充其量不过是一种特定眼光下的叙事，一种有立场的记录，一个未经仔细检验的大胆而主观的假设。这个假设与过去儿童确实生活的机制与世界未必一致，也不代表实际上童年——其与成人或任何人的相互对待——的经验里没有主动的一面，不也是一个主客体之间不断流通互动的过程。

---

① 原文谓："今之教者，欲其为几也，即曲折其本以为几。不知器是做成的，不是生成底。迨其生机不遂，而夭阏，以至枯槁。乃犹执其夏楚而命之曰，是弃材也，非教之罪也。呜呼，其果无罪耶？"见王筠：《教童子法》，页4。王筠其实是幼学者中少数直言教育非皆为童子主助，亦有污蔑其心性，而伐害学子之可能。彼于论教文不当时曾谓："然以一字不讲之胸，即读俗不可耐之文，庸能解乎？费尽师傅蛮力，使之能解。钝者终身于此，芹不可援。敏者别读佳文，夫费数年之功，以粪浸灌其心，又费数年之功，以洗濯其粪，何如不浸，而无庸洗之之为愈乎？"同上注，页3。

② 曾谓："（教者）若日以夏楚为事，则其弟固苦，其师庸乐乎？故观其弟子欢欣鼓舞，侈谈学问者……则笨牛也。其师将不同。"文中不但不以体罚为然，且假设学习或教育可以在快乐引人之方法和状况下进行，其实是近世论幼学中之异数。同上注，页7。

（一）互动

中国传记式的材料中，并不常留下儿童生活之记录，尤少年童年经验之点滴细节。不过到了近世，可见的有关个人童年的资料数量渐增，反复推敲也可使之流露出一些让人低回的信息。譬如文献中常及成人亲长的待儿之道，或及其养，或言其教，或谈其罚禁，或论其塑造，表面上似均拟想任何情境中之儿童正安静而顺从地等着被"对待"，实则再一细察，就会发现，无论是养或教，是罚或造，幼儿很少真似白纸一张，或是一团没有主见、被动、静止地待人揉造的泥土。因而，我们再细读近世记儿童之茁长，常反复陈述父母亲长养育之辛、照拂之力，母亲的哺乳育儿之苦，亲人护幼养长之不易，这一个个说不完的故事[1]，反复述说的、表面的信息固然是欲使此亲恩永铭，引当事者还报，使后人永远追念[2]；然而，略一转换角度思量，乳哺育养有其不易，除开当下客观环境条件外，关键之一，在于稚幼如婴儿者出生时似已有其脾气，有其个性，有某种主观之好恶与具体之意愿。这种个性和意愿，连尚未言语的襁褓之婴，早已具存，而且也有办法表达，事实上正在伸张之中。这些婴幼儿童啼哭挣扎、嬉笑静卧之间所表达的意愿不但左右着成人养育方式上的日常抉择，也一直是影响其不断与生存环境互动的一个因素。徐蕭婴幼时，家人为他"觅乳媪，不称意，久得孙氏乃安"[3]。岑毓英周岁前丧母，祖母以粥哺之，是因襁褓中的他拒绝接受任何他人代乳。[4] 汪康年乳于佣妇乳的情况很不理想，以致母亲生下面两个弟弟，不再考虑雇用乳母。[5] 这些觅乳挫败的事例，固然可能代表家长对所择乳母条件不合意，然而受乳婴儿的不肯接纳也是明显的因素。邵行之幼时失乳，祖母为他觅乳媪代乳，传记中说是经过"十易保母，乃得乳"[6]。强烈暗示，婴儿的反应，与其拒绝或接受的态度，是不断更换应征人选，以及最终得某一选择的主要原因。至于过去传记中提到不少婴儿拒乳、拒食的例子，传统中国医书

---

① 可参见熊秉真：《传统中国的乳哺之道》，《"中研院"近代史研究所集刊》，期21，1992，页141—145；及 Hsiung Ping-chen, "Constructed Emotions : The Bond Between Mothers and Sons in Late Imperial China", in *Late Imperial China*, 15：1（June, 1994），pp.89—100。

② Hsiung Ping-chen, "Constructed Emotions : The Bond Between Mothers and Sons in Late Imperial China", in *Late Imperial China*, 15：1（June, 1994），pp.101—110。

③ 徐蕭：《清畋帚斋主人徐蕭自订年谱》（台北：商务印书馆，1978），页3—4。

④ 赵藩：《清岑襄公毓英年谱》（台北：商务印书馆，1978），页7—8。

⑤ 汪康年：《汪穰卿先生传记》，页10。

⑥ 据邵行之：《五世行略》；邵国麟：《念鲁先生本传》；及姚明达：《清邵念鲁先生廷采年谱》，页9。

中所一再提到的许多年至四五岁、五六岁，"当断乳而不肯断者"，医籍中所流传的所谓"断乳方"，近世传记中偶然留下的实际上年及六七岁，甚至九岁还在吮乳的孩童[1]，都在在透露，乳婴在乳食上发生困难，除了生理上的原因外，婴童本身主观上的意愿是一大因素。断乳有易有难，代表婴幼儿在乳哺习惯及恋母恋乳倾向上有个别差异。这种种的表现，资料上说当下就构成爱养他们的成人的困难，但事后仔细思量，未尝不也显示出即使表面上柔弱依赖、尚未言语、少能动作的婴童，其实不见得就没有，或不能表达其个人意愿，乃至发挥影响周遭人群与环境的力量，更不见得只能被动地受人抚育，而不是不断地在影响着抚育他的大人的一项无法忽略的事实，一股不能完全否认或抹杀的力量。

幼儿之自有意志，从亲长教导彼等之过程中，更可见端倪。即便用最形式化而受辖制的资料来源谈起，以近代士人家庭为例，尽管家长如何费心经营，赶早启蒙，太多的传记文献告诉我们，绝不是每个幼儿都是凤慧天成、乖巧听话、按部就班、亦步亦趋地跟着父母师长的训诲，勤敏上路。而那些让父母头痛、受师长诫责的孩子，载记所谓"不敏""不慧"不一定都是单纯的智力不及。许多当时父母口中的顽童劣儿、师长眼中的迟钝不上进的学童，其实明明有其他兴趣，潜有一些当时环境下所不受欣赏的性格、不被鼓励的才能。那些某一段时间内曾让亲长忧心的"问题儿童"，常不过怀有某些特别嗜好，不为当时价值所推崇接受。例如近世严格的礼教文化下，社会不准观小说、戏曲，连诗歌、史书的爱好对想督促子弟钻营举子业的父母师长而言，都是该苛责严斥的"违禁品"。张煌言九岁左右仍好诗歌，父"虑废经史，每以为戒"，但终不能全泯煌言私下"犹时时窃为之"的事实。[2] 邵行中的祖父在行中幼时管教他，"非儒者之书勿使见"[3]。至于伺父外出、启箧潜观史书的七岁的方苞[4]，窃观《三国演义》而遭父痛责的殷兆镛[5]，早私喜楚辞而总自恨不能"多读未见之书"的幼时

---

① 朱震亨：《断乳方》，《丹溪先生治法心要》（台北：新文丰出版公司，据明刊本影印，1982），页913。
寇平：《全幼心鉴》（台北：鼎文书局据明刊本影印，1976），卷2。
王肯堂：《断乳法》，《古今图书集成》，卷422，页34。
龚廷贤：《断乳》，《寿世保元》（上海：上海人民出版社，据明刊本影印，1989），页518。
孙一奎：《断乳法》，《赤水玄珠》（台北：商务印书馆，据明刊本影印，1983），卷25，页57—58。
② 赵之谦：《张忠烈公年谱》，页8。
③ 姚名达：《清邵念鲁先生廷采年谱》，页14。
④ 苏惇元：《方望溪先生年谱》，页42。
⑤ 殷兆镛：《殷谱经侍郎自订年谱》，页9—10。

的王闿运①，他们所代表的，可能只是无数自有偏好，而不得满足不受赏识的士家子弟中之少数。如果这些"顽童""劣子"直接告诉大家孩子绝非一张任人涂抹的白纸，那么那些据载柔顺依从的儿童是真的天性，自动如此吗？或者都经过一些不足为外人道的曲折和搏斗？甚至最后他们服帖优异的表现，竟也可能是某种装点、修饰、虚掩、扭曲后的结果？

　　社会中下阶级及农村家庭的儿童，个人意愿与外界要求的冲突，多半不在好学不好学，读不读禁阅书刊，而在于他是不是听话学乖，稍一过滤，大家的脑海中莫不掠过各个所谓行为上不老实不规矩、顽皮闯祸的儿童。罗思举（1764—1840）出身于一个普通的农村家庭，三次因嬉戏落水，虽均获救，却遭家长痛打。②

　　朱子虽要求——多半是士家——子弟"勿近喧闹。勿为赌博、笼养、打球、踢球、放风禽等无益之事"③，崔又尚的《幼训》也诫"擒虫、践蚁、折花、作顽"④，但是连记载里的士家子弟也禁不了爱玩爱闹之心。除了《婴戏图》《货郎图》《扑枣图》等描绘着当时儿童日常活动及活泼好耍的一面，《闹学图》等展现顽童促狭的乐趣之外，司马光幼学同伴戏于院中，友童不慎落缸的故事⑤，是众所熟知的一个插曲。类似传记性的材料中说幼年的周敦颐以钓鱼为乐⑥；小时的徐光启喜于雪中捉雉兔⑦；孔尚任（1648—1718）幼时爱摘棚上葫芦为乐⑧；陈澧五岁时还与姐嬉戏不已，弄鸟观鱼，看百戏竞作⑨；徐溥舅父赞赏其是一个喜好歌吟的孩子⑩；吴承恩描动物于粉墙之上⑪，都在表明这些日后的名人，幼年时显然未见得均恪守当时好静不动的幼教理想，也未必均引起家长剧烈之纠正。传统中国礼教文化之下对儿童嬉戏问题的态度与处理，看来是一个内情相当复杂的世界，主流文化之外，可能有不少次文化存在，阶级与地域的差异也是不能忽略的因

---

① 王代功：《湘绮府君年谱》，页9—10。
② 罗思举：《罗壮勇公自订年谱》（台北：广文书局，1971），页11。
③ 朱熹：《童蒙须知》，页12。
④ 崔又尚：《幼训》，页4。
⑤ 陈宏谋：《宋司马文正公年谱》，页2—3。
⑥ 张伯行：《宋周濂溪先生敦颐年谱》，页1—2。
⑦ 梁家勉：《徐光启年谱》，页37。
⑧ 陈万鼐：《清孔东塘先生尚任年谱》，页16。
⑨ 汪宗衍：《陈东塾先生年谱》，页3—5。
⑩ 徐照：《明代大政治家徐溥年谱》，页9。
⑪ 苏兴：《吴承恩年谱》，页3。

素。徐鼒幼多病而好嬉戏，且喜与兄弟捽跤，为父笞责。[1]汪辉祖口出玩笑之言，也遭祖父痛打。[2]这些好玩好乐、遭斥遭打的孩子，显示幼教的规范一直是一个高悬的理想。即使历史上被举为可敬可佩的人物，童年时未尽是幼教的模范。而各个不尽模范的孩童，隐约之中也诉说着由孩子所牵动——或者至少不全是成人牵动的——童年世界。

幼诫中其他的要求，及其与现实之间可能存在的落差，显示的也是同一个理想与事实的对照。朱子说，子弟最好"饮食有则食之，无则不可思索。但粥饭充饥不可缺……勿争较多少美恶"[3]。吕得胜说小儿应学清心寡欲，勿求华服美食，戒儿"饱食足衣，乱说闲耍，终日昏昏，不如牛马"[4]。《弟子规》称饮食勿拣择，适可而勿过。[5]崔又尚的《幼训》要幼者食粥为主。[6]而传记中不免提到的贪吃争果的孩童，一方面表明了传统教训之难于实践，因而高贵理想、模范者自是难得而可佩，另一方面似乎又流露出对好食觅食之童心稚情之艳羡与默许。司马光幼时与手足谋破核桃[7]，邵行中八岁访外祖家时在祭礼中争啖果枣[8]，除了更近真情，也展现出某种幼儿自然之性情，可恼之外亦有几分可掬可爱。食物若不诱人，成人也不会以青豆、蜜蜂诱其识字，或赏其向学，如夏敬渠父亲[9]与牛运震祖父[10]对儿孙的纵爱与挑逗。

论幼教者又言，初蒙幼童，孩心未脱，进学之初，应先要其习坐习静。[11]事实上，训练子弟成就一副好静而不好动的个性，不过是近世许多士人家庭汲汲努力而未必成幼的目标。[12]"生而凝重，不嬉戏"如鹿善继[13]，或"自幼雅不乐于

---

① 徐鼒:《清敝帚斋主人徐鼒自订年谱》，页5—6。

② 汪辉祖:《病榻梦痕录》，页8。

③ 朱熹:《童蒙须知》，《古今图书集成》，页12。

④ 吕得胜:《小儿语》，页2。

⑤ 原文称:"对饮食，勿拣择，食适可，勿过则。"见李毓秀:《弟子规》，页4—5。

⑥《习饮食》一篇，对饮食上的教导以清俭为尚，且极重长幼之别，如"饭时，先淡食数口，然后用腐。添碗然后食荤。晚食用酒，请先长成者陪。幼者令先食粥。食必告，或间数日与之饮，饮必告"。见崔又尚:《幼训》，页5。

⑦ 陈宏谋:《宋司马文正公年谱》，页2。

⑧ 姚名达:《清邵念鲁先生廷采年谱》，页9—22。

⑨ 赵景深:《夏二铭先生年谱》，页13。

⑩ 蒋致中:《牛空山先生年谱》，页3—4。

⑪ 崔又尚:《幼训》，页5。

⑫ 熊秉真:《好的开始——中国近世士人子弟的幼年教育》，《近世家族与政治比较历史论文集》，页232—235。

⑬ 陈铉:《明末鹿忠节公善继年谱》，页2。

流俗，性颇湛静""怡然自得"如黄道周①之所以突出，就在于大家都承认这类幼童毕竟不在多数。传统传记种种"俨若成人""不与群儿戏"等的颂扬，除了为圣贤塑一始终不凡的典范之外，实亦不咨点明，那些用以烘托出此似真还假的标准孩童的背景之下还有一个真实世界存在，是那些窗外嬉戏玩闹不已，绝大多数正常而较不合理想规矩的同伴。说尹会一五岁之幼，即"不与群儿戏"②；说马新贻幼年"性沉默，不好嬉戏"，读书塾中，遇达官贵人过，独一人危坐自若③；说王鑫于"诸童或于哺时游息，独不出"④。稍一细想，不也就等于公认他们那周围笑闹玩乐的伙伴代表的是当时儿童之另外一面？如果我们认真追问起来，到底是那孤坐伫立一角的小孩，还是他们周遭嬉笑动跳的庸泛之辈是多数童年的写照？从典范之建立而言，如果没有好动好玩的寻常孩童，魏源之"幼寡言笑"，五六岁还"常独坐"，甚偶出家门，即为群犬吠。⑤曾国藩之自幼静如处子⑥，其突出与神异之处何在？至如像崔述，自能走路以后，父母亦步亦趋，"不使与群儿戏"⑦。像汪辉祖，好踢球而为家长严责⑧……就更生动"招认"了那些陪亲性的"群儿"可能更接近孩童原本的意向，而那为成人赞誉、立为后世瞻仰的超标准儿童，他们代表的在许多意义上只是反映当时主体价值观的一个影子罢了。

种种例证所流露的种种消息，意义不一。近世训俗与幼训论著中高揭的幼教理想或标准儿童，与日常生活、个别案例中所显示的真实儿童与童年，其间之距离，固为其一。再者，所有的反证与他证（那些明知而未依古训教儿的家长，或不知依还未依，结果儿童未必不成的家庭），与号称依模范育儿训儿教养成功的正例（自称如此，或被营造而成，在无其他资料相佐下，虽不能一概而论，常只能笼统言之），综而观之，显示传统的幼训类文献，对社会民众固有若干约束力，却无法完全地左右控制。当时此等训诲文字本身常叹世上儿童及家教风

---

① 叶英：《黄道周传》，见《台南文化》，卷6，期1，页29—30。

② 吕炽：《尹健余先生年谱》，页22。

③ 马新贻：《马端敏公年谱》，页12。

④ 罗正钧：《王壮武公年谱》，页6。

⑤ 王家俭：《魏源年谱》，页2—3。

⑥ 原文为："公幼小时状貌端重，自初生至三岁，庭户不闻啼泣声，母江太夫人勤操作，不恒顾复，每日依祖母王太夫人纺车之侧，花开鸟语注耳流眄状，若有所会晤，王太夫人尤奇之。"黎庶昌：《曾文正公年谱》，卷1，页6。

⑦ 姚绍华：《崔东壁（述）年谱》，页2。

⑧ 汪辉祖：《病榻梦痕录》，页10—11。

气"低下""不符礼教"①，并以此不尽理想的"现况"为其加强训导的出发点与编撰资料的动机所在。彼所谓违礼之教，与传记中所载不少实际上不吝于赞美、不赖于亲昵、不强求严责、不完全依从古训典范进行幼教的家长，不但代表幼教在议论文字中固有不止一种看法，而且真实家庭生活中更可能向多元多样之发展。幼教与训俗文字本为士人阶层所作，多亦以士人子弟为其设想对象，但即使士人家庭中对待儿童的态度仍然宽严不一，教导孩子的方法，形形色色均有。此为其二。更重要的，是在这些有主流但无定规、林林总总的教儿方式与育儿经验中，较开明的成人（或逢不得已的情况）对处置孩儿日常琐事在原则上既怀有相当之弹性，实际上视环境而定的措施中，更透露了生活层面上，过去中国的幼儿不仅不说是完全无个别意愿的小人，从历史记录上看他们也不是未留独立（有别于外在、环境或他人）痕迹的一群。这些儿童生存的时代与社会，不是一个近代意义下尊重儿童、以儿童为中心的社会，但是我们也不能拘于现代眼光，指当时儿童为完全被动、被措置的一群，没有某种"主体性"存在。在历史上的空间中，儿童与成人显然一直存在着一种彼此互动且与外在环境互动的关系，其互动性之强弱良窳容或有别，但儿童之真实存在状况，不该是此互动二元关系中被略去的一面，因为作为一个个个别的参与者，作为整个社会中比较幼小的成员，他们之生存经验，不只是反映了一个时代的一部分面貌与态度，而是人体整体的生存经验，少了这一部分信息，就成了一个断了的锁链，没有幼年者的存在与活动在其中，没有长幼之互动相连在内，许多对社会生活、历史变迁的解说变得高悬而不切实际，残缺而不完整，片面而强执一端。

（二）相待

一如成人与儿童之互动，儿童从未只是一种被对待的对象，而没有其自动自主地对待成人的时候。成人之待儿童，母亲养之育之，父兄诲之教之，不过是大家熟悉看待此关系的景象，或者大家习惯描绘理解此现象之角度。孩子之对待成人，或二者间的相互对待，则是过去大家不太留心、也不习惯着眼的立场。

传统时期，中国以家庭为主要社会单位，家庭成员长幼之间多半需要休

---

① 《训蒙条例》论"习幼仪"时，特别喟叹当时富家子弟之骄纵，全无规矩，以"洒扫应对进退，无一非齐治平之道，童时习此，便有格致诚正修工夫。孔门富贵子弟多有，而事其师，尝服仆从之役，即是道也。今之富贵者，其子弟几欲吃饭不必亲举箸，况于《曲礼·内则》等义，师亦安得而语焉。矜傲骄夸，习与性成，学业从可知已"。见陈芳生：《训蒙条例》，页3。

图7-4　**相倚互生**　长虽抚幼
携幼，中国古训中也强调长幼
有序。但在日常之生活，幼常
助长，少老之间有很严密的互
生关系。而且幼者为长者人生
意义，家族生命之所寄，并非
纯然的被养与受惠者。图中示
二十世纪初戏子之儿凝注父亲
吸食鸦片（不久随之），画匠笔
指桌下孩娃，暗示了这种长幼
中上下两代之间的相倚互生、
交织互动，共成人生之情态。

戚一体、共生共济，众所皆知。家长之哺婴抚幼，养长教育之，却总是陈述此
共处关系的一面之词，其中容或带有几分怜恤，其实更在对家族宗祧尽一份责
任。此相互依存、共同归属的情况，长辈心知，幼辈未尝不明。戚继光（1528—
1588）幼时据称喜着丝履过庭前，父亲诫以好奢成性，将来若侵贪公饷，难免
败坏家庭声名。[1]更多的儿童表示其自幼努力的目标在完成父母心愿，博得亲长
欢心，振兴家产声名。何翙高（1865—1930）幼时即知父亲盼他高得科第，自
己全力以赴，即因"念舍此无以博父欢"[2]。汪辉祖成了孤儿以后，其继嫡母和生
母动辄泣下垂训，以"儿不学，必无以为人，汝父无后，吾二人生不如死"[3]。无
论是好自为之，勿辱其亲，或者勠力向上，以邀亲欢，孩子似乎都了解，也接
受自己和长辈共属一家，须得相依互助的事实。此共同传承之责和互赖的实质
关系，似乎不须耳提面命，也不必诉诸言语，就会自然发生效力。依传统传记
论述之理念思路，在日常谋生之艰中，孩童的表现一再显示他们对成人处境之

---

[1] 谢承仁：《戚继光》（上海：上海人民出版社，1959），页6—7。

[2] 吴天任：《何翙高年谱》，页4。

[3] 汪辉祖：《病榻梦痕录》，页7—11。

体会和所属大团体的认同。段锡朋（1896—1948）幼时家贫，曾出外借贷。[①]农村子弟如蔡廷锴（1892—1968）[②]、何廉（1895—1975）[③]等自幼即与父祖一同耕种，参加生产。幼儿如薛光前（1910—1978），眼见父亲酿酒业受兵乱破坏，立兴责任重大之感。[④]至于孤儿亲睹寡母受苦，与之共同挣扎、甘苦与共的经验，使母亲艰辛长植儿心，二人紧紧相连，日后孩子所活的生命中，可能永远带着一部分母亲的感受和意愿。[⑤]

尤能显示儿童与成人相对待之关系的，是儿童对长辈的所怀之担挂，所予之照顾、帮忙，和所有的谅解与鼓舞。近世传记材料中固布满了双亲对幼儿的护惜与操劳，其实也不缺孩子对成人的忧虑与顾念。最明显的，是年幼者之惧亲死与忧亲疾。近代以前的人口结构（男女平均寿命均不及四十岁，加上结婚率相当高，生育子女数目多），使中国儿童幼年丧亲的概率相对增大。[⑥]然当时家长对儿童精神与物质双方面的供应，以及儿童情感世界之营造，使得幼年丧亲——尤其是父母——者，心情承受沉重打击。[⑦]归有光（1507—1571）追忆其母时，谓八岁丧母当时，茫然不识家中发生之大事。待年稍长，思念之情日增，暇时总央求亲戚家人为讲往事，遇家中老媪谈母亲生前琐事时，又常不禁为之泣下。[⑧]翁叔元六岁时，一天自外归，见父仰卧于地，母哭于旁。数度追问，近按父面，又不动，"乃大哭，曰爹不醒矣"[⑨]。至于像七岁丧父的夏敬渠追忆举丧当时自身孤零，母亲产后披麻，初生的妹妹无人怀抱等的凄惨。[⑩]或者五岁丧父的刘宝楠追述母亲在顿衰之家道中如何茹苦抚育、严厉教导——"儿行以母手，

---

① 段永兰：《我的父亲》，《传记文学》，卷3，期4，页26。

② 蔡廷锴：《蔡廷锴自传》，页12。

③ 浦薛凤：《记何廉兄生平》，《传记文学》，卷27，期4，页27。

④ 薛光前：《困行忆往》，《传记文学》，卷32，期5，页46。

⑤ 参看 Hsiung Ping-chen, "Constructed Emotions : The Bond Between Mothers and Sons in Late Imperial China", in *Late Imperial China* vol.15, no1.1（1994），pp.93—100。

⑥ 参见熊秉真：《试窥明清幼儿的人事环境与情感世界》，《本土心理学研究》（1993），页261—262。

⑦ 过去西欧治家族史及论童年观念者，如菲利普·阿里埃斯及劳伦斯·斯通等，尝以近代以前婴儿死亡率高、家中婴童之夭折为常事，而谓父母成人遂习于其早逝，或不愿投注过深之情感于其身。中古史及美国史学者，如苏拉密斯·萨哈及约翰·德迈什（John Demes）等，已以其例证，持异议而驳正之。实则一时一地死亡（或任何现象）之常发生，是否会使常人对该现象视为自然，易于接受，甚至漠而无动于衷，仍是人文学及心理学上的未决之议。

⑧ 归有光：《先妣周孺人灵表》，《震川文集》，卷17，页1。

⑨ 翁叔元：《翁铁庵年谱》，页2—3。

⑩ 赵景深：《夏二铭先生年谱》，页14—15。

儿药以母口"；"挞儿痛母心，暗室常挥泪"①——种种艰辛，点滴在心。成人亦知丧亲对幼儿冲击极大，常有意隐瞒或淡化。但儿童机警善感，家中遭遇巨变，他们终不能浑然不觉。

近亲死亡对孩童的威胁，以及孩童对亲人情感的依恋之另一指针，是他们对双亲及亲长遭遇不幸或罹病时的反应。李颙少时，父亲战死外地，母亲彭氏痛不欲生，将以身殉。李颙拉住母亲，痛哭恳求，以母若殉父，子必殉母，家道即绝相挽。②李光地，父病疝，每每深夜启户"长跪致祷"③。八岁的殷兆镛，父病危，竟自赴城隍庙，不幸得签，曰："大命终矣奈何"，兆镛为之悲哭不已。④十二岁左右的朱次琦，父腹疾，治之不愈，据载他迫切为父亲叩首祈祷，至前额流血。⑤这些资料中描述为母亲心焦、为父病祝祷的孩童，让人意及不论在材料上（价值方面）或者生活上（经验方面），过去传记中常说的父母为子女之病"多方吁祷"⑥，倾家求药，四处求神磕头，顶个柿子似的额角回来的母亲、祖母代表的不是一个单方面的情怀。⑦双亲忧儿病，顾儿疾，与儿童之忧亲身，侍亲疾，在近世中国的文化体系及社会活动中被视为同一股亲情的双向释出。虽则在过去以亲长成人为主体的叙说传统中，后者之实情常为前者之渲染所掩没。

除了惧亲逝、忧亲疾之外，我们还得觅见儿童为成人分劳苦，与之同患难，并且共同承受来自亲人和外在的打击和压力。连一般常说的成人对儿童的影响，再一细想其实当然含有儿童对成人之谅解与接受。家遭不幸或遇难关时，孩子所受的冲击，代表儿童与成人休戚一体、肤感身受的结合。而且这种同受苦、共忧愤的情感，对成人而言，常是一种重要的安慰、支撑和鼓舞。孤儿与寡母之同艰辛、共奋斗，培养出来相依与共生之情⑧，是比较强烈而突出的例子。但类似情怀，在其他状况下也一样滋生。譬如说亲长失和，就让家中儿童倍感伤

---

① 刘文兴：《宝应刘楚桢先生年谱》，页5—6。

② 吴开流：《李颙》，页2—3。

③ 李清植：《李文贞公年谱》，页12—13。

④ 殷兆镛：《殷谱经侍郎自订年谱》，页10。

⑤ 简朝亮：《朱九江先生年谱》，页4。

⑥ 如吴荣光：《吴荣光自订年谱》（台北：文海出版社，1972），页1。

⑦ 如张次溪：《白石老人自述》，《传记文学》，卷32，期5，页41。近世士人家庭中亲长对儿童罹病时的反应，可参见熊秉真：《中国近世士人笔下的儿童健康问题》，《"中研院"近代史研究所集刊》，期23上，1994，页1—29。

⑧ 参见Hsiung Ping-chen，"Constructed Emotions：The Bond Between Mothers and Sons in Late Imperial China"，in *Late Imperial China* vol.15，no1.1（1994），pp.93—100。

心痛苦。黄叔琳幼知祖母对母亲不满，颇为感伤。[1]蒋敦复少时，因母"不见容于姑"，被令"大归"，母去后不久，其父旋卒。敦复受屡作之家难打击，深感孤零，随即出游，后终出家。[2]张溥的例子更为激烈。溥为婢女所出，母子一向受宗族强势之欺，据称伯父一家待之尤薄。一日，溥亲见父又遭伯父家奴仆谗言之害，愤而自誓："此仇不报，非人子也。"父于纷争中含忧而逝后，十六岁的张溥竟设法把地位卑贱的母亲迁出了父族之居。[3]谭嗣同（1865—1898）极幼就知父宠新妾及母亲失欢的事实，七岁时，当母为兄长婚事将离京返湘时，嗣同为母亲之黯然将去深自感伤，明知家中变化，又抑郁难解，送母亲马车远去，"目泪盈眶，虽强忍不使之出"[4]。婆媳失和，男子多偶，妯娌互斗，亲族成仇，都是传统中国社会里常有的无奈，上举事例中孩童的处境，难谓是例外或者少数。

除了以陪伴、同情与成人共承苦难之外，有些父母亲长遭遇逆境，会主动对孩子倾诉。孩子或以其敏锐之感性，默默地承当或化解成人心中的烦忧。汪辉祖十岁左右，一次父子同旅，父亲与他谈了不少话，除了勉以读书上进外，也告诉儿子自己在外谋生之不易，与眼前遇挫，不得已要仰人颜色、乞助于人的悲哀，讲到伤感处，潸然泪下，父子对泣。[5]赵于京六岁丧父，两位寡母（继嫡母和生母）带着六个不满十岁的孩子依祖父母家为生，偏偏祖母个性严峻，一不称心，"辄怒不语"。于京以年幼长男之身，颇知当如何承担此类家庭风暴。当"阖家长跪膝下"，求祖母息怒之时，于京"独跪前号泣不已"，必乞祖母之怜，色转而止。[6]倾听成人、分担成人的挫折与凄苦，承当或化解家人间的龃龉与不快，孩童扮演的都不能说只是一个受影响或被对待者的角色。

还有许多例子，幼年儿童实际参加生产劳动，是协助成人、支撑家境不可缺的一部分。旧时中国农村，男童牧牛拾薪，女孩汲水炊饭，兄姐照顾弟妹。商工之家，少者为徒习艺，从旁打杂，都是众所熟知的事。除了现代先进国家对童工的刻意保护，多半的社会中，儿童之下田做工，参与劳动，共谋生计，一向被视为理所当然，亦少人殊议。遇到特别变故，姐妹与寡母同织补，以女

---

① 顾镇：《清初黄昆圃先生叔琳年谱》（台北：商务印书馆，1978），页43—44。

② 滕固：《蒋剑人先生年谱》，页4—5。

③ 蒋逸雪：《张溥年谱》，页6—8。

④ 谭嗣同：《先妣徐夫人逸事状》，《谭嗣同全集》，页197—200。

⑤ 汪辉祖：《病榻梦痕录》，页7—10。

⑥ 吕元亮：《赵客亭年谱记略》，页18—19。

红供养全家，男孩为佣工小贩以自求糊口，或济助家用，更属平常。[1]

四、儿童的感受与归属

以儿童与成人为两个相对的范畴考虑，是一个奠基于西方且相当近代的假设。在漫长而曲折的中国文化经验中，"童"或"子"曾展现出多层、多面的意义，不一定指的只是狭义的年龄小的儿童。但即便以此狭义的儿童为论，除了考察儿童与成人之间时有主客体易位、彼此互动、相互对待的情况发生之外，另一个重要的问题，就是认真考虑有没有一种有别于成人的所谓儿童的自我意识存在，一种特别属于儿童的感受、立场，甚至一种认同或者文化；如果有的话，此属于儿童的感受、立场、认同、文化，可以如何从往事中重新挖掘呈现？在对大议题未做断论以前，至少我们应该尝试寻找，尤其是思考，有没有可以称为孩子式的眼光、看法，或孩子式的声音、感怀，其实是异于他人，而可与其特殊的儿童属性及童年状况联想的。

（一）眼光

一般臆想长幼尊卑、孝悌伦常下所营造起来的中国社会与文化，其传记资料或自述性的诗文，如有任何以儿童为立场所留下的对周围世界的观察感怀，或对身边尊长成人的记录，大抵总以恭维颂扬者居多（不管是真诚的感恩或形式上的），恐怕难有任何正面之外，而似乎较近实情的描述。此等揣想，确有几分根据。因为这些文字中的确不乏恭维客套、礼貌式的颂扬，或明明在负面性经验中勉强营制正面性说辞。但若广泛搜罗，仔细推敲，仍然可以发现，儿童对周遭事物，尤其是成人的处境，其实颇有一番自己的观察和理解。尽管这儿童式的观察和理解，常掩覆于重重的礼教文化包装之下，须得拆除框架，掀开包装，才能窥其痕迹。

首先，这些礼教文化塑造之下的传记史料，偶或间接透露，孩子眼中的成人，并不全如礼教训诲中传播或一般人表面想象的，是一种完美、理想、值得尊崇的对象，或可以永远倚赖、依从的标准。许多幼儿心目中的父母，均可见其孤独、偏执、不幸与无能。李鸿藻（1820—1897）的传记中叙述，他四岁时，

---

[1] 洪亮吉七岁丧父，仗母姐缝纫女红，乃不辍学。见吕培：《洪北江先生年谱》，页4。

厉樊榭少孤贫，哥哥一度"卖巴菰为业以之"，见陆谦祉：《厉樊榭年谱》，页6—8。

图 7-5　**溪边洗衣**　过去一般儿童参加劳动的年龄极小，未必有一个无忧无虑、以欢乐自娱为主的童年。民初济南民众日常浣衣行列中总有小孩。

任同知的父亲自行外出，随行仆从竟被雷击。遭此惊吓，父"自是有心疾"，遂辞官，连数十口家眷都弃置桂林流寓不顾，还是母亲自己典质衣物，才备舟车返京。[1]汪康年描述他六岁时，父亲"初涉官场，谨守书生本色，故不能得志"，不得已之下，返与母议，斥卖金珠捐衔，冀早补缺，积聚收入，得返家园，"免官场挤轧之苦"，岂知金为经手者拐逃，父亲"由是遂浮沉宦海，日处愁域"，郁郁终生。[2]郑振铎（1898—1958）说他三岁左右，祖父是一个薄有收入但没有房产的小吏，常常一人独饮，似欲以酒解忧，满受困顿之苦。[3]失意和挫败，大抵从来就是不少成人的经常际遇。明清士人中，人生不如意，就算未至十之八九，总非稀罕。不如意、不快乐之境遇既属于成人，儿童在经验上就不能幸免，在意念上亦不能完全闪开。薛光前说幼时处处疼爱、多方"暗中呵护"他的父

---

① 李宗侗：《李鸿藻先生年谱》，页2。

② 汪康年：《汪穰卿先生传记》，页10。

③ 郑振铎事后追忆祖父一人喝闷酒，回想起来似乎他沉重的忧郁都从心上移开了。见陈福康：《郑振铎年谱》，页3。

亲，其实是一个事业失败、"郁郁不欢"、好饮好赌、不能自制的人。^①舟被雷击，巨款遭骗，生意一落千丈，宦场长年失意，任何时候大概都不少见，明清社会竞争日益激烈，士人阶级人数增而生计艰，忧多于喜很可能是一个集体而近实的经验。当时置身其间的孩童，不但敏锐地了解这些无涉纯真也不可爱的事实，而且以其同情谅解，收摄下一幅幅不幸家常，及遭逢或造成此等不幸的家长之侧影。这些显然带着种种个性上的脆弱、能力上的缺失和才智判断上错误的"大人"，正是礼教文化上要他们恭敬的父母亲长。不少孩子，似乎不但坦然接受，颇能理解，而且在遭难中奋发求强。母逝后，与弟愤向学，"同卧起，夜读古文，手钞默诵，鸡鸣不休"的朱筠；六岁丧父后，咬紧牙关，读书非"欲超迈同学"的赵于京，其所表现的坚忍意志，或即一般所称的孤儿孽子之心。然再做沉吟，何尝不也代表中国伦常文化中的孩子向有谅解成人不足，接受亲长之不可恃，而求自强之心志与毅力，甚至可以己力担负家运，承当灾厄，终冀奋扬。此类情怀，传统教恩教孝、重情重义的礼教文化固不断灌输强化，儿童实际是否由观察而理解、由同情而砥砺自誓的自发性感动，亦不能完全抹杀。汪辉祖的传记中说他不但在父亲失意时，静闻其挫败失意之言，不久父亲逝世，族人逼诱兼施向两母（其继嫡母及生母）索钱，不得时挞辉祖为胁，或从母亲手中攫辉祖而去。辉祖见二母贷钱以应，亦常任其夺篡，受其鞭打，以身为赎，在成人圈中被拉扯扑打。^②薛光前说小时见父亲酿酒事业一落千丈，郁郁而致肝疾后，"我深感责任重大，从此刻苦用功，不敢自懈"^③。类此之际，孩子事实上所表现的，或者传统文化中赞许儿童表达的，不只见证了成人之不可依恃、不可理喻，而且目睹亲人之怯弱残暴，以身相济、以己为援的，竟常是未成年的幼儿。孩子不但不是受保护济助的弱者，常反是支撑全局唯一的（个子小的）强者。其同情，其理解，不单代表一种敏感和睿智，相对其周围怯弱可怜的"大人"，还显现出一种意志上的坚强和情感上的成熟。像这样的叙述，这类的素材，实际上在传讲着如何的一套伦常和道理？

　　当素描其父母为生计所困，其亲人受宦海浮沉人情冷暖，孩童的眼光，也许并不等于成人的眼光，更不容易直接等同礼教幼训中表面上教导他们、期望他们持有的态度。成人的世界，照孩子亲身的真实所见，不但未见可敬可爱，

① 薛光前：《困行忆往》，《传记文学》，卷32，期5，页46。
② 汪辉祖：《病榻梦痕录》，页10—11。
③ 薛光前：《困行忆往》，《传记文学》，卷32，期5，页46。

甚至谈不上可悲可悯。章学诚（1738—1801）说他二三岁的时候，有个舅舅天天抱着他到附近小店赊账骗酒灌肚，也灌予幼小的学诚。章学诚说自己日后一生为酒所困，就从这点点滴滴而起。几年后入塾求学，塾师不但不学无术，且凶残成性，动辄暴怒打人，各个难逃。有位孙姓同学，一次被棒打得几乎昏死过去，好久康复后，头上还留了个永远隆起的大疤。[1]携儿酗酒的长辈，嗜打伤人的老师，看在孩童眼中，留在孩童脑海，如何能不生畏忌疏离，又何堪苟同？这距离之存在与感受上之差异，不只透露出孩童自属意识存在之侧影，而且代表正统主流社会价值的名人传记中一再包含此类述说，是中国的礼教其实也暗度陈仓，不断间接传讲着另一套颠覆其表面伦常（恭敬长上，顺从亲命）的异类道德（留人—防范并怜恤济助无德无能的长辈）？还是只在于反复告诉大家，实际的生活情况永远与高悬的理想标的背道而驰？

有别于成人的感受或想法，不只在彼此冲突或恶劣负面性状况下才会浮现，即使在和谐温暖的生活情景中，孩童的心思感想仍然可能与成人的立场和期许有相当的距离。据记，朱次琦四岁时，母亲问他将来志向何在。稚气未脱的次琦随口应道：只要"人尽爱儿，儿则愿尔"[2]。这般的回答，大概出乎成人意表，并非其所乐闻的标准答案。梁济的例子表现得更为直接。他幼时晚上归自塾学，还须在灯下背读日课。嫡母亲督温课，"训责谆至，常勉以成人立品数大事"，又"频问长男大愿为何等人"。年少的梁济"殊无志气，所对皆卑靡庸劣不称旨"，嫡母"尝废书而哭"，掩袂告其生母谓："如此钝劣之儿，终恐辜负二人所期。"[3]无论在和煦的气氛下，或日夜的督责中，传记资料中总透露一些孩子之未如（成）人意。其陶陶之乐，或所谓拙劣顽抗之意，固非周遭亲长所期，似乎又是孩童某种自我意志活动表达之契机。最重要的，是无论经何雕凿，费何心机，总有些孩子不能完全除其稚情，或去其顽劣。而层层礼教规范所留下的记录中，不能完全掩去的、映入成人眼中的天真或顽劣，其实何尝不也就是一抹童心，一丝稚气，或可视为一些曾属于儿童、关乎童年的情怀和感受。反而思之，传统幼学、幼教论著之所以孜孜训诫不已，背后是不是正假设了一个有别于成人的状态，属于孩子的世界？恰因为孩子自一出生就自然会显露并发展出其各自的心思意念，多半自成格局的举止习惯，而可能有异于成人所期或社

---

① 胡适：《章实斋先生年谱》，页4—6。
② 简朝亮：《朱次琦年谱》（台北：广文书局，1971），页3。
③ 梁焕鼎：《桂林梁先生年谱》（台北：广文书局，1971），页7—8。

会所需，所以才会需要劳动亲友师长，费尽苦心，循循善诱，把一个个已经生成的孩子——一个个不同、不近，也不一定会变成标准成人，却必然带有童心、过着童年的小人物——尽快而有效、成功地捏造、引渡到他们日后真正的归属，一种成人所期望、社会所赞同，但不见得近其本貌的状态与阶段。

如果我们要进一步追问，那些率性孩童感受和经验的信息，是少数的例外，还是普遍的形态？代表个别独自的私情，或竟可称之为团体共有式的情意？经过一番检验思量，至少有部分的蛛丝马迹，透露过去的孩子有自己的活动圈，特殊的嗜好厌恶，甚至若干隐约的群体意识。不但远古遗址中的童玩，历代流传不已的童谣、童歌、儿童故事，都断续讲述着一个属于儿童而有别于成人的世界，遥指一个既独特又普遍的心灵与精神归属，是因人初生之年龄阶段。其稚弱之身体，其懵懂好奇之心智，其新鲜执着之情感，种种因素交错成一童幼天地，而此童幼天地中至少有部分气质特征是有别于成人社会的。中国近世的文学与艺术成品，也在为我们描绘这个属于儿童和童年的世界。即便是画中制式化了的理想孩童，当一块觅食果饵，呼伴玩耍，扑枣捉柳，放风筝，打陀螺，牧牛割草，戏水翻滚，商量之下，一块闹泮逃学，欺瞒亲长，顽皮滋事。过去的绘事，或描百子之乐，或陈闹学之谑，均有其写实背景。该情该景之间，孩童们彼此相伴为乐或共同分忧分劳，传记中亦略可见。吴伟业说自己幼时有同读书的友伴四五人，"居同巷，学同师，出必偕，宴必共"。这些幼时的伙伴，有的后来往来超过五十年，变成了终身的朋友。[①]洪亮吉六岁丧父后，随母住在江苏武进县的白云溪边外祖家。当时四岁丧父的黄景仁也正归居同条溪边的祖父家中。两个仅差二三岁的孤儿，先后失怙，一在溪南，一居溪北，"唤渡时过从，两便相识"。同为孤露之身，均仰人于无奈，稚年相遇，已有唏嘘相惜之情[②]。或邻近同学而同出入，或孤苦无依而共怜惜，近世中国的历史素材表达中，孩子与孩子之间，亦自有其情怀。或偕伴嬉游，或聚众喧闹，共谱之友谊，似因其与成人之距离而益自成一天地。幼小孩童在其自处角落中成长，除了接纳成人定规文化之教诲变化，同时也不禁以其眼光自视，用其情怀睹物、思人。在当时的社会文化脉络中，哪些情境，哪些问题上，孩童较易流露社会化的成果，表达一个制式文化与行为？哪些个人，哪类状况下，他们又似乎容易独持己见，自溺一方？对这些问题的发掘，不只可以助我们更接近历

---

① 马导源：《吴梅村年谱》，页15。

② 黄逸之：《黄仲则年谱》，页2。

史上的童年，而且也可以助我们进一步掌握了解所谓传统文化在不同方面的弹性空间与强硬或柔耐程度。

（二）声音

除了随其目光所及，可能呈现一个属于孩童观察和理解的角度，一些声音、言语、表情、举动，经过仔细留意，也在直接、间接地表达一种属于孩童而有别于成人的立场和感受。其实儿童之情怀与需要之常有异于成人，人类活动中自古早见端倪。如前所述，考古发掘中早就有被指为儿童玩具之器物。童玩和游戏何尝不在诉说着一种孩子特有的兴味和乐趣。宋代绘画中多幅的《婴戏图》与《货郎图》，即描写种种孩童玩乐情景及小贩兜售玩具。近世戏曲中，也颇有属于孩子的故事和戏剧，目连救母、哪吒太子和《西游记》中的孙悟空，讲述一个个儿童式人物的奇遇，最受老幼欢迎。传记资料透露，他们的形象声音，牵动着许多童年的哀乐喜怒，英雄式地表达着许多孩童钦羡而未能畅吐的心声。至于起源或专属于孩童的歌谣，虽未必引人注意，但历代层出。中国最早的歌谣集《诗经》中，据指已有若干可称为童谣的篇章。即此不论，"二十四史"中录了两百多首儿童的歌谣。虽多因涉及灾异、变天等政治内容而留下，但当时为史者直以"童谣"名之，察其押韵用字、构句形式，不少亦的确保有童言稚语风貌。近代专究歌谣及谣谚的学者，也从古代各种资料中集出不少可称为童歌者：杨慎（1488—1559）《古今谣谚》中包含了上古至明一百二十三首"童歌"；史梦兰（1813—1898）《古今风谣拾遗》有七十五首；杜文澜（1815—1881）的《古谣谚》中则有两百首。[①]

或谓，史材中的童言童语、童心童情，常仍为成人情志之延伸，以其观察关心对象，或发抒感怀所系。孩童的心思总常围绕着成人。他们感念亲恩［章钰（1864—1937）说幼时家贫，父亲缩衣节食为之购书[②]；虚云（1840—1959）知道母亲是因难产而死[③]；左宗棠称一生难忘母亲为他嚼米汁哺育之苦[④]］，在痛苦中述孺慕之情（五岁丧父的刘宝楠念其母："儿行以母手，儿药以母口""挞

---

① 杨慎：《古今谣谚》（台北：商务印书馆，1976）。
　史梦兰：《古今风谣拾遗》，清同治间刊本。
　杜文澜：《古谣谚》（台北：世界书局，1960）。
② 刘绍唐：《民国人物小传》，《传记文学》，卷32，期6，页141。
③ 岑学吕：《虚云和尚年谱》（香港：佛经流通处，1977），页1。
④ 罗正钧：《左文襄公年谱》，页4—5。

儿痛心，暗室常挥泪"①。七岁丧父的夏敬渠思其父："悲伤儿父惜儿心……儿读为儿加餐饭，儿嬉为儿罢饮醇……坐父膝上把父须……将儿横抱向怀中"②）。或誓承其志（如顾炎武从其嫡母不事异姓③），或恋其怀［如莫德惠（1883—1968）以"柳忱"自号④］，表面上似不过为孝亲尊长之传统伦理之一样板式附和，实质上，为子弟者接受亲长为之勤苦操劳、唠叨关切之付出，其情意亦不断随此体会认知而移转。待其发为心声，化为行动，不论孩童之谈忆成人，或承受从自身出发的一种情意和志向。其实此同一事实之另一面理会与解析的方式，是催促大家意识到儿童的存在，对成人意志心思、日常生活营构上的重要性。父母师长，代代成人投注其心力于下一代之生长教养，多少成人、男男女女因子孙之念而奋斗谋生，坚其余勇，乃至左右抉择。儿童之影响成人，虽与传统思考方向不合而受忽视，但与成人之影响儿童，是同一过程之两面流动。如果成人社会之一向有顾虑儿童之心情因素，未尝招致学者后人指其为无独立人格意志之历史人物，则儿童之行事感受，常因其周围人物环境而异，亦不过为人情之常，不应使之变成特别没有立场、不值得认识解析的一群。

何况在目前已有的材料中，我们很可能发现一些例证，显示近世中国年少者，有时颇有一些对自我及对他人的期许，其所表达的意念、声音，是以某种自我为出发点而导向外围，有别于纯酬应或完全外塑而来之模式。包世臣幼读《孟子》，深感眼前世上官吏之作为不符为政之道，感怀而憧憬未来长大，希将孟子之道付诸实行。⑤据称马新贻幼时读书塾中，有学童争睹路过之达官贵人时，唯他独坐不动，而复询者谓："旷功而仰面观人，何若用功，令他日众人观我耶！"⑥王鑫七岁的时候，乡里有中试者，父亲戏问他是否亦有钦羡之心。据说王鑫当时的回答是："科考中举有不可强者，唯天下皆被吾泽，则为所愿。"⑦无论是以富贵示人为志，或以天下苍生自期，甚或仅仅醉心于人人爱我之境，传记载记表示大家以为孩子有意无意间透露的意愿（即使是在有限环境中所做的最接近己意的选择），未必完全在复述长者或幼训中的理想，可能多少带有自我

① 刘文兴：《宝庆刘楚桢先生年谱》，页5—6。

② 赵景深：《夏二铭先生年谱》，页14。

③ 张穆：《顾亭林先生年谱》，页1—4。

④ 莫德惠：《双城莫德惠自订年谱》（台北：商务印书馆，1981），页1。

⑤ 胡韫玉：《包慎伯先生年谱》，页1。按包世臣曾自谓五岁时，父即抱世臣于膝上，授以句读。

⑥ 马新贻：《马端敏公年谱》，页12。

⑦ 罗正钧：《王壮武公年谱》，页5。

选择和偏好等因素在内。

进而言之，有时史料载记中录下孩童所发出的声音，显然是一种不平之鸣，某种认为现状之不合理、为示自己不满（对社会规范及现存秩序）而发出的质疑或抗议。前述张溥少时曾颇为出身婢女而遭族人欺凌的母亲愤恨不已。黄宗羲少时一度随父入京，亲见父辈与阉党之争斗，深恶阉党而欲除之。[1]杨仁山（1837—1911）自己是家中五女之一男，集娇宠于一身，但自小却对姐姐遭受待遇不同而感不平。[2]胡汉民（1879—1936）少时父为庸医误诊而死，悲愤不已，只恨自己无力绳之以法。[3]或为母受欺而愤，或为父被斗而愤，或为姐妹之遭慢待而不平，无论如何，文献资料同意这些未成年的幼少年人，可以针对与他们自身周遭的环境人事，表达一种出自一己的感慨与见解。依发生情况及内容营构而言，其感慨和见解之带有某种自动自发性相当明显，中国文化及社会习俗中的幼龄人物应不只是一种被塑造、引导的被动角色。

还有些史籍中的孩童，以其行为和举动表达心声。颜元（1635—1704）成年后之所以演出一场万里寻亲，是因为他的父亲是一个自幼频遭虐打、不堪折磨而逃家出走的养子。[4]薛光前六到十二岁的时候，体甚弱而仍天天上学，他自己的说法是："在家中生活，过于复杂，动辄遭忌，也动辄得咎，不如校中的自由自在。"[5]蔡廷锴忆儿时一回玩孔明灯，不意将父亲的药书燃了起来，招来平时靠诊病为副业的农夫父亲一顿痛打。年幼的廷锴求饶不得，盼母亲劝阻亦不得，在母亲与父亲并立一线，要他好打之声下，父亲鞭击落身之际，廷锴说他自己"恨极了"，虽被迫认错，但气愤之下，"哭而不食"，连饭也不吃了。[6]受虐出走，避家中不快而逃进学堂，或边被责打、边愤恨，这些行动所表达的信息，或直接的哭喊，传递的应不单是一个个被虐的儿童，少数落寞疏离的少年，也刻画着形形色色实际上与成人世界颇有暌违距离的未成年人，其另有之感怀和心志，处境和声息，代表文化体系中容许的某种从孩童角度出发，所感到对成人的对待与外在境遇的不满、抵制，乃至脱逃、反抗的举动。种种有形的抗议，或无声而断然的举动，也是另一番对未成年者性格和立场的侧写。

① 黄炳垕：《黄宗羲年谱》（北京：中华书局，1993），页11。
② 杨步伟：《我的祖父》，《传记文学》，卷3，期3，页17。
③ 蒋永敬：《胡汉民先生年谱》（台北：文物供应社，1978），页14。
④ 郭霭春：《颜习斋年谱》（香港：崇文书局，1971），页6—7。
⑤ 薛光前：《困行忆往》，《传记文学》，卷32，期5，页47。
⑥ 蔡廷锴：《蔡廷锴自传》，页19—20。

　　如果我们继续追问，过去的文化纵容儿童有多少对自己的认识，或者可称之为自我意识的东西？材料中可见的痕迹，即便未必深刻，并非全无。最少，曾有资料显示一些孩童对其自身存在之状态有其意觉，亦有其一番体会与说明，可视为某种形式的自知之明。首先，儿童习于模仿，故成长环境对其经验与人格之形式或有相当影响力。傅山（1607—1684）自谓幼时因父亲之性好，遂随之诵《心经》。见父亲服食不死黄精，也跟着服用。[1]后来他结婚而不近女色，一生好黄老及医道，与此幼时经验未尝没有关系。资料中还描述不少孩子，不只一味地模仿，反而是在见到周边成人的时候，相形相较，滋生出对自己一种自我意识或者自我认定。冯玉祥（1882—1948）的传记中说他以为自己性格上总是落落寡合，照他的观察思索，可能是从来袭自父亲的一种独特的习性。[2]徐永昌（1887—1959）表示看自己从小写字，忽好忽坏，即憬然意觉自己的能力和表现不能有固定的水准，可能是一个难守恒常的人物。[3]传记或自述中呈现的孩童，有些从来知道自己是一个不受欢迎、不吉祥的人物。前所谈及婢出而为亲族所凌的张溥，或嫡出但母已失宠的谭嗣同，都是这类的例子。高剑父（1879—1951）也是一个庶出的孩子，资料中说因他生于一个大家称为大凶的日子，自知从来被视为一不吉之物，幼时家人曾怂恿欲将之弃儿般地送到育婴堂去，而为父拦下。[4]不论自觉性格有缺陷，能力不足，或不吉不祥，不受欢迎，此种来自外在环境的刺激，或者内在的省悟，都表示传统历史性叙述承认孩童对自身处境及状况有一种个别的估量和了解。这种估量和了解包括前举的一些较为负面的意识，也包括一般传讲模范人物时所颂赞的正面认识，但都预设儿童的自我意觉和某种发自一己的声音。此自我意觉可随其年龄而增长或削弱，亦常随其环境和遭遇而调整，代表儿童期经验和意识虽为个人一生形成发展之起点和基础，但在近世中国文化中常认定其亦有该年龄阶段时的一些特殊而有别于成人，并有异于后来的感怀与意念。

　　近世明清社会，一则科举文化高涨，士人子弟被迫读书入仕，再则工商经济日益繁盛，连商人、工匠，甚至乡间农民都为明显的市场利益而心动不已，催促着孩童及早为徒学艺，或下田做事，参加全家劳动，共同争取物质收益，

---

[1] 方闻:《傅青主先生年谱》（台北：中华书局，1970），页259。

[2] 简又文:《冯玉祥传》,《传记文学》，卷35，期6，页36。

[3] 徐永昌:《徐永昌"求己斋回忆录"》,《传记文学》，卷48，期5，页13—14。

[4] 高剑父:《革命画家高剑父》,《传记文学》，卷22，期2，页83。

在不进则退的社会竞争中求进身之利或自保之福。功能性和功利型的育儿教子观自然日强，但不定回回成功。相当多的传记性资料反映，积极督促的管教不见得让被堆砌塑造的儿童自在适意。许多默然接受塑造，自幼被砌成为（或推崇）身躯弱小、年龄秩幼，但举止表现"俨若成人"的士家子弟，虽是大家比较熟悉的影子，但不断更换师父，自习艺场所逃回家来的小学徒，或与父母斗嘴负气、哭喊滋事的农家顽童，其所透露的信息和意义，是比比皆见而大家较少深思的问题。这些素材都在表示，儿童原有偏好，自然发现的兴趣，常被呵止，如士人子弟［如黎简（1747—1799）］好篆刻之被禁。[①]涂抹画图，好玩球活动，窥小说演义，数百年来禁止愈来愈严。禁止中却总仍有管不完的少小儿童不断跃跃尝试。父祖之严课严教之诃，让许多儿童如文天祥（1236—1283）兄弟一般"栗栗不敢偷"[②]，但其战栗恐惧，一如其默然承受，不但告诉我们儿童不是没有主体性，而且当时的社会经验中也明知儿童未必是任凭环境左右或他人捏造的东西。

近世的多方素材都在表达，中国人以为历史上儿童生活于一有别于成人的世界，并不是一个无识无知的人物，也不在浑然不觉的情况下存活。当时成人和儿童双方对此都多少有些认识。张之洞小时父曾为其表现慨叹："若辈童年，岂能解此！"[③]这类的论述中显然以为青年与成人之间，在感性和知性上有一道难越的鸿沟。多少父母师长教子时的艰苦，训诲时的不易，代表从这个文化习惯上假设，从成人的角度而言，孩子出世以来，一直活在一个懵懵懂懂、不省（成）人事的世界。哺育教养、幼学幼教的目的正在把儿童由其原有之童稚世界，自其已然但不完全理想之彼邦引渡到成人这正常而最终算数的地域。同样地，儿童，并非完全不解彼邦与此域之差距。除了日常教养训诲中自然呈现的权威或拳力之别，以及前所略及的种种孩童眼光落处，心领神会中，表达对周遭成人的（有距离）观察，得来的一种"属于自己"的圈内的感受与理解之外，他们话里舌尖也常流露对这个世界的意觉和对照。中国的议论与传记载记中都承认，孩子在与成人冲突或遭责受挫的时候，容易兴起一些因隔阂和排拒而生的此疆彼域之感，即便在正常快乐的情况下，他们偶或也表示大人小孩实属两个不同界域。陈衡哲（1890—1976）说小时有位舅舅常喜在床沿对她说些新鲜

---

① 苏文擢：《黎简先生年谱》（香港：香港中文大学出版社，1973），页3。

② 杨德恩：《文天祥年谱》（台北：商务印书馆，1947），页10—11。

③ 胡钧：《张文襄公年谱》，页11—12。

的消息和念头。这点滴信息，依衡哲的话说，使她"不知不觉的，由一个孩子的小世界中，走到成人世界的边缘了"①。

五、小结

过去不少人文社会学上的见解，都以为重视儿童与成人之不同，以及长幼尊卑关系之重新调整，是社会和文化由传统走向近代的一大转折。目前许多社会学、心理学理论，甚至一般教育设计与日常家庭生活之陈述，均反映了此基本价值、理念与习惯。人文学上，或者历史学上，至今并未尝以幼龄为对象仔细追究省思。此类预设之"可成立性"，此篇试作，意在以近世中国童年史之素材，为一小小补白。

落笔起点之一，在表明儿童史或童年史不单欲探讨成人对待儿童方式之转变，或社会对童年观念之有无及其变化，因为从某一意义上而言，如此的尝试摸索仍是成人史的一部分，或以成人为主体的社会史的一部分。在学理上，儿童本身，或童年经验，能否亦可成为知识研究之主体，问题不在材料上的局限，而在论事解题的眼光与方法。此一试作，可助我们转而将此观念和方法上的问题考虑借明清时期资料之助，做一尝试性突破。此问题之克服，或其克服之程度，不但可展开历史上有关儿童与童年的视野，于人文社会科学上继阶级与性别意识之外，打开以"年龄"或"人生发展阶段"为基点的另一个重要的学识领域和思辨角度，而且，其尝试过程和结果，对史学而言，尤有其观念上之价值（把人生阶段和生命循环置入社会史和思想史范畴内）和方法学上的重要性（以更精密、细致的思维，挖掘隐藏性史料，掀开并剖析表面文献下的人文肌理）。过去的儿童和童年，显然是可以也应该被视为一理解的对象与主体。历史上儿童与成人之互动，彼此对待，是一事实，虽则是一项被掩盖忽略了的事实。过去的素材也容许我们重新检视以前的儿童在当时的社会文化脉络中，其自属之眼光与感受，其流露的声息和立场，这个掩埋了的世界之拨云见天，重新出土，对中国家族史、私生活史、情感世界与性格形成，以及背后思想文化之架构，当然有直接而重要的意义。

在此挖掘整理的过程中，我们也间而发觉并呈现了中国社会家庭过去鲜为人知的一面，显示冲突和争打，挫折和悲伤，至少与和谐和互动，成就和光彩，

---

① 陈衡哲：《我幼时求学的经过》，《传记文学》，卷26，期4，页87。

是同样真实的历史。而且近世科考竞争日激，失意者之人数和比例都较成功者为高；人口激增，民生日艰，工商都市繁盛，受惠与遭殃者同感压力，凡此种种，人尽皆知。此事实对富贵贫贱、男女老幼、个人焦虑和社会困境，可能有增无减。凡常个人，到底带来了如何的波动？中国家庭伦常下的内在世界，到底需不需理，可不可解？儿童及童年史的开垦，可提供若干具体而微的思考线索。

图 8-1

第八章　历史上的儿童与童年的历史：代结语

童年之往事陈迹，中国孩子之过去，究能为我们带来如何之信息，引起如何之思绪？还儿童于通史、断代史及各个专史中应有之篇幅与地位，若是一个重要的步子，虽则眼前这点滴零星的拾掇，尚不及杯水之于车薪。倒是中国儿童与家庭史、社会史、医疗史、文化史、教育史及人口史等之攸关，尤其是宋而明清的近世一段演绎，我们算是有了略窥一二的欣喜。

中国历史"添加"或"补足"了儿童的部分以后，产生了如何的效益？在许多方面，与历史——人之过去——或者历史学上终而"发现"了孩子的身影，出现了"童年"的关怀与了解，在基本观念、史学方法和知识领域上代表大致相近的意义。除了如上所述作为一份迟来的憬悟与认知上的弥补之外，在史学范畴和组织概念上，这一小步至少还代表两个思想上的调整和方法论上的改进：一是对"年龄"问题的领会；二是对"人生阶段"的重新评估。

在许多方面，"年龄"不但是区别身份、思考问题上的一种主要眼光，一种概念上的利器（工具），而且从更基本的层面和正本清源的意义上说，"年龄"本身就是界定价值、规范社会、形成人生经验的关键性因素之一。它在不少意义上，就像族群、阶段、性别一般，规划了不同人群的行为方式、观念心态，也决定了整体的社会对某一种特殊年龄的人们，其处置与对待，其态度与期望。虽则至今，整个人文社会学科对"年龄"这个因素的思考与重视几未起步，但是心理学、社会学、教育学及人类学上对不同年龄群体之自我认同、利害所系、经验感受，多少有一些林林总总、零零星星的探索与接触，接触所得的信息，尚未完全化为有系统、条理清明的思路，但是所有粗浅的认识都显示，这个概念的确触及一系列相关的问题。譬如说，在时光之流中，各个古往今来、遐迩远今的社会，是如何了解"年龄"，如何分划人生，如何对待同一群体中各种不同年龄的成员，以及共属同一年龄群的人们，是否均有或易成其同侪团体，有其特殊之属性？如之，各年龄群与年龄群之间如何互动互待？一旦加入"年龄"的因素，在人们的历史上，与其他重要的分际性因素，如族群、阶段、性别，彼此之间又是如何相互作用、各为对照？儿童史与童年史对这类的疑问，可提供最有力的回应，也处于一个最有利的解惑地位，因为成人与儿童之相对，是人群社会最常见而基本的区别方式之一。而中国文化之重祖宗、家庭与文化绵延、价值传递，加上中国历史之长久多折、资料纷杂，又恰于此对"年龄"的思考功夫呈上了一个最现成而丰盈、诡异而多变的人文作品实验台。

类似思考，随即引出的另一个与"年龄"密不可分的基本概念，就是对"人生阶段"的考虑。人生或长或短，各个社会均常对其人生旅程做不同之分段，分段的方式和理念不一而足，但分段的行为一如"年龄"之认定与处理，变成了一种形成社会规范、滋生人生经验的关键性因素。分段的结果，使老幼青壮各知其分，不论是否确能各安其理。总之，一段段切分开来了以后的人生，成了某种无形却遍存、抽象又真实的坐标，而这坐标向来也仍然在人群社会发挥扩散作用。生理学、医学和心理学、人口学也许是知识领域对人生发展的"段落性"最早有体认的一些学科，虽然其目前的体认，因时程较短，少做根本反省，因而特色各具而尚少相涉。史学或人文视野下的"童年"研究，则可根据任一时期人们对幼龄人口在医学、生理、物质、身体，乃至饮食起居、心理照拂、情感对待、哲理思维等多方面之理解与界定，做一厘清、汇整式整理；同时，呈现在同一人生阶段中过往之人群，其自成之生活方式、态度立场，乃至文艺嗜好、宗教倾向、游戏与工作之形态、起居休息之情状。因之，对中国童年的检视，除为中国历史篇章之补缀外，未尝不能披沙沥金，为人类整体文明对人生之处置沉淀出若干结晶，而酝发出某些深沉之困惑与根本之质疑。

更有趣而引人深思的是，作为一种范畴或概念上的区分而言，"儿童"与童年虽有些与族群、阶段、性别等因素相类的地方（譬如均根本性地区分了人们的身份，界定了社会群体的分殊与个体之形成，并且因为一种塑造经验的因素而成为相当真实的历史动力），但是儿童与童年也有若干与前述所有区划性因素截然不同的地方，使得其于人群历史间的作用与意义更形复杂，而特别值得推敲。最明显的一个差异，就是这不是一个固定、恒常的区分，而是一个随时间会蜕变、消逝的角色、身份、状态。也就是说，族群上所分的华夷汉蛮，阶段上的士庶贵贱，性别上的男女阴阳，不论对一个人还是一群人而言，通常是固定的。华而成夷、贵贱互异、男而变女的例子不是没有，但不是通则或者常态。唯独长幼一事，不但不允许一个永远的婴童，也不会有任何自始至终的成人。儿童与童年，一如其所相对的成人与成年，对所有人都是一个不断变化中的阶段性过程。这个特征或存在于个人或群体之性质，在人文学或历史学中其

图 8-5

子孙吉祥 中国人一向好以儿童为象征，表达一些集体而抽象之祈愿，宋代"子孙和合"、元代"同胞一气"及宋代"吉羊开泰"以谐音、象征性的景物和活动，表示对人间世代和谐、大伙团结一致、永远幸福吉祥之追求，此一贯艺术手法与社会心态之流露。

图 8-6

实从来没有遭遇过，目前已有的观念性工具和思考模式，更未尝（也许尚没有能力）认真面对或深思细究。如果有一种身份，对每个具有该身份的人都是一个暂时性的状态、过渡性的扮演，社会文化对这类的身份与特性，如何界定，怎样安排？这类"非固定性"区分在人群历史中的力量与大家一向习惯的"固定性"身份与特性，有什么不同的面貌，各自又展现着哪些不同的作用？这样的疑问（以及它可能有的回复），是儿童与童年史所挟最让人兴奋的思想性动力之一。因为它一方面让我们意会到人、人性、人生、人群本身的流动不居和复杂多变（不止历史是多变而不固定的。一个人在同一时间常有一种以上的面貌、角色和气质，每一个人都被社会界定，而曾经化身为小人、大人，任何一个时间都有成群的小孩和大人，而且每一个小孩不久都会化为成人，而一个成人不久以前都是孩子）。另一方面，更直接鲜活地让我们不能不承认，历史和人文现象本身，带有某些关键性的流动不居、错综复杂的地方，是大家至今尚未注重，因而寥无所知的。人不单有族群、阶级、性别之别，也各有其年龄所属。而各个年龄的人如何生成，各个界定年龄与人生阶段的办法，随时随地都有变幻。因为儿童、童年，一如成年男女，不但都是历史文化的营造物，而且儿童与童年的因素使得历史，所有的历史都带有婴幼与长成、长幼各相代叠共生的经验与记忆。

也就是说，不只历史——中外古今的历史——有了孩子以后，会是一种切要的增添，儿童为中国史、外国史、古代与近代历史，将带来若干不同的新面貌，一呈历史发展，人文活动之内在肌理，细部环节与相生互动；而且如今从另一面看来，我们对儿童的关怀与了解也不能没有历史的部分，不能夺其时空上之深度。因为加上历史的内涵之后，近代以儿童为对象的学科，像医学（小儿科）、心理学，乃至社会学（年龄群与家庭研究）、教育学（幼教与初教）中常持的"一般性假设"与"普遍性"性格显得十分突出。这中间，不只有对"标准式"，甚至"永远式"的孩子一种不自觉的假设，而且更有对近代社会几乎代表人类经验之终极成果、所有生活方式演进理想之完结，有着相当主观的假设。如此不疑之深信与不冥之顽执，从亦使得大家不由地跟着以为现代社会已确握"孩子"的真面目，近代科学终于找到了文明、真实、肯定、完善的"儿童教育"，我们只要在晚近儿科、儿童心理学、幼儿教育、家庭咨询等专家的引导之下，必能脱离过去数千年来对童年之蒙昧，对儿童之野蛮无礼，而明白、坚定地带着这一番得来不易的理性进步，对儿童的客观了解，平稳地和改善地走向一种对待儿童与童年的"美丽（主要是勇敢）新世界"。

图 8-7 **故事与表演** 因为传统习俗及谐音，钟馗成了童话世界中常见的角色，其他挂在架上待弄的傀儡，似乎也是民俗故事中的人物（红拂女、虬髯客之类）。从流传后世的故事集来看，儿童看戏与演戏、听故事并编讲故事，大概是早有之事。而童年历史之发掘，本身也是一番故事与表演，其中最能见文化演释之曲折。

上面这一段刻画，也许太过确据凿凿，有些方面的描绘过了些头，却使我们意识到，整个而言，近代社会，这类的偏执确实与日愈烈。然而所有目前对儿童及童年的掌握，一如十九世纪以来对人身、人性、世界秩序之偏执，一旦付之历史的繁复，映以史鉴之向度与光泽，种种近代式自信与驾驭，其为一时一地一隅之见地，以及其在内容、精神与立场上内在之"桎梏"，竟不能不逐自现形。历史的洪流，使它的每一段弯曲回荡，每一番波涛汹涌或者暗自沉浮，都在提醒同样活在时空之揣摩中的人们，所有的孩子，其由生而长，长而育，当然代表某种特殊环境的搏成；每一种童年，都是一种历史文化渊源在一个幼稚的生命上的化身。世上的儿童，或许诚有其"普通"与"永恒"之成分。但是个别、具体的儿童，尤其近代理性、科学主义下制式儿童之外，历史上形形色色童年生活之姿态、类型，一再催促着我们应该再努力伸展自己想象力和宽怀之心，勿忘人仍一向生成方式之诸般可能——常人均知，任何一个环境中孩子丰沛之童真与出人意表之奇，最能排拒僵化之规矩，与成人世界中的框架——从而匆匆妄断起某种确定的（科学上）、上好的（客观理性下）人生的启步。有了历史以后的孩子（此处所指的主要是中国孩子，但也不只是中国孩子），或似添上双翅的小精灵，经过更多时间的观察和审思，终为大家打开了二十世纪的门窗，得以站上框沿，与成人一同凝视蓝空，揣想着夺出这一个一两百年人性解放中未尝缓解反一路力铸的"改造营"。

援这样一个历史时空之助，所引出的近代社会再一次的自我意识觉醒之旅中，中国儿童与童年的历史里，夹带着一张又一张的"示意图"。为什么？对内而言，中国历史本身需要儿童与童年之曲折面向，中国历史也提供了丰富多变、出人意表的有关儿童与童年经验的信息与思维。而这些故事变化，如今之所以显得充满惊奇，熠熠生光，大半正是因为物换星移之下，我们对儿童、童年，对人性、人生，不知何时固执了另一种迥异于中国过去的认定。换句话说，中国过去的儿童和童年成了历史与人文上闪烁动人的奇景异物，乃是因为不论它与今日之同或异，衔续或断裂，都明白地让人警觉，时光确已不再。尤其，向外对照，不管映之于西方之古，或世界之今，中国儿童与童年之过去，比许多其他的现象更能现身点出西方兴起于近代之后，其对人情世理的种种盘踞之势。今日西方方式的对儿童与童年之假设，不但席卷全球，变成世界之主流与标准，而且其单一与偏执之特性，正挟其"现代性"与"科学真知"之霸，凌临每个社会、每个家庭、每个幼儿园与婴儿室。没人迟疑这根植于欧美的现代、科学式的人生启端，根本上有无值得商榷、可以移动的部分。更少人愿意驻足略思，我们对过去的惊奇，是否正因为身处的现今，在文化和价值观上的各种"机关陷阱"？但是人文式的商榷回思，不能凭空虚掷，中国历史上的儿童与童年，中国儿童与童年的历史，可以在现代式困窘与肯定中，辟一曲折幽径。步道间入眼帘，自然告诉人近代西式（或举世）的大势所趋，不是唯一的人间情理，

图8-8　**近代货郎**　货郎供应，确有儿童所好所需。历代货郎，架上货品虽多，载运工具也不同，但直到二十世纪初，其与幼儿汇聚之焦点所在，摊架上的玩具提供的长幼互动场所，迄未流逝。但童年与人生，其意义和经验却随韶光而不断游移。

更不代表任何独占性的快乐天地。在这方面，我们所希望展开的，不只是属于中国的儿童生活，因为中国式的儿童与童年，当然只是过去儿童与童年的诸般情景之一（应该说是许多情景中的若干类别）。或许借着中国历史例证本身之繁复诡谲，会挑动着大家去发现人类僻隐于各个时空角落的童稚人生，而这一番的翻找挖掘，会逼着我们不能不同意，每一首童谣稚语，每一个深埋尘土下的玩具游戏，都是一粒可端出一个世界沙粒，可以透视宇宙之一时的永恒滴露。

即便是那些尚不能言、脚站不住、身立不起的乳畔婴儿，他们手舞而足蹈，或啼或笑，咿唔之间，已处人世。如果我们仍然据执文献、言语、字句之记录，为人生之账面载记，如果我们继续无视表情、动作所表达的意见和"声音"，我想"幼稚"和"无知"的代表一定要否定，这就注定了他们的无声无息，而是自古以来的衮衮堂奥之士，是我们的傲慢与偏见，薄幸与无能，一次次掩埋了原来稚弱易摧的生命，使其存在，使其生命之轨迹归于沉寂。除非我们——集体的求知和追寻人世之再现的后世成人——愿意下决心拆除观念上的藩篱，松动窒人的表面沉积，深隐于历史坠道另一端的三五童子，坐爬牙儿，怎么可能穿身而来？而我的冀望，是有一天，我们不但在求知的方法上有能力携提孩娃，重新露面，我们调整焦躁和眼光上的努力，甚至可以让那些夭折早殇的生命，那些最多只能变成人口统计上一个忽现忽隐、稍纵即逝的数字的弃婴溺儿，一如天地间无数算计不起的卑微生命，都能起死回生，掸去尘土，共组人世，共谱时空之曲。因为，历史和人文何尝不能如诗歌和艺术，吟诵曲调，也静聆沉寂，我们解读纸面上的勾画，立体的铸镂，同时我们更需要解读"空白"，欣赏"不在"，懂得"残缺"对体会"存在"的雷霆万钧般的意义。

胡适曾援引一位友人之说："你要看一个国家的文明，只消考察三件事：一是看他们怎么待小孩子；二是看他们怎样待女人；三是看他们怎样利用闲暇的时间。"[①]类似的发言，代表了近代之初，受了西方文化洗礼的中国知识分子，带着一份启蒙者的姿态，提醒民初国人，切不可因了对待儿童态度动作上的粗暴失礼，而暴露出自己文化上的野蛮，道德上的低劣。这类的叮嘱，当然有他站得住的立场，但更透露出另外一些信息，也是值得后世玩味的。就是说，近代之初（近则十九世纪，远则可溯到启蒙的十七、十八世纪），胸怀天下的哲人，在悲悯妇孺之余，不免对自己所代表、体认的进步、斯文的文明，带有十二分之自信。是这等对"近代"与"吾等"文明水准与内容之自信，使得前有胡适，

---

① 胡适：《慈幼的问题》，收于《胡适文存》（台北：远东图书公司，1968），页739。

后有菲利普·阿里埃斯等前仆后继，或者提倡对婴孺持人道之关怀济助，从而追索其史迹发展。或持近代（西方）人们对婴幼之态度为一近似永恒而普世之标杆，以之衡量过去东西方（近代式的）对待儿童之认识与态度。这个颇有渊源的近代世界儿童论述意义之脉动相承、中西相衍、环环相扣、层层相生，本身是一个文化、历史与社会流俗上十分繁复，也重要至今的大现象，但却未必是恒久站得住脚跟的"普世真理"。此书之试作，不过是中国史上可做抽丝剥茧功夫上的一点小练习，以之为同好同窗者援引之一端，垫步之基石。

参考文献

一、古典论著

《小学新唱歌》，光绪三十一年泸州开智书局铅印本。

《小学图》，北京图书馆藏明万历刻本。

《六经蒙求》，光绪八年刻本。

《幼学诗》，台北：中华丛书委员会，1956年。

《百家姓》，济南：山东友谊出版社，1989年。

《西学三字经》，光绪二十七年刻本。

《直省分省属境歌》，有《蒙学丛编六种》本。

《金璧故事大全》，有中华书局影印《永乐大典》本。

《训蒙诗》，同治十二年刻《养蒙书十种》本。

《国朝千家诗选》，乾隆三十七年金陵眠云堂刻本。

《教儿经》，上海天宝书局石印本。

《开蒙要训》，台北：新文丰出版公司，1986年。

《农庄杂字》，老二酉堂本。

《闺训千字文》，有山西教育出版社1991年《蒙学便读》本。

《礼记》，收于《古今图书集成》，台北：鼎文书局，1976年。

《绘像注释魁字登云日记故事二卷》，北京图书馆藏明刻本。

《绘图农庄杂字》，上海锦章书局石印本。

《续神童诗》，光绪十八年刻本。

丁晏，《新编百家姓》，道光咸丰间山阳丁氏六艺堂刊本。

孔令伟，《幼学字表》，光绪二十九年石印本。

方逢辰，《名物蒙求》，明嘉靖元年重刊本。

汪之昌，《家塾琐语》，《青学斋五种》本。

王令，《十七史蒙求》，台北：新兴书局，1960年。

王肯堂，《断乳法》，收于《古今图书集成》，台北：鼎文书局，1976年。

王芮，《历代蒙求》，南京：江苏古籍出版社，1988年重印。

王相，《百家姓考略》，有《徐氏三种》本。

王阳明，《训蒙大意》，见《传习录》，济南：山东友谊出版社，1994年。

王筠，《文字蒙求》，台北：鼎文书局，1972年。

王筠，《四书说略》，清咸丰元年刊本。

王筠，《教童子法》，上海：商务印书馆，1937年。

王锡元，《童蒙养正诗选》，合肥王氏排印本，1925年。

王应麟，《三字经》，济南：山东友谊出版社，1989年。

王应麟，《姓氏急就篇》，光绪九年浙江书局重刊本。

司马光，《居家杂仪》，见胡广：《性理大全》，京都：中文出版社，1981年。

司马光，《涑水记闻》，台北：新兴书局，1985年。

史游，《急就章》，上海：商务印书馆，1936年。

史梦兰，《古今风谣拾遗》，清同治间刊本。

四明大文堂主人订，《增订绘像日记故事》，光绪二十三年宁波大文堂铅印本。

朱世杰，《算学启蒙总括》，济南：山东人民出版社，1994年。

朱震亨，《丹溪先生治法心要》，台北：新文丰出版公司，1982年。

朱浩文，《女三字经》，《东听雨堂刊书》本。

吕得胜，《女小儿语》，津广仁堂，光绪七年版。

吕得胜，《小儿语》，上海：商务印书馆，1936年。

李斯，《仓颉篇》，济南皇华馆书局补刻本，1871年。

李毓秀，《弟子规》，津河广仁堂，光绪七年版。

朱熹辑，《二程全书》，台北：中华书局，1965年。

朱熹，《小学》，见胡广：《性理大全》，京都：中文出版社，1981年。

朱熹，《小学》，台北：艺文印书馆，1971。

朱熹，《小学集注》，台北：中华书局，1965年。

朱熹，《训蒙绝句》，有《碧琳琅馆丛书》本

朱熹，《训蒙诗百首》，有《西京清麓丛书》本。

朱熹，《童蒙须知》，收于《古今图书集成》，台北：鼎文书局，1976年。

朱熹，《诗蒙诗解》，北京大学藏本。

江瀚，《时务三字经》，光绪二十八年自刻本。

老子，《道德经》，西安：三秦出版社，1995年。

吴化龙，《左氏蒙求》，北京：中华书局，1985年。

吴道明编集，周子材校正，周载道补遗，《新刻联对便蒙七宝故事大全》，万历甲辰（1604

年）岁孟春月书林黄次百重刊行本。

吴镇，《韵史》，台北：新文丰出版公司，1989年。

吕坤，《闺范》，上海：上海古籍出版社，1994年。

吕坤，《续小儿语》，上海：商务印书馆，1936年。

李元度，《小学弦歌》，光绪五年序刊本。

李元纲，《圣门事业图》，台北：中国子学名著集成编印基金会，1978年。

李江，《乡塾正误》，光绪七年津河广仁堂刊本。

李廷机，《五字鉴》，长沙：岳麓书社，1988年。

李廷机，《新镌翰林考正历朝故事统宗》，北京图书馆藏本。

李新庵撰，陈彝重订，《重订训学良规》，有《蒙学要义》本。

李璇辑，《训蒙故事金丹》，台湾图书馆藏本。

李贽，《焚书》，民国年间，陕西教育图书出版社排印本，出版年代不详。

李翰，《蒙求》，台北：商务印书馆，1983年。

沈恩孚，《蒙学历史舆地歌括》，光绪二十九年一新书局铅印本。

沈筠，《增广千字文》，光绪二十七年沈守经堂刻本。

汪洙，《神童诗》，版本极多。

汪恩绶，《增读浅说时务三字经》，光绪三十一年醉六堂石印本。

私塾改良社辑，《小学时务三字经》，光绪三十年上海越社刻本。

车万育，《声律启蒙撮要》，长沙：岳麓书社，1987年。

侍其玮，《续千字文》，上海：上海书店，1994年。

周保璋，《节增三字经》，有《蒙学歌诗》本。

周保璋，《蒙学历史舆地歌括》，光绪二十九年铅印本。

周兴嗣，《千字文》，济南：山东友谊出版社，1989年。

宗廷辅，《重编千家诗读本》，光绪二年刻本。

易本烺，《字体蒙求》，有《三余书屋丛书》本。

林之望，《养蒙金鉴》，光绪元年湖北刻本。

俞樾，《曲园课孙草》，光绪二十一年刻本。

施善昌辑，《前后二十四孝图说》，光绪十九年仁济堂石印本。

洪亮吉，《弟子职笺释》，台北：华文出版社，1969年。

胡炳文，《纯正蒙求》，台北：商务印书馆，1983年。

胡继宗，《书言故事大全》，上海：上海古籍出版社，1990年。

唐玄宗（注），邢昺（疏），《孝经注疏》，台北：中华书局，1965年。

唐仲冕，《唐氏蒙求》，嘉庆九年成都刻本。

唐仲冕，《蒙求增辑》，同治二年善化刘氏刻本。

唐彪,《父师善诱法》,台北:伟文图书公司,1976年。

唐甄,《潜书》,台北:河洛出版社,1974年。

孙一奎,《赤水玄珠》,台北:商务印书馆,1983年。

祝明、潘瑛,《声律发蒙》,台南:庄严出版社,1995年。

高拱京,《高氏塾铎》,康熙三十四年新安张氏霞举堂刊本。

高钺,《十七史蒙求补编》,嘉庆二十五年刻本。

涂时相,《养蒙图说》,云南:云南丛书处,1914年。

寇平,《全幼心鉴》,台北:鼎文书局,1976年。

崔又尚,《幼训》,新安张氏霞举堂刊本,清康熙二十四年。

崔铣,《声律启蒙》,成都:成都古籍书店,1981年。

康基渊,《家塾蒙求》,同治汗青刻本。

张一鹏,《普通学歌诀》,光绪二十六年成都知新书局刻本。

张士瀛,《地球韵言》,光绪二十四年刻本。

张行简,《塾中琐言》,《啸孙轩制艺文稿》本。

张伯行,《课子随笔钞》,台北:文史哲出版社,1987年。

张伯行,《养正学规》,上海:商务印书馆,1936年。

张海鹏,《千字文萃》,上海:博古斋,1920年。

张履祥,《初学备忘》,北京:中华书局,1985年。

曹维藩,《鉴撮蒙求》,同治二年刻本。

梅文鼎,《日食蒙求》,台北:艺文印书馆,1971年。

梅文鼎,《月食蒙求》,台北:艺文印书馆,1971年。

庄述祖,《弟子职集解》,上海:商务印书馆,1937年。

许家惺,《二十四史卷数撰人歌》,光绪二十四年刻本。

许家惺,《十三经卷数撰人歌》,光绪二十四年刻本。

连恒,《增补注释三字经》,有道光二十二年刻本。

陈其荣,《增订仓颉篇》,有《观自得斋丛书》本。

陈修园原著,《医学三字经》,今有新出《医学三字经的活解》,北京:人民卫生出版社,
    1982年。

陈庭学,《蛾述集》,清嘉庆二十年六君子斋藏板本。

陈芳生,《训蒙条例》,新安张氏霞举堂刊本,清康熙三十四年。

陈鎏,《别本续千字文》,上海:博古斋,1920年。

劳乃宣,《筹算蒙课》,矩斋筹算六种本(徐目)。

喻嘉言,《医门法律》,台北:新文丰出版公司,1978年。

游光鼎,《增刻千家诗选》,清峻德堂刻本。

无锡三等公学堂编，《绘图蒙学歌》，光绪二十八年上海文澜书局石印本。

程允升编，邹圣脉增补，《幼学故事琼林》，云南官书局刊本，光绪三十年。

华循，《蒙学植物教科书》，光绪三十年上海文明书局铅印本。

贺瑞麟，《训女千字文》，有《西京清麓丛书》本。

贺瑞麟，《海儿编》，《西京清麓丛书》本。

冯树森，《四言闺鉴》，有《西京清麓丛书》本。

黄式三，《黄氏塾课》，同治刻本。

黄周星，《重编百家姓》，有抄本。

黄祖颉，《再续千字文》，上海：博古斋，1920年。

黄祖颉，《别本续千字文》，上海：博古斋，1920年。

黄祖颉，《续千字文》，上海：博古斋，1920年。

黄焱秋，《诸史蒙求歌略》，光绪二十四年刻本（湖北）。

黄奭、马国翰辑，《仓颉训纂》，台北：艺文印书馆，1971年。

黄奭辑，《仓颉篇》，同治十年，济南皇华馆书局补刻本。

杨千里，《女子新读本》，光绪三十二年上海文明书局铅印本。

温璜，《温氏母训》，《景印文渊阁四库全书》，台北：商务印书馆，1983年。

万斛泉，《童蒙须知韵语》，光绪七年津河广仁堂刊本。

玄烨，《御制百家姓》，有《黎照庐丛书》本。

叶瀚，《天文地学歌括》，民国间广州宝经堂藏版。

叶澜，《天文歌括》，民国十二年沔阳据卢氏刊本汇印本。

叶澜，《地理歌略》，李光明庄《便蒙丛书》本。

叶澜，《动物学歌略》，李光明庄《便蒙丛书》本。

叶澜，《植物学歌略》，李光明庄《便蒙丛书》本。

葛刚正，《三续千字文》，上海：上海书店，1994年。

黄庆澄，《训蒙捷径》，北京大学藏本。

管仲，《弟子职》，台北：新文丰出版公司，1978年。

蒲松龄，《日用俗字》，北京：中华书局，1962年。

赵保静，《增订蒙学三字经》，有光绪二十六年刻本。

刘克庄编，《分门纂类唐宋时贤千家诗选》，南京：江苏古籍出版社，1988年。

刘法曾、潘维汉，《外史蒙求》，光绪二十八年石印本。

刘庠，《说文蒙求》，上海：上海书店，1994年。

刘鹗，《老残游记》，台北：广雅出版公司，1984年。

潘子声，《养蒙针度》，雍正十三年刻本。

蒋元，《人范》，民国九年番禺徐绍棨汇编重印本。

郑元庆，《廿一史约编》，崇文堂原刊本。

邓百拙汇编，《精选黄眉故事》，经济堂藏版。

蕉轩氏，《广三字经》，有《津河广仁堂所刻书》本。

萧良有撰，杨臣诤增订，《龙文鞭影》，台北：德志出版社，1967年。

钱承驹，《蒙学地文教科书》，光绪二十九年铅印本。

鲍东里，《十三经源流口诀》，《酿斋训蒙杂编》本。

鲍东里，《廿三史评口诀》，《酿斋训蒙杂编》本。

韩锡铎编，《中华蒙学集成》，沈阳：辽宁教育出版社，1993年。

魏源，《蒙雅》，台北：艺文印书馆，1971年。

罗泽南，《小学韵语》，济南：山东友谊出版社，1989年。

韵桐馆主人撰，《字学举隅》，光绪九年梅华书屋刻本。

苏云从，《幼学平仄易记略》，光绪二年忠兴堂刻本。

蘅塘退士编，《唐诗三百首》，成都：巴蜀书社，1990年。

兰茂，《声律发蒙》，台北：新文丰出版公司，1989年。

龚廷贤，《寿世保元》，上海：上海人民出版社，1989年。

二、年谱传记论著

年谱著作

丁文江，《徐霞客先生年谱》，台北：商务印书馆，1978年。

文祥，《文文忠公年谱》，台北：广文书局，1971年。

方士淦，《啖蔗轩自订年谱》，台北：广文书局，1971年。

方闻，《清徐松龛先生继畬年谱》，台北：商务印书馆，1982年。

方闻，《傅青主先生年谱》，台北：中华书局，1970年。

王代功，《湘绮府君年谱》，台北：广文书局，1971年。

王先谦，《葵园自订年谱》，台北：广文书局，1971年。

王安定，《清曾忠襄公国荃年谱》，台北：商务印书馆，1978年。

王家俭，《魏源年谱》，台北："中研院"近代史研究所，1967年。

王崇焕，《王文敏公年谱》，台北：广文书局，1971年。

王符，《王太常年谱》，台北：商务印书馆，1978年。

王传璨，《王文勤公年谱》，台北：广文书局，1971年。

包赉，《吕留良年谱》，台北：广文书局，1971年。

皮名振，《清皮鹿门先生锡瑞年谱》，台北：商务印书馆，1981年。

吴天任，《何翙高年谱》，台北：商务印书馆，1981年。

吴天任，《梁节庵先生年谱》，台北：艺文印书馆，1979年。

吴康，《宋明理学》，台北：华国出版社，1955年。

吴开流，《清李颙》，济南：齐鲁出版社，1982年。

吴荣光，《吴荣光自订年谱》，台北：文海出版社，1972年。

吕元亮，《赵客亭年谱记略》，台北：广文书局，1971年。

吕培，《洪北江先生年谱》，台北：广文书局，1971年。

吕炽，《尹健余先生年谱》，台北：广文书局，1971年。

宋荦，《如山于公年谱》，台北：广文书局，1971年。

岑学吕，《虚云和尚年谱》，香港：佛经流通处，1977年。

李玉玺，《李菊圃先生年谱》，台北：商务印书馆，1985年。

李宗侗，《李鸿藻先生年谱》，台北：商务印书馆，1966年。

李清植，《李文贞公年谱》，台北：广文书局，1971年。

沈兆霖，《沈文忠公自订年谱》，台北：广文书局，1971年。

沈成式，《沈敬裕公年谱》，台北：广文书局，1971年。

汪宗衍，《陈东塾先生年谱》，台北：文海出版社，1972年。

汪康年，《汪穰卿先生传记》，台北：广文书局，1971年。

汪辉祖，《病榻梦痕录》，台北：广文书局，1971年。

辛冠洁，《中国古代著名哲学家评传》，济南：齐鲁书社，1982年。

周馥，《周悫慎公自订年谱》，台北：广文书局，1971年。

尚恒元、彭善俊、尚珊编著，《司马光轶事类编》，太原：山西人民出版社，1992年。

林海权，《李贽年谱考略》，福建：福建人民出版社，1992年。

林逸，《清洪北江先生年谱》，台北：商务印书馆，1981年。

金兆丰，《晏海澄先生年谱》，台北：广文书局，1971年。

金镜，《金忠洁年谱》，台北：广文书局，1971年。

姚名达，《清邵念鲁先生廷采年谱》，台北：商务印书馆，1982年。

姚绍华，《崔东壁（述）年谱》，香港：崇文书店，1973年。

胡钧，《张文襄公年谱》，台北：广文书局，1971年。

胡适，《四十自述》，台北：文海出版社，1983年。

胡适，《章实斋先生年谱》，上海：商务印书馆，1933年。

胡韫玉，《包慎伯先生年谱》，台北：广文书局，1971年。

倪会鼎，《倪文正公年谱》，台北：广文书局，1971年。

唐文治，《茹经自订年谱》，台北：广文书局，1971年。

唐炯，《成山老人自撰年谱》，台北：广文书局，1971年。

徐定宝主编，《黄宗羲年谱》，上海：华东师范大学出版社，1995年。

徐照，《明代大政治家徐溥年谱》，台北：台湾师范大学，1963年。

徐鼐，《清敞帚斋主人徐鼐自订年谱》，台北：商务印书馆，1978年。

殷兆镛，《殷谱经侍郎自订年谱》，台北：广文书局，1971年。

翁淑元，《翁铁庵年谱》，台北：广文书局，1971年。

袁行云，《许瀚年谱》，济南：齐鲁书社，1983年。

马新贻，《马端敏公年谱》，台北：广文书局，1971年。

马导源，《吴梅村年谱》，上海：商务印书馆，1935年。

张西堂，《王船山先生年表》，见《湖南文献》第六、七期合刊，台北：湖南文献季刊社，
　　　　1972年。

张伯行，《宋周濂溪先生敦颐年谱》，台北：商务印书馆，1978年。

张廷玉，《澄怀主人自订年谱》，台北：广文书局，1971年。

张祖祐，《张惠肃公年谱》，台北：广文书局，1971年。

张穆，《阎潜邱先生年谱》，台北：广文书局，1971年。

张穆，《顾亭林先生年谱》，台北：广文书局，1971年。

梁家勉，《徐光启年谱》，上海：上海古籍出版社，1981年。

梁启超，《明末朱舜水先生之瑜年谱》，台北：商务印书馆，1981年。

梁章钜，《退庵自订年谱》，台北：广文书局，1971年。

梁焕鼎，《桂林梁先生年谱》，台北：广文书局，1971年。

梁济，《桂林梁先生遗书》，北京：京华印书局，1925年。

梅英杰，《胡文忠公年谱》，台北：广文书局，1971年。

莫德惠，《双城莫德惠自订年谱》，台北：商务印书馆，1981年。

郭嵩焘，《罗忠节公年谱》，台北：广文书局，1971年。

郭霭春，《颜习斋年谱》，香港：崇文书店，1971年。

陈宏谋，《宋司马文正公年谱》，台北：商务印书馆，1978年。

陈万鼐，《清孔东塘先生尚任年谱》，台北：商务印书馆，1980年。

陈铉，《明末鹿忠节公善继年谱》，台北：商务印书馆，1978年。

陈声暨，《侯官陈石遗年谱》，台北：广文书局，1971年。

陈福康，《郑振铎年谱》，北京：书目文献出版社，1988年。

陆谦祉，《厉樊榭年谱》，台北：商务印书馆，1981年。

陆宝忠，《陆文慎公年谱》，台北：广文书局，1971年。

劳乃宣，《韧叟自订年谱》，台北：广文书局，1971年。

汤之孙，《明末邢石臼先生孟贞年谱》，台北：商务印书馆，1978年。

汤斌，《清孙夏峰先生奇逢年谱》，台北：商务印书馆，1981年。

程庭鹭，《梦盦居士自编年谱》，台北：广文书局，1971年。

冯辰，《李恕谷先生年谱》，台北：广文书局，1971年。

黄景仁，《两当轩集》，上海：上海古籍出版社，1983年。

黄逸之，《黄仲则年谱》，上海：商务印书馆，出版年不详。

黄云眉，《邵二云先生年谱》，台北：广文书局，1971年。

杨克己，《民国康长素先生有为、梁任公先生启超师生合谱》，台北：商务印书馆，1982年。

杨曾勖，《清杨仁山先生道霖年谱》，台北：商务印书馆，1981年。

杨德恩，《文天祥年谱》，台北：商务印书馆，1947年。

温聚民，《魏季子文集》，台北：商务印书馆，1980年。

叶英，《姚石甫传》，台北：台南文化，1977年。

董恂，《还读我书室老人手订年谱》，台北：广文书局，1971年。

董迁，《龚芝麓年谱》，台北：广文书局，1971年。

赵之谦，《张忠烈公年谱》，台北：广文书局，1971年。

赵天锡，《赵鲁庵先生年谱》，台北：广文书局，1971年。

赵玉明，《菩萨心肠的革命家——居正传》，台北：近代中国出版社，1982年。

赵光，《赵文恪公自订年谱》，台北：广文书局，1971年。

赵景深，《夏二铭先生年谱》，台北：商务印书馆，1971年。

赵藩，《清岑襄公毓英年谱》，台北：商务印书馆，1978年。

齐如山，《齐如山回忆录》，台北：文物供应社，1956年。

刘文兴，《宝应刘楚桢先生年谱》，台北：广文书局，1971年。

刘盼遂，《王氏父子年谱》，台北：崇文出版社，1971年。

刘盼遂，《段玉裁先生年谱》，台北：大化书局，1977年。

滕固，《蒋剑人先生年谱》，台北：广文书局，1971年。

蒋天枢，《全谢山先生年谱》，上海：商务印书馆，1932年。

蒋永敬，《胡汉民先生年谱》，台北：文物供应社，1978年。

蒋彤，《李申耆年谱》，台北：广文书局，1971年。

蒋攸铦，《绳枻斋年谱》，台北：广文书局，1971年。

蒋致中，《牛空山先生年谱》，上海：商务印书馆，1935年。

蒋逸雪，《张溥年谱》，上海：商务印书馆，1946年。

蔡廷锴，《蔡廷锴自传》，台北：龙文出版社，1989年。

郑振模，《清俞曲园先生年谱》，台北：商务印书馆，1982年。

郑喜夫，《清郑六亭先生兼才年谱》，台北：商务印书馆，1982年。

邓辅纶、王政慈，《清刘武慎公长佑年谱》，台北：商务印书馆，1980年。

黎承礼，《竹闲道人自述年谱》，台北：广文书局，1971年。

黎庶昌，《曾文正公年谱》，台北：广文书局，1971年。

钱大昕，《潜研堂文集》，收于《四部丛刊初编》，上海：上海书店，1989年。

钱宝琛，《颐寿老人年谱》，台北：广文书局，1971年。

骆秉章，《骆秉章先生自叙年谱》，台北：商务印书馆，1978年。

谢承仁，《戚继光》，上海：上海人民出版社，1959年。

韩国钧，《止叟年谱》，台北：广文书局，1971年。

归有光，《震川文集》，台北：中华书局，1965年。

简朝亮，《朱九江先生年谱》，台北：广文书局，1971年。

简朝亮，《朱次琦年谱》，台北：广文书局，1971年。

缪荃孙，《艺风老人年谱》，台北：广文书局，1971年。

魏学谳，《魏敏果公自述年谱》，台北：广文书局，1971年。

魏应麒，《林文忠公年谱》，台北：广文书局，1971年。

罗思举，《罗壮勇公自订年谱》，台北：广文书局，1971年。

罗继祖，《朱笥河先生年谱》，台北：广文书局，1971年。

罗正钧，《王壮武公年谱》，台北：广文书局，1971年。

罗正钧，《左文襄公年谱》，台北：广文书局，1971年。

谭嗣同，《谭嗣同全集》，北京：三联书店，1954年。

严荣，《述庵先生年谱》，台北：广文书局，1971年。

苏文擢，《黎简先生年谱》，香港：香港中文大学出版社，1973年。

苏惇元，《方望溪先生年谱》，台北：广文书局，1971年。

苏惇元，《张杨园先生年谱》，台北：广文书局，1971年。

苏兴，《吴承恩年谱》，北京：人民文学出版社，1980年。

顾镇，《黄昆圃先生年谱》，台北：广文书局，1971年。

龚绂，《龚安节先生年谱》，昆山赵氏又满楼刊本，出版地不详，1924年。

黄炳垕，《黄宗羲年谱》，北京：中华书局，1993年。

传记论文

段永兰，《我的父亲》，《传记文学》，3：4，1963年。

徐永昌，《徐永昌"求己斋回忆录"》，《传记文学》，48：5，1973年。

浦薛凤，《记何廉兄生平》，《传记文学》，27：4，1976年。

高剑父，《革命画家高剑父》，《传记文学》，22：2，1973年。

张次溪，《白石老人自述》，《传记文学》，32：5，1978年。

陈炎正，《吴子光先生年谱》，《台湾风物》，29：2，1979年。

陈独秀，《实庵自传》，《传记文学》，4：2，1964年。

陈衡哲，《我幼时求学的经过》，《传记文学》，26：4，1975年。

杨步伟，《我的祖父》，《传记文学》，3：3，1963年。

叶英，《黄道周传》，《台南文化》，6：1，台南：台南县文献委员会，1958年。

刘绍唐，《民国人物小传》，《传记文学》，32：6，1978年。

薛光前，《困行亿往》，《传记文学》，32：5，1978年。

简又文，《冯玉祥》，《传记文学》，35：6，1979年。

三、研究论著

米歇·傅柯著，王德威译，《知识的考掘》，台北：麦田出版公司，1993年。

杜文澜，《古谣谚》，台北：世界书局，1960年。

汪茂和，《中国养生宝典》，北京：中国医药科技出版社，1991年。

台北故宫博物院编，《婴戏图》，台北：台北故宫博物院，1990年。

畏冬，《中国古代儿童题材绘画》，北京：紫禁城出版社，1988年。

张圣瑜，《中国儿童文学研究》，上海：商务印书馆，1970年。

乔卫平，《中国古代幼儿教育史》，合肥：安徽教育出版社，1989年。

杨慎，《古今谣谚》，台北：商务印书馆，1976年。

雷侨云，《中国儿童文学研究》，台北：学生书局，1988年。

熊秉真，《十七世纪中国政治思想中非传统成分的分析》，《"中研院"近代史研究所集刊》，15期上，1986年，页1—31。

熊秉真，《好的开始——中国近世士人子弟的幼年教育》，《近世家族与政治比较历史论文集》，台北："中研院"近代史研究所，1992年，页203—238。

熊秉真，《传统中国的乳哺之道》，《"中研院"近代史研究所集刊》，21期，1992年，页141—145。

熊秉真，《试窥明清幼儿的人事环境与情感世界》，《本土心理学研究》，10：1，1993年，页251—276。

熊秉真，《中国近世士人笔下的儿童健康问题》，《"中研院"近代史研究所集刊》，23期上，1994年，页1—29。

熊秉真，《幼幼：传统中国的襁褓之道》，台北：联经出版事业股份有限公司，1995年。

熊秉真，《中国近世儿童论述之浮现》，收于魏秀梅、郝延平编《近世中国之传统与蜕变：刘广京院士七十五岁祝寿论文集》，台北："中研院"近代史研究所，1998年，页139—170。

熊秉真，《人情入理：中国近世童年经验与幼教发展的两面性》，载《礼教与情欲：前近代中国文化的后/现代性》，台北："中研院"近代史研究所，1999年，页313—325。

熊秉真，《安恙：近世中国儿童的疾病与健康》，台北：联经出版事业股份有限公司，1999年。

刘盼遂，《中国近三百年学术史》，台北：崇文出版社，1971年。

欧康纳著，谢启武译，《洛克》，台北：远景出版社，1985年。

蒋风，《中国儿童文学大系》，太原：希望出版社，1988年。

卢梭著，李平沤译，《爱弥儿》，北京：商务印书馆，1981年。

卢梭著，魏肇基译，《爱弥儿》，台北：商务印书馆，1966年。

四、英文论著

Ariés, Philippe, Robert B. (trans.) *Centuries of Childhood : A Social History of Family Life* (New York : Vintage Books, 1962).

Boswell, John, *The Kindness of Stranger* (New York : Pantheon Books, 1988).

Carroll, William, *A Dissertation upon the Tenth Chapter of the Fourth Book of Mr.Locke's Essay Concerning Human Understanding* (Bristal : Thoemms Antiquarian Books Ltd., 1990).

Chang, Chung-Li, *The Chinese Gentry : Studies on Their Role in Nineteenth Century Chinese Society* (Seattle : University of Washington Press, 1955).

Cranston, Maurice, *John Locke, A Biography* (London : Longmans Gree, 1957).

Demos, John, *A Little Commonwealth, Family Life in Plymouth Colony* (Oxford : Oxford University Press, 1970).

Dunn, John, *The Political Thoughts of John Locke* (Cambridge : Cambridge University Press, 1969).

Ebrey, Patricia B., and Wastson, James L. (eds.), *Kinship Organization in Late Imperial China, 1000-1940* (Berkeley : University of California Press, 1986).

Erikson, Erik H., *Childhood and Society* (New York : W.W.Norton, 1963).

Fuch, Rachel, *Abandoned Children* (Albany : State University of New York Press, 1984).

Golden, Mark, *Children and Childhood in Classic Athens* (Baltimore : John Hopkins University Press, 1990).

Grender, Paul F., *Schooling in Renaissance Italy, Literate and Learning, 1300-1600* (Baltimore : John Hopkins University Press, 1959).

Greven, Philip, *Spare the Child : the Religious Roots of Punishment and the Psychological Impact of Physical Abuse* (New York : Vintage Books, 1992).

Herlihy, David, *Medieval Households* (Cambridge, Mass. : Harvard Universiry Press,

1985）.

Ho，Ping-Ti，*The Ladder of Success in Imperial China : Aspects of Social Mobility*, *1368-1911*（New York : Columbia University Press，1962）.

Hsiung，Ping-chen，*A Tender Voyage : Children and Childhood in Late Imperial China*（Stanford : Stanford University Press，2005）.

Hsiung，Ping-chen，"Fathers and Daughters in Late Imperial China : Culture，Cultivation and Gender in the Family Setting"，paper presented to the 35th International Congress of Asian and North African Studies，ICANAS，In Budapest，July 6–12，1977.

Hsiung，Ping-chen，"Constructed Emotions : The Bond Between Mothers and Sons in Late Imperial China"，*Late Imperial China*，vol.15，no.1.1（1994），pp.87–177.

Hsiung，Ping-chen，"Sons and Mothers : Demographic Realities and the Chinese Culture of History"，Annual Meeting of the Association for Asian Studies，Hawaii，April 11–14，1996.

Hsiung，Ping-chen，"The Limits of Debt : Aging Mothers and Their Grown Sons"，Annual Meeting of the Association for Asian Studies，Hawaii，April 11–14，1996.

Hsiung，Ping-chen，"Children's Literature"，in Nienhauser，William（ed.），*The Indiana Companion to Traditional Chinese Literature*（Bloomington : Indiana University Press，1998），vol.2，pp.31–38.

Hsiung，Ping-chen，"The Domestic，the Personal，and the Intimate : 'Privacy' and Father-Daughter Bonds in Late Imperial China"，a paper prepared for Japanese Studies Center，University of Michigan，1998.

Hung，D.，*Parents and Children in History*（New York : Harper & Row，1970）.

Kinney，Anne Behnke（ed.），*Chinese Views of Childhood*（Honolulu : University of Hawaii Press，1995）.

Ko，Dorothy，*Teachers of the Inner Chambers : Women and Culture in Seventeenth-century China*（Stanford : Stanford University Press，1994）.

Laslett，Peter，*The World We Have Lost*（London : Methuen，1965）.

Laslett，Peter，*Family Life and Illicit Love in Earlier Generations*（Cambridge : Cambridge University Press，1977）.

Leung，Angela K.C.，"Elementary Education in the Lower Yangtze Region in the 17th and 18th Centuries"，a paper for the conference on Education and Society in late Imperial China，Montecito，CA，June 1989.

Locke，John，*Some Thoughts Concerning Education*（Oxford : Clarendon Press，1989）.

Mann，Susan，*Precious Records : Women in China's Long 18th Century*（Stanford : Stanford

University Press，1997）.

Mause，Lloyd de（ed.），*The History of Childhood*（New York：Psychohistory Press，1974）.

McClure，Ruth，*Coran's Children*（New Haven：Yale University Press，1981）.

Morgen，Edmund S.，"Parents and Children" in *The Puritan Family，Religion，and Domestic Relations in Seventeenth Century New England*（New York：Harper and Row，1966）.

Morse，Robin Karr and Wiley，Meredith S.，*Ghosts from the Nursing：Tracing the Roots of Violence*（New York：Atlantic Monthly Press，1997）.

Nienhauser，William（ed.），*The Indian Companion to Traditional Chinese Literature*（Bloomington：Indiana University Press，1998），vol.2.

Nightingale，Carl Husemoller，*On the Edge，A History of Poor Black Children and Their American Dreams*（New York：Basic Books，1993）.

Pindbeck，Ivy &Hewitt，Margaret，*Children in English Society*（*vol.II*），*From the 18th to the Children's Act of 1948*（London：Routledge and Kegan Paul，1973）.

Pollock，Linda A.，*Forgotten Children，Parent-child Relations from 1500 to 1900*（Cambridge：Cambridge University Press，1983）.

Robin，Joseph，*The Lost Children*（Dublin：Institute of Administration，1980）.

Rousseau，Jean Jacques，Bloom，Allan（trans.），*Emile*（New York：Basic Books，1979）.

Saari，Jon，*Legacies of Childhood：Growing Up Chinese in a Time of Crisis，1890-1920*（Cambridge，Mass.：Harvard University Press，1990）.

Shahar，Shulamith，*Childhood in the Middle Ages*（London：Routledge，1990）.

Sommerville，C.John，*The Rise and Fall of Childhood*（New York：Vintage Books，c1990）.

Stone，Lawrence，*The Family，Sex，and Marriage in England 1500-1800*（New York：Harper & Row，1979）.

Sun，Kang-I and Widmer，Ellen（ed.），*Writing Women in Late Imperial China*（Stanford：Stanford University Press，1997）.

Trumbach，Randolph，*The Rise of the Egalitarian Family，Aristocratic Kinship and Domestic Relations in Eighteen-century England*（New York：Academic Press，1978）.

Wiedemann，Thomas，*Adults and Children in the Roman Empire*（New Haven：Yale University Press，1989）.

Wolf，Margery，"Child Training and the Chinese Family"，in Freedman，Maurice（ed.），*Family and the Kinship in Chinese Society*（Stanford：Stanford University Press，1970）.